社会病理学の足跡と再構成

日本社会病理学会
監修

朝田　佳尚
田中　智仁
編著

学文社

―――― 執　筆　者 ――――

清水　新二　　放送大学　（巻頭言）
進藤　雄三　　大阪市立大学　（第1章）
藤原　信行　　大阪市立大学　研究員
　　　　　　　関西福祉大学ほか　（非常勤講師）（第2章）
＊田中　智仁　　仙台大学　（第3章）
矢島　正見　　青少年問題研究会　（第4章）
齊藤　知範　　科学警察研究所　（第5章）
赤羽　由起夫　和光大学ほか　（非常勤講師）（第6章）
中村　　正　　立命館大学　（第7章）
中西　　真　　帝京科学大学　（第8章）
中森　弘樹　　立教大学　（第9章）
竹中　祐二　　北陸学院大学　（第10章）
＊朝田　佳尚　　京都府立大学　（第11章）

（執筆順，＊は編者）

巻 頭 言

これまで3回の社会病理学講座研究総括書(4巻物)の刊行があった。『都市病理学講座』(1973-1976)，『家族病理学講座』(1978-1981)および『社会病理学講座』(2003-2004)である。「学会の総力を挙げて」刊行された前3回の企画と異なり，今回の出版は新たな社会状況の胎動を眼前に意欲的な中堅若手研究者で執筆陣を固めたものである。その意図と経緯は，次のごとくである。

第30回社会病理学会シンポジウムにおいて，社会病理学会を背負ってきたヴェテラン研究者によりこれまでの社会病理学研究の成果，到達点，課題などについて示唆に富むメッセージと次の世代へのバトンをつなぐ試みがなされた。これにレスポンスするように第31回および32回大会では，若手・中堅社会病理学研究者有志が自発的にテーマセッションを企画し，これからの社会病理学研究の可能性を真摯に検討，展開した。こうした一連の流れを踏まえ少々大業に言えば，この動きにはわが国社会病理学研究の中興の動きへの萌芽が見て取れた。

この希望的可能性に向き合うためにも，この間の一連の動きをきちんとした形にまとめておくことが，その出発点になろうかと考えるものである。"社会病理学再検討"，古くて新しいテーマである。これまでもいくどか社会病理学の自己点検とさらなる展開を探索する大会企画がもたれてきたが，それらの試みがどのように引き継がれてきたのかに関する整理，評価は決して十分であったとは言えなかった。社会病理学研究の自己アッピールにとどまらず，むしろ内在的批判の視点を伴いながらの自己点検は，従前の企画以上に今後の社会病理学研究に繋がる可能性を内包している。上で触れた"中興"の所以である。

そこで30回大会から32回大会に至る流れを総括し，その成果をさらに発酵させていくために，今回学会企画図書刊行という形をとり会員および社会病理学に関心を持つ関連学会，研究者をも視野において大会成果の取りまとめをすることにした。バトンを確実に繋ぎ，新しいフォームと視点を取り込みなが

らさらなる力走を期待するものである。

　とはいえ，まだ可能性模索の段階だがぜひ期待したいところであり，また学会としてもそうした動きを支援していければと希(ねが)うところである。かつてまだ誰も経験したことがない課題が山積している 21 世紀型危機の社会状況に直面して，社会病理学研究もなんらかの脱皮，進展を迫られている。従前からの社会病理学研究の遺産を整理しつつ新たな状況的視点をもって継承と展開の過程を進むことで，わたしたちの毎日の暮らしが少しでも穏やかで確かな世界として送れる社会の創設に微力な貢献を成したい。そんな想いがこの出版企画には込められている。

　2019 年 9 月

日本社会病理学会会長　清水　新二

はしがき

1．本書における構想の経緯

　今年，30年間の平成時代が幕を閉じ，日本社会は新たな時代へ突入した。改元が近づくにつれて，平成の30年間を振り返る特別番組が次々と放送されたが，明るい話題ばかりではなく，多くの人びとを震撼させた事件，さまざまな社会問題や自然災害に直面して悲しみに暮れる人びとの姿も映し出されていた。バブル崩壊による失業，オウム真理教関連事件の発生，いじめ自殺，災害による「日常の喪失」など，枚挙にいとまがない。

　一方で，大学の教壇に立って社会病理学を講じていると，それらの事件，社会問題，自然災害の記憶が徐々に風化し，リアリティを喪失しつつあることも実感する。たとえば，1997年に発生した神戸連続児童殺傷事件は，14歳の少年が逮捕されたことに多くの人びとが驚き，少年法改正の契機となった大事件であったが，2019年現在の大学生でリアリティを共有できる者は少数派である。現役の大学生の世代にとって，自身が生まれる前に発生した事件が，リアリティのともなわないことは致し方ない。それだけに，「30年」という歳月の重みを実感せざるを得ない。

　それでは，日本社会病理学会は「30年」という歳月をかけて，何を，どのように研究し，社会病理学の礎を築いてきたのだろうか。

　学会の歩みを回顧し，社会病理学の未来を拓くために，第30回大会（2014年10月4日-5日，於：下関市立大学）でシンポジウム「社会病理学会の30年——これまでとこれから」が開催された。学会を長年にわたって支え続けてきた重鎮が登壇し，社会病理学理論の系譜や海外における研究活動に言及したシンポジウムは，その当時を知る者には懐かしく，若手・中堅の会員にとっては新鮮な驚きがある有意義な企画となった。その多くは，神戸連続児童殺傷事件を知らない大学生と同じような心境で，重鎮の話に耳を傾けたのである。

　ただし，一部の若手・中堅会員にとって，それは大きな問いを提示する企画

でもあった。というのも，第30回大会には「逸脱の死」以後の研究の方向性を正面から問う内容が含まれていたからである（詳細は第1章を参照）。周知の通り，明示されない規範の抵触や潜在的な課題の探究を含意しうる「逸脱」概念は，法的根拠を基盤とする「犯罪」概念以上に社会病理学にとっては親和的である。だからこそ，「逸脱の死」は「社会病理の死」としても理解することができる。

2019年現在の若手・中堅は，研究をはじめたときに，すでに「社会病理」概念の失効を耳にしてきた世代である。「社会病理」概念が特定の価値を内包しているという批判は，20世紀末の逸脱研究の入門書では必ずといっていいほど言及されていた。そして，そうした価値の持ち込みを避けるために逸脱の社会学や社会構築主義が展開されたという「常識」を世代として共有してきた。だが，そうであるにもかかわらず，みずからの研究が社会病理学と呼応する部分があると感じる若手・中堅は少なくない。現代のさまざまな対象を研究するなかで，十分に明示されていない日常の微細な排除に直面したときに，逸脱の社会学や社会構築主義とは異なる語り口を求める者が今なおいるからだ。そうした若手・中堅にとって，第30回大会のシンポジウムは，あらためて自らの研究をどのように位置づけるのか，またそうした研究の妥当性を担保できるのかという大きな問いを目の前に提示しているものと感じられた。

さらに言えば，第30回大会の他の論題が，上記したように社会病理学理論の系譜と海外における研究活動の紹介だったことも，この悩みを助長した。確かに，それは過去の学説の現代的意義，あるいは海外の最新動向を把握することの重要性を伝えており，本書の構想にとって非常に有意義だったことに間違いはない。しかし，やはりそれは，いかに「逸脱の死」に応えるのかという問いに対して，回答を与えるものではなかった。そうであるならば，若手・中堅は社会病理学に対して提示された問いにみずから応答せざるをえない。第30回大会はそのように考える契機となった。

そこで，この問いに関心をもった一部の会員は，翌年の第31回大会（2015年10月3日–4日，於：岩手大学）の公募テーマセッションに手を挙げ，「第

30回大会企画『社会病理学会の30年』を若手会員はどう捉えたか」を開催した。その内容は，第2章，第8章，第9章，第10章として本書に所収されており，それぞれの登壇者が研究成果と構想を提示し，フロアを巻き込みながら議論を展開して成功を収めた。このときの登壇者は関西に拠点を置き，日頃から研究会で社会病理学の理論を検討していた若手会員だった。

　しかし，社会病理学の若手会員にも地域性がある。そこで，第32回大会（2016年9月24日-25日，於：福岡県立大学）では，関東・東北に拠点を置く若手・中堅会員がテーマセッション「社会病理学の超克のために──若手会員の視点」を開催した。フロアからは，報告者の問題提起を好意的に受け止めつつ，学会として蓄積してきた調査・研究手法の引き継ぎが必要であるとの意見や，もっと思い切った議論を展開してもいいなどの期待感を示す意見が挙がった。こうして，好感触を得ながら，3大会にわたる学会30周年記念の企画は一区切りとなった。

　学会が抱えてきた問いの再検討と，これまでの学会が蓄積してきた知見の再確認という3大会の成果を，当期の会長である清水新二は評価し，2017年5月の理事会において，日本社会病理学会監修の書籍として出版すべきだと提案した。3大会でオーガナイザーを務めた3名（第30回大会は矢島正見，第31回大会は朝田佳尚，第32回大会は田中智仁）が現職の理事であったことから，この3名でワーキンググループを立ち上げ，本書の出版が模索されることになった。そして，若手・中堅の代表として朝田と田中が連絡役になり，編者として原稿を取りまとめて本書を刊行するに至った。

2．研究会方式による水準の向上

　巻頭言でも紹介されている通り，学会の講座本として，これまでに『都市病理学講座』，『家族病理学講座』，『社会病理学講座』が刊行されてきた。その他にも，2006年と2009年には『シリーズ社会問題研究の最前線』，2016年にも『社会病理学講座　第3巻』を改版した『関係性の社会病理』が刊行されている。しかしながら，基礎理論や方法論，さらには個別のテーマ（研究対象）を幅

広く扱うこれまでの講座本において，今後の学会の方向性や社会病理概念に付された批判に対してどのように応えるのかが大胆に論じられることはなかった。

そこで，本書が重要視したのは，社会病理学の未来を展望すること，またそれに関連する過去の業績を踏まえることだった。そのために，本書は社会病理学の展開を見据えながら，その系譜を検討する，すなわち学説史を創ることも意図した。もちろん，ここで社会病理学の「正史」を提示することはできない。それには膨大な作業が必要となるはずだ。むしろ，本書はその端緒を築くものであり，それぞれの執筆者の研究に呼応する過去の業績を探索し，関連する論点や視角に触れることを目指した。多様な研究の系譜関係や相互連関を重層的に描くことが「正史」だとすれば，本書の各章は，それに向けて過去の業績との間に一本の線を引こうとする試みである。

社会病理学はこれまで海外の多様な研究を摂取し，その時系列的な推移にも留意してきたが，主に日本社会を対象に展開してきた自らの歩みについては十分に言及していない。そのことが，新しい理論を輸入しながら，その結論は従来の業績に近似するといった分析の重複の背景になっていないだろうか。また，これまでの社会病理学との系譜関係を探索することは，若手・中堅にとって，「社会病理学」とはどのような構想や幅をもつものなのかを理解するためにも有意義である。本書は，わずかではあるが過去の遺産に近づき，それにより社会病理学を再構成する方向性を見定めようとする。

このように，これまでの社会病理学の書籍で定番化していた「非行」，「不登校」，「依存症」，「自殺」あるいは「自死」，「貧困」といった個別のテーマを横断的に羅列する形式ではなく，未来と過去という時間軸に沿って縦断的に社会病理学を問い直す試みとして本書は構想されている。

しかし，この構想を実現するためには，クリアしなければならない課題があった。ひとつ目の課題は，単純なことではあるが，シンポジウムやテーマセッションのために用意された報告資料を，論文として取りまとめることである。年次大会の報告資料は，1人あたり30分の制限時間内に収めるため，論

点と分量を絞り込んでまとめられていた。そのため，論文化するにあたって，一度そぎ落とした論点を加え，一定の分量を確保して論を組み立て直す必要があった。テーマセッションの報告内容の一部は，中西（2016）および田中（2017）として機関誌『現代の社会病理』に掲載されているが，これらの論稿も本書にそのまま再掲するのではなく，内容を再検討して修正を施すことになった。

　2つ目の課題は，各章の独自性を確保しながらも，論文のなかに上記の趣旨を含み込ませることである。そのためには，各執筆者が互いに論旨を確認し，批判的な検討を加えながら，個々の論文の枠組みを整える必要があった。言いかえれば，執筆者が足並みを揃えるための体制づくりが求められたのである。

　そこで，本書の原稿執筆では研究会方式を採用した。研究会で互いに草稿を批評し合いながら，執筆を進めていく方式である。便宜上，「関東組」と「関西組」の2つに分かれ，それぞれ3回の研究会を開催した。2018年の4月（関東組）と5月（関西組）に開催された第1回研究会では，年次大会で報告した内容を再確認しながら，論文化に向けてどのような論点を新たに盛り込むかを検討した。次に，2018年の8月（関東組）と9月（関西組）に開催された第2回研究会では，執筆の進捗状況を報告するとともに過不足や疑問点を互いに指摘し合い，それにより浮き彫りになった課題を踏まえて年末までに草稿を用意することになった。さらに，関東・関西ともに2019年1月に開催された第3回研究会では，草稿の確認と修正・加筆の提案を重ねて行い，最終的に3月末に第1稿を書き上げた。

　研究会の回を重ねるごとに，当初の報告資料から内容が大きく変わっていった論文もあるが，議論の成果として甘受してもらえれば幸いである。

3．本書の構成

　本書は第1部「社会病理学を問い直す」，第2部「社会病理学の足跡をたどる」，第3部「社会病理学を再構成する」の3部で構成されている。

　まず，第1部では社会病理学が抱えてきた課題を再考する。第1章の進藤論文では，サムナーが提起した「逸脱の死」（正確には「逸脱の社会学の死」）に

注目し，主にグードとベストの議論を踏まえて，反証を含めた解釈の系譜を整理する。その上で，ラベリング理論の輸入にタイムラグが生じた日本の文脈も考慮に入れながら，社会病理概念を乗り越えた逸脱概念もまた，類似する困難を抱えていることを指摘する。

第2章の藤原論文では，長年にわたって「社会病理学への批判」として捉えられてきたミルズの論文「社会病理学者の職業的イデオロギー」に注目し，ミルズが批判の対象としたのは当時のアメリカ社会学(とりわけ，社会解体論)の未熟さであり，当該論文においてミルズが明らかにした重要な問題が，現在にいたるまで十分に理解されてこなかった点を指摘する。

次に，第2部では社会病理学の学説史に焦点をあてる。第3章の田中論文では，1920年代から1930年代にかけて日本で展開されてきた社会病理学の文献をレビューし，当時の研究成果が継承されてこなかった要因を考察する。その上で，1960年代以降の社会病理学の教科書で定説とされている「社会病理学の始祖＝リリエンフェルト」という認識についても批判的に検討する。

第4章の矢島論文では，1960年代以降の社会病理学を牽引した大橋薫の学説を中心に，社会解体論アプローチから生活機能障害アプローチへの変遷を検討する。さらに，大橋とは異なる社会解体アプローチも取り上げ，多様性をふまえて社会病理学の学的展開の展望を述べる。

第5章の齊藤論文では，星野・増田(1975)を道標にしながら，『科学警察研究所報告(防犯少年編)』に収録された論稿を分析対象にして，1960年代以降の実証研究の系譜を明らかにする。とりわけ，社会病理学の計量的実証研究がどのように継承されてきたのか(または継承されてこなかったのか)を，犯罪社会学の実証研究と対比し，その主軸が統制理論にあったことを浮き彫りにする。

最後に，第3部では社会病理学の今後の展開に焦点をあてる。第6章の赤羽論文では，デュルケム社会学の有用性を，少年犯罪の心理主義化の傾向を踏まえながら，機能主義の知識社会学という発想に見出している。社会学者であれば誰もが知るデュルケム社会学を，アクチュアルな論題の分析視角として導

入する可能性を検討する。

　第7章の中村論文では，臨床社会学が社会病理学・社会問題研究に基礎づけられる一方で，「臨床」の名称のもとに個人の「被傷性」を対象としてきたことを説明する。その上で，共同性・関係性の「共軛関係」に注目しながら，マクロな視野をもった臨床社会学について，批判的実在論との交差も踏まえて展望を述べる。

　第8章の中西論文では，臨床社会学がなぜ注目され，その研究内容が時代ごとにどのように変化したのかを検討し，研究の型を4つに分類しながら当事者と(社会学)研究者，実践現場と研究の関係を考察する。さらに，「昼間里親保育」の事例も交えながら臨床社会学の展望を述べる。

　第9章の中森論文では，社会科学の代表的な認識論として実証主義と解釈主義が存在してきたことを前提として，社会問題の構築主義という新たな視座がどのように社会病理学へ持ち込まれ，受容されたのか(もしくは受容されていないのか)を検証する。その上で，多様な視座が共存することの意義について考察していく。

　第10章の竹中論文では，中森論文を引き継いで批判的実在論をさらに詳細に検討し，その特性と方法論的な位置づけを明らかにする。また，それを哲学的基盤の整備に終わらせないために，社会病理学の伝統的な研究対象である「貧困」と「犯罪」の分析を検証し，今後の応用可能性について展望を述べる。

　第11章の朝田論文では，批判的実在論を試行した3つの論文を取り上げ，それらが分析の際に複数の位相の絡まり合いを想定していることを明らかにする。それをもとに，批判的実在論が意味論を含めた社会的排除に関わる研究の新たな視座になりうるか否かを検討する。そして，最後に社会病理概念の多義性を踏まえながら，社会病理学のゆくえについて展望を述べる。

　以上のように，本書は3部・全11章で構成されているが，年次大会では横山実(國學院大學)と堀越直仁(社会福祉法人ききょう会)にも登壇していただき，貴重な知見を披露していただいたことを申し添える。横山は海外における研究経験から，若手が今後積極的に海外に出ることを推奨した。また，堀越は

輸血を論題に，過去と近年における言説の差異をテキストマイニングを用いて分析した。社会病理学会の今後を見据えるうえでは両者の研究も非常に重要な示唆を与えている。

なお，本書は刊行にあたって日本社会病理学会の 2019 年度学術奨励賞（学術書の出版助成）を受けた。この場を借りて，学会からのご支援に厚く御礼を申し上げる。

最後に，本書の出版を快諾していただき，的確なご助言をいただいた学文社の田中千津子社長に厚く御礼を申し上げる。田中社長は日本社会病理学会設立当時からの熱心な支援者であり，社会病理学のかけがえのない理解者であることを，本書の出版を通じてあらためて実感した。この場を借りて感謝の意を表したい。

2019 年 9 月　　　　　　　　　　　　　　　　　　　田中智仁・朝田佳尚

【文献】
星野周弘・増田周二（1975）「犯罪現象の社会史的研究――社会関係としての犯罪定義の試み」『犯罪と非行』24：111-132.
中西真（2016）「実践現場とかかわる研究における当事者と研究者の視点について――『臨床社会学』に関連する研究を手掛かりにして」『現代の社会病理』31：127-137.
田中智仁（2017）「忘却された『社会病理学』――大正期・昭和前期のパースペクティブ」『現代の社会病理』32：51-66.

目　次

第1部　社会病理学を問い直す

第1章　「逸脱の死」を問い直す　……………………………………………… 3
1. はじめに　3
2. 日本社会病理学会の軌跡と「逸脱の死」　4
3. 「逸脱の死」をめぐる論争　8
4. 「逸脱の死」と社会病理学の現在　12
5. おわりに：「逸脱の死」をめぐって　17

第2章　ミルズ「社会病理学者の職業的イデオロギー」論文を再読する
　　　　──研究と現場の実践をめぐる緊張関係と社会病理・逸脱研究 …… 25
1. はじめに　25
2. 「社会病理学者の職業的イデオロギー」論文の概要　26
3. 「社会病理学者の職業的イデオロギー」論文登場の前史：戦間期アメリカ社会学における〈学術研究〉と〈現場の実践〉との癒着と緊張関係　31
4. 戦後日本社会病理学と「社会病理学者の職業的イデオロギー」論文　34
5. おわりに：「社会病理学者の職業的イデオロギー」論文の現代的意義と残された課題──現場／当事者に密着しつつ距離を取ることをめぐって　37

第2部　社会病理学の足跡をたどる

第3章　戦前の「社会病理学」 ……………………………………………… 47
1. はじめに　47
2. 社会病理学史の教育・研究動向　48
3. 「社会病理学」の回顧　50
4. なぜ戦前の「社会病理学」が顧みられないのか　60
5. リリエンフェルトは「社会病理学の始祖」なのか　62
6. おわりに　66

第 4 章　社会病理学における社会解体アプローチから生活機能障害アプローチへの系譜 ……………………………………………………………………… 71
1. はじめに　71
2. 社会解体から生活機能障害へ——大橋薫社会病理学の道程　72
3. 生活機能障害アプローチ社会病理学への挑戦　77
4. 今ひとつ別の社会解体アプローチ　80
5. 全体的考察　83
6. おわりに：学的発展に向けた若干の提言　86

第 5 章　戦後の昭和期における犯罪・非行の説明理論に依拠した実証研究
　　　　——1960 年代からの 30 年間の科警研報告論文の軌跡 ……… 91
1. はじめに：本章の展開にあたって　91
2. 1960 年代における犯罪・非行の実証研究　94
3. 1970 年代における犯罪・非行の実証研究　101
4. 1980 年代における犯罪・非行の実証研究　104
5. おわりに　108

第 3 部　社会病理学を再構成する

第 6 章　デュルケム社会学を使い継ぐ
　　　　——機能主義の知識社会学の可能性と課題 ……………………… 119
1. はじめに　119
2. 戦後の社会病理学におけるデュルケム受容　121
3. 機能主義の知識社会学　124
4. 第 4 の波の少年犯罪における心理主義の機能　126
5. 社会病理学におけるデュルケム社会学の可能性と課題　130

第 7 章　臨床社会学と「公共」の社会学
　　　　——「問題解決が問題であること」の指摘と臨床社会学・
　　　　社会病理学・批判的実在論の関係づけ ……………………………… 139
1. 本章の構成　139
2. 臨床社会学として社会病理学の成果を活かすことを考えてきた経過　141

3. 臨床社会学は被傷性，可傷性や脆弱性を対象にする――事例をとおして社会を透視し，公共を吟味する　145
4. 臨床社会学は社会病理の裾野を広げていく――共軛関係をとおして社会をみる　153
5. 臨床社会学は問題解決ではなく問題設定を変える――批判的実在論に依りながら　157
6. 実在的なものの重要性　164

第8章　臨床社会学は何を語ってきたか　169
1. はじめに　169
2. 「臨床社会学」で問う必要があること　170
3. 「臨床社会学」の主張と内実　172
4. 「臨床社会学」への意見と今後　182
5. おわりに　184

第9章　社会病理学は社会問題の構築主義を受容したのか　191
1. はじめに　191
2. 社会問題の構築主義と社会病理学の邂逅　193
3. 社会問題の構築主義は何をもたらしてきたのか　200
4. おわりに：第三のパースペクティブへ　207

第10章　批判的実在論の可能性　217
1. はじめに　217
2. 批判的実在論とは何か　220
3. 批判的実在論の応用可能性　230
4. おわりに　237

第11章　社会病理学における意味論と事例研究の可能性　243
1. はじめに　243
2. 社会病理学における意味論と事例研究の展開　245
3. 批判的実在論における事例研究　249
4. おわりに　258

索　引　273

第1部　社会病理学を問い直す

第1章
「逸脱の死」を問い直す

進藤 雄三

1. はじめに

　サムナー(Sumner, C.)によって口火を切られた「逸脱の死」(Sumner, 1994)という主題を，日本における社会病理学の学的問い直しという文脈において取り上げることには一抹の違和感が伴う。サムナーが提起した「逸脱の死」という主題は，正確にはデュルケム(Durkheim, É.)からベッカー(Becker, H. S.)にいたる「逸脱の社会学の死」を意味している。サムナーの書籍の公刊当時，逸脱研究者からの反応は希薄であったとされるが，[1]この主題は英語圏においては反論・反証を含めて，すでにかなりの論稿が蓄積されており，2014年には *The Death and Resurrection of Deviance* (Dwelling, M., Kotarba J.A. & N.W.Pino eds., 2014)という論文集が編まれるにいたっているのに対し，管見のかぎり日本においてはそもそもサムナーの書籍への言及すらほとんどなされていないからだ。[2]しかし，「逸脱」という概念がデュルケム以来の「病理」概念の20世紀における後継概念であるとすれば，「逸脱の死」あるいは「逸脱の社会学の死」とは，「病理の死」あるいは「社会病理学の死」をも当然内包することになる。「逸脱の死」という主題を，社会病理学の学的問い直しの文脈において取り上げる意味はここにあるといえるだろう。「逸脱の死」とは一体何を意味し，日本と海外におけるこの主題の受け止め方の落差という事態は何を意味している，何を示唆しているといえるのだろうか。

本章ではこの問いを導きの糸に，日本社会病理学会の30年に及ぶ歴史，とりわけ1990年代以降の展開を念頭に，「逸脱の死」という問題提起が社会病理学の学的構成にとって持ちうる意味を検討する。この目的に伴い，まず第2節で日本社会病理学会の軌跡と「逸脱の死」とを関係づけ，次に第3節で「逸脱の死」の具体的意味内容をサムナーの著作をもとに概括する。その上で，第4節で「逸脱の死」命題に対する反証を含めた解釈の系譜を整理し，最後に第5節で「逸脱の死」が日本の社会病理学に対して持ちうる意味を考察する。

2. 日本社会病理学会の軌跡と「逸脱の死」

(1) 日本社会病理学会の軌跡：時期区分

　日本社会病理学会の発足から現在にいたるまでの軌跡を，ここでは学会長の任期にしたがい，ほぼ10年のスパンをもって便宜的に以下の3つの時期に整理しておきたい。①初期(大橋薫：1985-1995)，②中期(望月嵩，松下武志，米川茂信：1995-2004)，③後期(矢島正見，佐々木嬉代三，森田洋司，横山實，清水新二：2004-現在)の3期である。このうち，ここで焦点を合わせる時期は特に中期以降であり，それぞれの時期の概括として，社会病理学会が2014年に横浜で開催された国際社会学会にて公刊された *A Message to the World from the Japanese Association of Social Problem* 所収の "Past, Present, and Future Research on Social Problems in Japan" 論稿の日本語版を以下に採録する。

　　世界史的な転換期とも評すべき1990年代のグローバリゼーションを経て，21世紀における社会病理学自身も大きな変容を要請されるようになる。この時期における日本社会病理学の学術的問題の主軸の一つは，90年代に翻訳を介して日本社会学に導入された「社会構築主義」アプローチと，非行・犯罪・逸脱分野において顕著に見出されるにいたった「心理主義化」への二重の対応である。
　　前者は，「病理」概念の持つ価値負荷性という積年の問題に対して，正常—異常の判断自体が社会的に構築される機序を方法論的に明確にすることで，社

会病理学という学問の存立基盤自体を鋭く問うた。他方，後者は問題現象の個人主義化をもたらすものとして，社会病理学というより社会学的視点それ自体の意義を根本的に揺るがす問題提起をはらんでいた。この二つの動向が，日本社会学会，そして社会病理学会のなかで「臨床社会学的転回」（崎山，2007）と表現しうる事態をもたらした。それは社会病理学の価値負荷性に対する構築主義の提起を受け入れる一方で，構築主義が抱えていた問題解決・介入の志向性の相対的欠落との対峙のなかで生み出された一つの動向であった。

　こうした問題状況を受けて，日本社会病理学会は病理学的研究の存在根拠を明確とするべく，2003 年から 2004 年にかけて全 4 巻におよぶ『社会病理学講座』（学文社：第 1 巻『社会病理の基礎理論』，第 2 巻『欲望社会——マクロ社会の病理』，第 3 巻『病める関係性——ミクロ社会の病理』，第 4 巻『社会病理学と臨床社会学』）を刊行した。第 1 巻は社会病理学固有の理論的アプローチを精査・概観・発展させようとする理論編であり，第 2 巻は産業化・情報化・高度消費化・都市化といったマクロの社会構造水準によってもたらされる病理現象，貧困・差別問題を扱い，第 3 巻はイジメ・ひきこもり・少女売春などの少年少女の病理現象，DV あるいは児童虐待など夫婦・親子間のミクロな水準の病理現象を対象とする応用編である。第 4 巻は，摂食障害，アルコール依存症，老人虐待などの問題現象を対象としつつ，支援と介入の方策を同時にさぐろうとする実践性を持ったものであり，最終巻のタイトルが『社会病理学と臨床社会学』とされているところに，上記の「転回」が如実に示されているとみることができる。

　しかし，社会病理学のアプローチは単にミクロ水準の対人関係援助・支援という次元に解消されうるものではない。当事者の「声」「語り」に寄り添うという社会学全般に及ぶ方法論的スタンスは，他方で社会の私事化に対応する「心理主義化」と共鳴しつつ，社会構造論的視点を希薄化させる危険性も同時に抱えていた。第 2 巻がマクロの社会変動との関係性において，個別現象を分析しようとした点に，こうした観点が示されている。1990 年代末に顕在化したホームレス問題を一つの契機に，格差社会論，社会的排除—包摂論が日本において一定の広がりを見せるに際して，社会病理学会の会員による研究がその重要な一角を形成したことも，この点を例証するものといえるだろう。

　21 世紀における社会病理学の動向を問題とする際に，避けて通れないもう一つの軸は，犯罪学との関係，あるいは社会学との関係を基軸にして言えば，「『逸脱の社会学』死後における犯罪の研究」（佐藤，2012）である。周知のようにデュルケムによって基礎付けられた社会病理概念は，20 世紀後半期のアメリカにおいて「逸脱」概念に継承された。ラベリング理論が従来の古典的犯罪学に

パラダイム・シフトをもたらしたことは確かである。それは、古典的な犯罪実在観に対して、「ラベリング」という相互作用、社会的相互関係性のなかで犯罪が生み出されるという視点を提供すると同時に、犯罪遂行者に焦点化された犯罪研究にもう一方の参与者である「取り締まる」エージェントという新たな研究対象・領域を明確に示した。しかし、70年代を経由するなかで、ラベリング論が第一次逸脱（レマート）に対する説明力を持たず、したがって逸脱・犯罪の原因論・予防論（実践目的にとって）に対する有効性を持たないとする議論が提起された。ラベリング論の革新とラベリング論に対する批判――奇妙なことにこの論争はそれ以来の社会学的論議のアリーナから消えていったかに見える。そしてサムナーは1994年に、やや唐突に「逸脱の死」を語った。

　この論点は、社会病理学と犯罪学・犯罪社会学との境界問題に限定されたものではない。なぜなら、逸脱の社会学の根幹をなすラベリング理論は、逸脱の社会的創出・生成という視点をもたらしたという点において、社会構築主義を準備したということができるからであり、「逸脱＝社会問題」の社会的構築という観点は、まさに心理学的問題構成に対する社会学的問題構成の根幹を形成するものといいうるからだ。

　日本における知的伝統において、「社会問題」という用語は、近年のアメリカ経由の構築主義観点からというより、歴史的にはむしろマルクス主義的観点と深く結びついてきた。東西冷戦構造の終結以降、グローバリゼーションの荒波にさらされた日本社会は、他の諸社会と同じように、「逸脱＝社会問題」の社会的構築という社会学に固有の問題を、「治安」最優先の社会意識・政策志向のただなかで再構築してゆく作業が求められているといえるだろう。

（2）日本社会病理学会と「逸脱の死」

　上記の概括において、21世紀以降の学会の学的課題として、「心理主義化」と「構築主義」という2つの動向と並んで、「逸脱の死」（正確には「逸脱の社会学の死」）を主に英語圏におけるラベリング理論をめぐる論争との関連において提示した。その箇所の記述においてさらに言及しなければならない事柄が2つあると思われる。

　ひとつは、このトピックを主題化した日本におけるほとんど唯一の論稿といってよい佐藤哲彦の研究動向整理の副題が、「『逸脱の社会学』死後における犯罪の研究」とされ、テーマ別研究動向の名称は「社会病理学」ではなく「犯

罪」であったという点である。佐藤は「逸脱の死」テーゼを，テキスト，論文など素材に時系列の変化を追い経験的に検証したライトらの指摘を踏まえて，次のように述べている。

　しかしながらここで注目したいのは，「逸脱の社会学」死後の逸脱・犯罪研究が，犯罪社会学によって担われているという事態である。じっさい，日本の社会学においても逸脱・犯罪研究は，こんにちすでに犯罪社会学によって取って代わられているように見える。　　　　　　　　　　　　　　（佐藤，2012：292）

　社会病理学と犯罪学との関係性は深い。研究者の重複も多い。犯罪学がとりわけラベリング理論以降の「逸脱の社会学」の果実を吸収し，研究成果の実を挙げているという指摘自体には一定の説得力がある。またこの指摘はラベリング理論の退潮と，犯罪学の復興の時期が重なっているというベスト(Best, J.)の観察とも合致する(Best, 2004：71)。しかし，ルール違反行為を逸脱と捉えるかぎり，犯罪＝法的ルールの違反であり，包摂関係は逸脱が犯罪を含むのであり，逆ではない。後に示すように，ベストはラベリング理論に代表される逸脱研究の退潮をもたらした4つの批判動向として，①権力と支配の問題を扱えていないとするコンフリクト理論からの批判，②ジェンダー役割に基づく性差別主義に基づく女性の逸脱化という問題に対処できないとする女性運動からの批判，③比較的よく知られている同性愛および障害者運動からの批判，④ラベリング理論による社会的反応は逸脱の一部分しか説明していない，精神病や薬物嗜癖はラベリングの産物以上のものであるとする主流派社会学からの批判を挙げている(Best, 2014：56)。しかし，これらの批判に該当する事象に関わるのは総じて「法」というルールではなく，緩やかに社会的にあると想定される規範・慣習的ルールに関わる現象というべきだろう。「社会病理学」という名称の生存力という問題とは別次元において，犯罪に限定されない公範囲にわたる逸脱現象あるいは社会問題こそ社会病理学において研究され続け，これからもされ続けるであろうことは確認しておく必要がある。

指摘しておくべきもうひとつの事柄は，日本におけるラベリング理論の受容過程の特有性だろう。ベッカーの『アウトサイダーズ』の初版は1963年に刊行され，サムナーによればその影響力は70年代なかばに尽きたとされるが，その邦訳は1978年であり，日本におけるラベリング理論導入の古典『逸脱の社会学』(大村・宝月)は1979年に公刊されている。およそ10数年のタイムラグがここにはある。日本におけるその導入時がアメリカにおける退潮期であった事実が，日本におけるラベリング理論の受容に構造的制約をかけていた点は，日本における「逸脱の社会学」の展開を考える上で逃すことのできない論点である。「逸脱の社会学」が社会病理学ではなく，犯罪学の部分を構成する「犯罪社会学によって取って代わられている」という先に引用した佐藤の判断は，ラベリング理論の日本的受容の一面を的確についているといえるだろう。

3．「逸脱の死」をめぐる論争

(1)「逸脱の死」とは何か

　サムナーによって口火を切られた「逸脱の死」という主題は，その後現在にいたるまでの論争を喚起した。ここでは，まずサムナーのいう「逸脱の死」が何を意味しているのかを明らかにしてゆく。
　イギリスの犯罪学者コリン・サムナーの死亡宣告は，その書籍のタイトル *Sociology of Deviance: An Obituary* に示されるように，「逸脱」に対してではなく，「逸脱の社会学」に対してなされている。サムナーはこの書籍の序文において，かつて有用であったこの研究領域が1970年代までには死亡したと宣告し，その状況を第一次世界大戦の激戦地ソンヌになぞらえて，完全に破壊された地帯が「荒廃し，不毛で，無人の塹壕と弾痕穴に満ち，爆発を免れた坑道が散在し，不気味な静寂に覆われている。誰も危険な墓地で覇権を争おうとはしない。今や銃を置き，死者への敬意を示す時だ」(Sumner, 1994：ix)と綴っている。
　サムナーは具体的，経験的には何を語っているのか。予想に反して，サム

ナーがその死亡を宣告したのは、社会学の学問領域として「逸脱の社会学」ではない。大学での「逸脱」研究の専攻数、専攻への登録学生数、テキストや論文数、雑誌数の劇的減少などではない。彼にとって重要なのは、支配層がその覇権を維持するために人びとを統制する装置を必要とし、その役割を果たす道具として20世紀において新たに誕生した研究領域が「逸脱の社会学」なのであり、その死亡とは「逸脱の社会学」が当初期待されたイデオロギー的機能を遂行できなくなった事態を意味する (Sumner, op.cit.：301)。

このサムナーのスタンスには、マルクス主義的パースペクティブと語彙が組み込まれており、その観点を共有しない研究者には、「逸脱の社会学」の死亡という診断はもとより、その特徴づけ自体の理解についても論争がありうるだろう。しかしこのサムナーの死亡宣告は、興味深いことに保守主義的スタンスを取ると見られるヘンダーショット (Hendershott, A.) によって、異なる側面における死亡判断への同意がなされる。宝月誠は、日本においておそらく「逸脱の死」をめぐる議論を紹介した唯一の文献において、以下の記述を残している。

> 21世紀の初頭、アン・ヘンダーショットという女性の社会学者が興味深いエピソードを述べている。彼女がサンディエゴ大学の社会学科長をしていたときに、「逸脱の社会学」を学部のカリキュラムとして設けることを提案したときの話である (Hendershott, 2002)。1960年代まではアメリカの大学の学問分野のなかで「逸脱の社会学」は最も重要な科目とみなされていたが、その後、久しく彼女の属する社会学科では提供されてこなかった。彼女はこのことを考慮して、「逸脱の社会学」を再開することは学生のためにも重要と考え、学科会議に再開を提案する。しかし、同僚の研究者は「一世代前に死んだ学問を教えたい人など誰もいない」といって強く抵抗する。ヘンダーショットによれば、逸脱自体の死は事実上ありえないにしても、不幸にもアカデミックな学問としての死に関しては同僚の判断は正しいと見ざるをえないという。　(宝月, 2005：1)

イデオロギー的に対極にあるヘンダーショットにして、学問分野としての「逸脱の社会学の死」という判断自体には首肯せざるをえない、と捉えていたことになる。

(2)「逸脱の死」をめぐる論争

「逸脱の死」をめぐって論争がある，といいうるには，その判断を肯定する，否定するという両極の存在が必要となるだけでなく，いかなる根拠に基づいてそう判断するのかの基準の存在が必要となる。あらかじめその基準を設定しておくならば，「逸脱の社会学」領域における，コース選択学生数の増減に示される教育面での推移，論文数，書籍数などによって示される研究面における推移という量的に把握可能で経験的に検証可能な次元と，とりわけ研究面における知的活力・知的影響力における推移という質的で検証が困難な次元とが区別される (Miller et al., 2001)。この基準をもとに，以下では否定派の代表として死亡判断への経験的反証を主軸としたグードの議論と，逸脱概念の有効性という観点から相対的に肯定派に位置づけうるベストの議論を取り上げる。

グードの議論：グード (Goode, E.) の議論展開の要諦は，「逸脱の社会学」の教育・研究分野における経験的データに基づく反論にある。たとえば 2003 年の論稿では，34 の社会学科への調査から，1977 年から 2001 年までの期間において，逸脱研究の専攻学生数が増大していることを指摘し，ヘンダーショットの言明を否定する証拠としている (Goode, 2003)。また研究分野では，「逸脱」をタイトルに掲げた 1,600 の論文を対象に，10 年ごとの年平均論文数を集計し，1950s：0.3，1960s：12.9，1970s：40.4，1980s：52.8，1990s：42.3，2000-2003：35.3 の結果を得て，死亡宣告への経験的反証としている (Goode, 2004)。グードはまた 2013 年に書籍に関しても類似の調査を行い，「逸脱」あるいは「逸脱者」という用語をタイトルに掲げた書籍が，1960s：20，1970s：79，1980s：57，1990s：58，2000s：59，2010-2012：35，という数的変遷を示していることから，「逸脱の死」への明確な反証を示すものとしている (Goode, 2014：19)。

にもかかわらず，「逸脱の社会学」がその知的影響力・活力を喪失しているのではないか，というもう一つの次元についてのグードの判断は計量的次元と比べるならば必ずしも明確とはいいがたい。犯罪学との対比，あるいは他の社会学領域との対比の欠落を理由に，「逸脱の社会学」の重要性の低下に反論を

試みてはいるが,「逸脱領域において最も頻繁に引用される31の作品のうち,1975年以降に公刊されたものは2本しかない」という事実提示に対して,「逸脱の社会学がかつてほどには理論的に革新的ではない」という点を認めてもいる (Goode, 2014:20-21)。

ベストの議論:グードの議論の焦点が教育および研究における数量的な経験的反証に置かれているのに対し,ベストの議論の焦点はむしろ「逸脱」概念自体の学的有効性に置かれており,その基本的スタンスは逸脱概念の知識社会学的著作と評しうる *Deviance: Career of a Concept* (2004)に示されている。ベストは逸脱概念の歴史を振り返りながら,ラベリング理論以降の逸脱研究を端的に以下のように概括している。

> ラベリングアプローチへのこの共感は,多様な方向に向けての観念の展開を促した。ある人々は逸脱という用語を手放し,社会問題あるいは社会運動について語ることを選好した。また他の人々は,逸脱と関連した数多くのトピックの研究用に生み出された多様なリサーチ・クエスチョン(例えば逸脱交渉,感情,ジェンダーなど)を発した。しかしこれらのいずれの問いも,ラベリング理論が1960年代においてなしたようには逸脱研究の想像力を掴むことはなかった。ラベリング理論への攻撃以降,劇的な理論的発展は一つとしてなかった。逸脱研究領域を変容させる新しいパラダイムは一つとして現れなかった。
> (Best, 2004:68)

90年代以降の逸脱研究において,特にスペクター&キツセ(Specter & Kituse)の研究に由来する「構築主義」的社会問題研究と,「社会運動」研究へのシフトに言及しつつも,ラベリング理論以降の逸脱研究の知的活力・創造性の次元にに関しては,その「衰退」という判断に傾斜したことが強くうかがわれる記述といえるだろう。

とはいえ,ベストも経験的側面を無視している訳ではない。2014年の「逸脱バブル」と題された論稿には,5つの社会学主要雑誌(*AJS, ASR, Annual Review of Sociology, Social Forces, Social Problems*)を対象に,逸脱,集合行動,社会

運動のジャンルに区分した上で，「逸脱」概念を含む論文の10年毎の変遷を1940年代から2000年代までたどり，「逸脱」に関わる年平均掲載論文数が1950年代から60年代にかけて上昇し，70年代の10強をピークに減少に転じてゆき，2000年代はそのほぼ半数にまで落ちていることを示した上で，「逸脱は使用されなくなりつつある概念である」との結論を導き出している (Best, 2014：Figure3.1, 59–61)。

逸脱の社会学はその革新性を徐々に喪失しつつあり，また逸脱概念自体の流通度は低減しつつある。総じてベストの示す判断は，逸脱の社会学の衰退を指摘するものといえよう。

4.「逸脱の死」と社会病理学の現在

概念史的にいうならば，少なくとも英語圏内において「社会病理」という用語は，パーソンズ，マートンによる1950年代の「逸脱―社会統制」パラダイムの創出，そのパラダイムへのベッカーのラベリング理論に代表される1960年代の対抗パラダイム（相互作用論的転換，構築主義的転換，社会反応論的転換とも表現される）の革新を経た「逸脱の社会学」の成立によって，「逸脱」に取って代わられたといえる。そして1990年代以降に「逸脱の死」あるいは「逸脱の社会学の死」が語られる，語られうる状況には，当初唐突に思われた「逸脱の死」の宣言が，社会学者の脳裏に70年代以降の逸脱研究領域における一種の停滞感を徐々に呼び起こしたであろう事情，さらには多様な社会運動（フェミニズム，同性愛，障害者など）と連動した価値・規範の多様化という現実との突き合わせに由来する「逸脱」概念使用への躊躇感こそが，この言説自体の流通性と生存力を担保してきたというべきだろう。

では翻って，現在の日本において「逸脱の死」をめぐる議論を語ることの意義，とりわけ社会病理学という学問分野の学的問い直しという文脈において持つ意義，はどこにあるといえるだろうか。

(1) 日本社会病理学会の固有性

「社会病理学」という学問領域はデュルケムに由来し，1920年代から30年代にかけてのシカゴ学派による社会解体論を経由して，1950年代における機能主義的な「逸脱─統制論」をテーゼ，1960年代のラベリング理論の刷新というアンチテーゼを経て「逸脱の社会学」と評しうる研究領域として継受された──この系譜的理解に即するならば，日本における社会病理学は，アメリカ由来の上記のテーゼとアンチテーゼがほぼ同時期，1970年代から1980年代初頭にかけて導入されてきた，という特殊事情があった点を押さえておく必要がある。

社会病理学会の設立は1986年であるが，既述したようにベッカーの『アウトサイダーズ』の翻訳は1978年，日本におけるその本格的導入と研究の書である『逸脱の社会学』は1979年に公刊されていた。にもかかわらずラベリング理論の日本における受容という点に関していえば，その舞台は社会病理学というより犯罪学・犯罪社会学の分野に継受されていったという側面は否定できない。むしろ日本の社会学におけるラベリング理論の継受は，その後継ともいうべき「構築主義」，とりわけスペクター＆キツセによる「構築主義的社会問題論」(Specter & Kitsuse, 1977＝1990)に分枝していったといえるだろう。佐藤はこの研究分野に関して，「社会問題論は『逸脱の社会学』とは異なり，批判に抗して生き残り，批判に鍛えられて社会問題研究の標準的方法となった」とすら述べている(佐藤, 2012：296)[6]。

日本において，「逸脱の社会学」が導入された時期は，欧米においてはすでにその退潮期を迎えていた時期であり，上記の構築主義的社会問題論自体が，その状況に対する応戦という側面を色濃く帯びていた。ベッカーのラベリング理論を日本において初めて詳細かつ包括的に論じた宝月の『逸脱論の研究』と，スペクター＆キツセの『社会問題の構築─ラベリング理論を越えて』の邦訳が同じ1990年に公刊されていること自体が，日本におけるラベリング理論と構築主義の日本における受容の基本的文脈を規定しているといえるだろう。誤解を恐れずにいえば，日本の社会学においてはそもそも「逸脱の社会学」の

成立すら不確定の状況において,「逸脱の死」以降への応戦の成果である「構築主義」が導入されたのだ。[7]

(2)「逸脱の死」をめぐって：ベストの観察

　「逸脱の死」を言葉として,書籍として主題化したのはサムナーである。しかしその内容は「逸脱の社会学の死」であり,その判断の主眼はむしろイデオロギー的な観点からなされたものであった。にもかかわらず,「逸脱の死」という言葉は,1990年代以降の逸脱研究者の想像力を刺激し,何らかの応戦を要するものと捉えられ,多くの論争的議論を生み出した。ある研究者は,その状況自体を,1960年代から1970年代にいたるラベリング理論の反響と比肩しうる活況を呈するとまで表現している(Dotter, 2014：127)。ここでは,その論争の中で先に肯定派として紹介したベストの議論のうち,「逸脱の社会学の死」ではなく,「逸脱」概念自体の問題性とその後継に関わる議論を取り上げて検討する。

　逸脱概念の問題性：ベストの議論の要諦は,「逸脱」概念がその指示対象を特定できない「定義上のクリープ(definitional creep)」という問題を抱えているという点にある(Best, 2004, 2014)。問題が正確に定義されなければ,当該事象を測定することはできない。ベストはこの定義問題を「逸脱への攻撃(Deviance under attack)」がなされた2つの理由のひとつ(他のひとつは既述した)として挙げている(Best, 2014：56-57)。この論点は,即座に次の問いを誘発する——ある行為が「逸脱」であり,他の行為が「逸脱」でないとする,その基準は何か。誰が,いかなる文脈において,いかなる基準に基づいて,ある行為を「逸脱」,ある行為者を「逸脱者」と定義し,他の行為を「逸脱」としないのか。この問い自体が,実はラベリング理論の前提としての「〈逸脱観ないし規則の多元性〉と,〈政治過程を通じての逸脱定義の多元性の一元化〉」という2つの仮定(宝月,1990：55)を内包している。ベストはベッカーの視点を用いて,ラベリング理論自体を問い直しているようにも見える。ベストが的確に指摘しているように,パーソンズ流の「逸脱—社会統制」図式が後に一元的であるとの

批判を受けたとしても,犯罪と精神病・自殺・薬物依存・同性愛との類比を通して「規範侵犯としての逸脱」という共通項を見出した,当時としての革新性は否定することはできない(Best, 2014：62)。そして,機能主義モデルを代替する新たな視座を提供したラベリング理論にしても,その具体的事例としてマリファナ使用者とジャズ・ミュージシャンを取り上げ,その書籍のタイトルに「アウトサイダーズ」と名うてば,事実上両者は研究者によって「アウトサイダーズ」というラベリングをされることになる。また,精神病が「逸脱」研究のひとつとしてラベリング理論の経験的事例として対象化されるならば(Sheff, 1966),ラベリング理論自体が精神病の「逸脱」視に関与したといいうるだろう。この論点をあえて提示したのは,特に1990年代以降の社会学における方法論的「自省性」(reflexivity)の水準上昇の一端を強調するためであり,「構築主義」が日本において同時期に受容された背景の一端を指摘するためである。

逸脱社会学の後継動向：もうひとつベストの論議の中で取り上げておくべきと思われるのは,「逸脱の社会学」死後の後継問題に関する記述である。ベストは「逸脱の社会学の死」を語りはしていないが,明らかにその「衰退」は認めている。興味深いのは,その後継として犯罪学(犯罪社会学)を除く2つの研究に言及している点である。ひとつは,既述したスペクター＆キツセの構築主義的社会問題論,そして他のひとつがコンラッド＆シュナイダーの『逸脱と医療化』(1981)に由来する「医療化」研究である(Best, 2004：54-60；2014：63-65)。ベストはなぜこの2つに言及したのか。それ自体が,90年代以降の「逸脱の社会学」の軌跡を象徴している。

スペクター＆キツセの「構築主義」と「逸脱の社会学」との関連は比較的理解しやすい。それはラベリング理論への諸批判を,方法論的厳格化を通して「社会問題」の構築という概念変換を介して回避しつつ,その根本的洞察を救出しようとする試みと捉えうるからだ。そしてラベリング理論が機能主義的「逸脱―社会統制」パラダイムに対する対抗パラダイムとして,狭義の逸脱研究分野を越えて社会学の全域に影響を与えたように,ラベリング理論の遺髪を継ぐ「構築主義」もまた「『社会問題』の構築」を語る限り,社会学の学的構

成にとっての枢要性を持ちうるからだ。スペクター&キツセ由来の構築主義を90年代から2000年代にかけて受容した日本社会学の展開は，それゆえに狭義の逸脱研究を越えた一定の拡がりを見せていたし，その「ブームが終息して久しい」(木戸・中河，2017：17)にもかかわらず，2017年の『社会学評論』において「社会学と構築主義の現在」と題した特集が組まれるにいたっている。しかし，その具体的研究の内実を子細に検討するならば，60年代から70年代の欧米においてラベリング理論が逸脱研究に及ぼしたインパクトに類比可能な影響を，90年代以降の研究に及ぼしたということは困難といえる。ベスト自身が述べているように，研究者は自らの研究実践において「構築主義的枠組みを採用せず，リサーチ・クエスチョンが構築主義を呼び込む」という事態が通例であり，構築主義的社会問題論の問題性はそれが「唯一の研究，と主張する点にある」(Best, 2014：64)という論点は，日本における構築主義の展開にも妥当するといいうるからだ。

　他方の「医療化」研究への言及については，2つの補助的議論が必要となる。コンラッド(Conrad, P.)が「多動症」を「逸脱の医療化」の先駆的研究として提示し(Conrad, 1976)，アルコール依存症，薬物常用，多動症・児童虐待，同性愛を対象とした包括的な『逸脱と医療化』(Conrad and Schneider, 1981)を著して以降，この研究系列は興味深い経緯をたどっている。イリイチの『脱病院化社会』(1975＝1984)，フーコーの『狂気の歴史』(1961＝1975)を経由して，経験的実証研究として提示された「医療化」概念は，ラベリング理論が犯罪研究において犯罪・司法関連実務従事者から一定の距離感を抱かれていたように，その医療批判的含意から医療従事者側からの反発と当惑をもたらしていた。また，方法論的にはOG(オントロジカル・ゲリマンダリング)問題に由来する批判対象とされてきてもいた。にもかかわらず，この概念は逸脱研究との交錯性を薄めながらも，少なくとも医療社会学の分野においては驚くべき生命力を示し，現在にいたっている。「逸脱の社会学」の後継という点では，ベスト自身も認めているように，「医療化」概念は現在では「逸脱」との接合を失っているとさえいえる。にもかかわらず，ベストがこの研究を取り上げたのは，逸脱

概念および逸脱の社会学の相対的衰退と対比して，医療社会学あるいは医療社会科学分野における持続的生存力に対する評価が含まれているからであるといえるだろう。

5. おわりに：「逸脱の死」をめぐって

　「逸脱の死」をキーワードに，日本における社会病理学あるいは逸脱の社会学の学的構成を検討する，という本章の課題設定の結語において，何が語られうるのか。ただその作業に入る前に，いくつか確認しておくべきことがある。
　まず，「逸脱の死」を最初に提示したサムナーは，主に「ヨーロッパ」を念頭にこの用語を語っているという点である。フランスの社会学者デュルケムの業績に由来する社会病理学が，1930年代のシカゴ学派の社会解体論，そして機能主義的「逸脱―社会統制」パラダイムを経て，ラベリング理論の革新によってアメリカで生まれた「逸脱の社会学」は，1968年にヨーロッパに里帰りし，そして死を迎えたという物語として語られている，という点である。「1975年までには，ヨ・ー・ロ・ッ・パ・の社会学者，歴史家は，あたかも逸脱の社会学がもはや生存していないかのように，犯罪，法，社会的規制について書いている」(Sumner, 1994：5　強調は筆者)。確認しておくべき第二の点は，サムナーは主に犯罪学，とりわけヨーロッパの犯罪学を念頭に，マルクス主義的な犯罪学の観点から「逸脱の社会学の死」を語っているという点である(ibid.：311)。「逸脱」の外延―同性愛，売春，非行，薬物依存―などはこの観点からみれば，軽微な周辺的逸脱，あるいは総じて「被害者なき犯罪」であり，より社会的に重要な権力者による犯罪―企業犯罪，ホワイトカラー犯罪など―が主題化されていないことになる。こうしたイデオロギー的観点からの捉え方が「逸脱の死」という判断を後押ししているという点である。
　この議論を日本に移し替えてみよう。日本における戦後の社会学はアメリカ社会学の影響下におかれてきた。ただ，そこには10数年のタイムラグが存在し，構造機能主義的逸脱理論と，ラベリング理論の導入はおよそ1970年代と

いうタイムスパンにおいてほぼ同時期になされ，ラベリング理論の導入はアメリカあるいはヨーロッパにおける影響力が衰退していた時期と重なっていた。また，1986 年に設立された日本社会病理学会は，まずマルクス主義的「社会問題論」的アプローチに回収されえない問題意識を共有するメンバーによって設立され，日本社会病理学会は「社会問題論」を標榜するマルクス主義的社会学と対比されるアメリカ社会学的考察という特性を当初より帯び，その対比状況が日本社会病理学会の個性を自動的に生み出してもいた（矢島, 2011：124-125）。しかし，理論的には基本的にデュルケム由来の社会病理学観とシカゴ学派由来の社会解体論的視点，さらに機能主義的逸脱論が新たに付加された状況のもと，導入されたラベリング理論の洞察が研究状況に大きな影響をもたらす前に，その「衰退」状況がすでに伝えられる，というねじれた文脈において設立されてもいた。以来，「逸脱の社会学」における欧米での地殻変動は，現在にいたるまで日本においてその痕跡をとどめていないかに見える。「逸脱の死」の議論の前に，「逸脱の社会学」自体が成立しなかった歴史的経緯がここにはある。

　しかし，「痕跡をとどめていない」という言明自体，より子細な検討を要すると思われる。発表論文数，書籍数，あるいは学会報告数におけるラベリング理論のプレゼンスという量的観点からみるならば，日本における社会病理学的研究での影響は限定的であったといわざるをえない。しかし，質的観点からみるならば，異なった情景が見えてもくる。「逸脱の死」に対する否定派に位置づけたグードは，マートンの科学社会学における「組み込みによる消滅」（Obliteration by Incorporation）という概念を借用して，以下のように述べている。

　　2000 年代までには，ラベリング理論の洞察は自明の事柄とみなされ，犯罪学と逸脱の社会学の通常の知恵の中に深く織り込まれるにいたり，「組み込みによる消滅」（Merton, 1979）の事例となった。　　　　　　　（Goode, 2014：25）

グードあるいは佐藤が述べたように，ラベリング理論の遺産は「犯罪学」や犯罪社会学，あるいは構築主義的社会問題論に主に継受されたとはいえ，その根本洞察はむしろ「逸脱」的現象を対象とする社会学的研究にとってむしろ自明なものとして一般化して受容されるにいたっている──この判断を覆すことは不毛とすら思える。

　であるとするならば，「逸脱の死」という表現がもたらす喚起力は何に由来するのかが新たに問われなければならないだろう。「逸脱の死」から「逸脱の社会学の死」を差し引いた時，そこに何が残るのかという問いである。ルール違犯，侵犯としての逸脱行動自体がなくなることはない。その限りにおいて「逸脱の死」という表現はナンセンスに近い。しかし，①そのルールは，誰が，いつ，いかなる意図によって設定し，②その認定と介入に一定の恣意性が潜んでおり（セレクティブ・サンクション），③そのラベリングが新たな逸脱行為の発生を促す（第二次逸脱），というラベリング理論の基本的論点を踏まえるならば（佐藤，2017：279-281），「逸脱」概念自体の相対性を否定することは著しく困難となる。またこの概念を用いる研究者の観点からすれば，ある行動を「逸脱」研究の具体的外延として位置づける営為は，事実上社会的「逸脱」規定の参与者としての行動をとることにもなる。ラベリング理論以降，そしてラベリング理論批判を展開した多様な社会運動を経由した現代的文脈において，研究者においても一般社会においても，「逸脱」概念それ自体の応用と適用に関する躊躇感・忌避感を押しとどめることは困難になっているといわざるをえない。

　児童虐待，高齢者虐待，ハラスメント等，近年新たなルールの策定に基づく新たな「逸脱」行動の顕在化が見られる一方で，法律外の「逸脱」的現象に対する「逸脱」ラベリングへの躊躇あるいは忌避感情が同時に強化されつつあるようにも見える[12]。バロウォイ（Burawoy, M.）の唱導した「公共社会学」（Public Sociology）（Burawoy, 2004）とは，こうした現代的状況下に置かれた社会学研究者の実践忌避状況（中立的スタンス）に対する応戦，という側面を持つものといえるだろう。

5．おわりに：「逸脱の死」をめぐって

上記の論述からいかなる判断が帰着するといえるだろうか。「逸脱の死」
——この判断に対する有効な反論は何か。「『逸脱の社会学』は消滅したのではなく，言及される必要性を失うまでに制度化されたのだ。その限りにおいて『逸脱の社会学』の基本的視座は現在も継受されている」——この回答は一定の充足感を与えはするが，「逸脱の死」という表現の現代的喚起力の説明としては不十分だろう。「逸脱」という概念自体の生命力を奪う，研究上ならびに社会意識上の変容が進行中である，という推測を述べる誘惑に駆られる。しかし同時に，これまで「逸脱」とされてきた現象，あるいはそれと関連するとされてきた現象への研究がなくなることはないだろうし，そうした現象に対する社会的関心が失われることもないだろう。ベストの以下のやや憂鬱な判断を提示することで「逸脱の死」の問い直しへの，ひとつの結語としたい。

　　…社会学者が逸脱とカテゴリー化しているトピックへの関心が消え失せるとは思われない。しかし，このことは逸脱という言葉が安泰であることを意味するものではない。社会学者はかつて性と暴力について教える際に，これらのトピックを社会病理(エドウィン・レマートの画期的著作のタイトル！)の形態と分類していた。今日この用語を使用する社会学者はいない。そして逸脱がその先行用語の轍を踏まないという保証はない。　　（Best, 2014：65　強調は筆者）

【注】
1) この点に関しては，佐藤哲彦も同様の観察をしている（佐藤, 2017：291）。
2) ラベリング理論の日本における導入・研究に主導的役割を果たした宝月が，ヘンダーショットの著作（Hendershott, 2002）の冒頭の文章に言及する形で，このテーマを取り上げているにすぎない（宝月, 2005）。
3) 学会設立当初の初期からの歴史，および2000年代にいたる歴史的経緯に関しては，本書の第4章，および矢島正見の『社会病理学的想像力』（矢島, 2011）を参照されたい。
4) こうしたタイムラグは，逸脱分野に限定される訳ではなく，広くアメリカ社会学の成果を導入しようとした日本社会学のほぼ全域に見受けられる。たとえば，理論分野における構造機能主義の日本における本格的な導入は，1974

年に創刊された学術誌『現代社会学』においてなされたといっても過言ではないが，アメリカにおけるパーソンズ理論の影響力は1970年代において確実に衰退していたことは否定できない。
5) 『逸脱の社会学』の共著者の宝月は，日本におけるラベリング理論は犯罪学において一定の受容をみたと述べている（2018年12月27日インタビュー）。
6) 構築主義と社会病理学との日本における関係については，本書第9章の中森論文が詳細に論じている。
7) もちろんラベリング理論が日本社会学の逸脱研究に何の影響をもたらさなかった訳ではない。むしろ「逸脱」研究に対する捉え方に対しては，欧米におけるものと同等の影響を与えていたことは想像に難くない。ここで指摘したいことは，それが研究論文の数量的計測というレベルで，欧米におけるような急激な増大をもたらしたとはいえない，という点であり，そこにアメリカ社会学と日本社会学の間の構造的タイムラグが関わっている，という点である。
8) この論点は，概念定義を行う作業に不可避的につきまとう問題であり，必ずしも「逸脱」研究に固有とはいえない。ここで使用した「逸脱」の代わりに，「社会問題」あるいは「集合行動」「社会運動」を挿入しても，同様の議論が成立する。ただこれらの概念群を見比べた場合，「逸脱」には価値負荷性の問題が相対的により明確に示されていることは否定できないと思われる。「社会問題」あるいは「社会運動」については，価値負荷性の問題というより，「社会」的といういう事柄とは何か，をめぐる一般化の線引きの問題と思われる。この最後の論点に関しては，本書第10章の竹中論文を参照されたい。
9) 「構築主義」の外延は広く，科学技術社会論や科学哲学的に，その一般性を認める動向も観察されるが，ここでは社会学内部での議論，さらにいえばスペクター＆キツセによって導入されて以降の限定された「構築主義的社会問題論」を対象とする。
10) そこで扱われている具体的領域は家族・教育・福祉・逸脱・自己・社会運動・概念分析であり，このうち逸脱と社会運動分野と「逸脱の死」のトピックとの関連性については説明不要だろう。残余の分野について概要をみてゆくと，家族領域ではこのアプローチは「空疎化した」（松木, 2017: 25）とされ，教育分野ではラベリング理論を構築主義前史とする観点からの整序の上に，「いじめ」「不登校」「児童虐待」「発達障害」の研究が取り上げられている（北澤, 2017）。また，福祉の領域では「ナラティブ・アプローチ」に基づく構築主義的研究の紹介が主軸をなしており（上野, 2017），自己論では直接的に構築主義に関わる研究として「物語る自己」論と日本におけるその応用が

言及されている（芦川, 2017）。概念分析の分野は基本的にOG（オントロジカル・ゲリマンダリング）問題をめぐる，構築主義の方法論的課題を扱っている（小宮, 2017）。この研究動向概要を踏まえていえば，教育の具体的研究内容は逸脱研究の教育への応用といいうるものであり，福祉での概括は医療社会学において中心的主題の一つである「ナラティブ・アプローチ」を構築主義と捉えていること，自己論も「物語り」論を構築主義的アプローチとしていることが理解される。総じて，社会問題的事象がとりわけ言語実践を介して「構築」されるという視点，研究者と現実構築との関係性への方法的自覚がゆるやかに共有されているとはいいうるものの，「構築主義」が各領域において枢要なアプローチとして採用され，積極的に活用されているとはいい難く，ベストの言明が日本における状況にも該当するといえる。

11）「医療化」概念の比較的近年のレビューとしては，たとえばデービス（Davis, 2010）のものがある。また，日本においても，たとえば 2012 年の『社会学評論』テーマ別研究動向（医療）において「医療化」を中心に動向が提示されているし（山中, 2012），2014 年の『保健医療社会学論集』においても「医療化」をめぐるレビュー論文が掲載されている（黒田, 2014）。こうした「医療化」概念の生存力が何に由来するのか，それ自体が興味深い主題となりうると思われる。

12）矢島（2011）は「病理」概念に関してこう述べている。「『病理』という言葉に対してのアレルギー性・嫌悪性は激しく根深く，それは理屈を越えたところの身体化された嫌悪となっているのである」（矢島, 2011：126）。「逸脱」に対する感性が「病理」にも同程度に該当するとはいえないとしても，研究者あるいは当事者にとって一定の忌避的感情をもたらすことは否定できないだろう。

【文献】

芦川晋（2017）「『自己』の『社会的構築』」『社会学評論』68-1：102-117.

上野加代子（2017）「福祉の研究領域における構築主義の展開」『社会学評論』68-1：70-86.

大村英昭・宝月誠（1979）『逸脱の社会学——烙印の構図とアノミー』新曜社

北澤毅（2017）「構築主義研究と教育社会学」『社会学評論』68-1：38-54.

木戸功・中河伸俊（2017）「特集『社会学と構築主義の現在』によせて」『社会学評論』68-1：17-24.

黒田浩一郎（2014）「医療化, 製薬化, 生物医学化」『保健医療社会学論集』25（1）：2-9.

小宮友根（2017）「構築主義と概念分析の社会学」『社会学評論』68-1：134-149.

崎山治男（2007）「分野別研究動向（社会病理学）」『社会学評論』57（4）：804-820.

佐藤哲彦（2012）「分野別研究動向（犯罪）」『社会学評論』63（2）：290-301.

——————（2017）「犯罪と逸脱」盛山和夫・金明秀・佐藤哲彦・難波功士編著『社会学入門』ミネルヴァ書房．271-285.

中河伸俊・北澤毅・土井隆義（2001）『社会構築主義のスペクトラム』ナカニシヤ出版

宝月誠（1990）『逸脱論の研究』恒星社厚生閣

——————（2005）『アメリカ社会学における逸脱理論の発展過程の研究』（基盤C科学研究費成果報告書）

松木洋人（2017）「家族社会学における構築主義的アプローチの展望」『社会学評論』68（1）：25-37.

森田洋司・進藤雄三編（2006）『医療化のポリティクス』学文社

矢島正見（2011）『社会病理学的想像力』学文社

山中浩司（2012）「テーマ別研究動向（医療）」『社会学評論』63（1）：150-165.

Becker, H. S. (1963) *Outsiders: Studies in the Sociology of Deviance*, Free Press.（村上直之訳, 1978,『アウトサイダーズ』新泉社）

Best, J. (2004) *Deviance: Career of a Concept*, Wadsworth.

—————— (2014) "The Deviance Bubble," in Dwelling et al. eds., loc.cit., 54-67.

Burawoy, M. (2004) "American Sociological Association Presidential address: For public sociology," *American Sociological Review,* 70 (1)：4-28.

Conrad, P. (1976) *Identifying Hyperactive Children: The Medicalization of Deviant Behavior*, Ashgate.

Conrad, P. and J.W.Schneider（1981）*Deviance and Medicalization*, Mosby（進藤雄三監訳, 2003,『逸脱と医療化』ミネルヴァ書房）

Davis, J.（2010）"Medicalization, Social Control and the Relief of Suffering," *Medical Sociology on the Move*：211-241.

Dotter, D.（2014）"Debating the Death of Deviance Transgressing Extremes in Conspiracy Narratives," in Dwelling et.al. eds., loc.cit., 127-151.

Dwelling, M., J. A. Kotarba, and N. W. Pino eds.（2014）*The Death and Resurrection of Deviance: Current Ideas and Research*, Palgrave Macmillan.

Goode, E.（2003）"The MacGuffin That Refuses to Die: An investigation into the condition of the sociology of deviance", *Deviant Behavior*, 24：507-533.

―――（2004）"Is the Sociology of Deviance Still Relevant?", *American Sociologist*, 35：46-57.

―――（2014）"The Meaning and Validity of the Death of Deviance Claim", in Dwelling et al. eds., op.cit., 11-30.

Hendershott, A.（2002）*The Politics of Deviance*, Encounter Books.

Miller, J. M., R. A. Wright and D. Daniels（2001）"Is Deviance 'Dead'?, The Decline of a Sociological Specialization," *The American Sociologist*, 31：43-59.

Specter, M. and J. Kituse（1977）*Constructing Social Problems*, Cummings Publishing Company.（村上他訳, 1990,『社会問題の構築――ラベリング理論を越えて』マルジュ社）

Sheff, T. J.（1966）*Being Mentally ill*, Aldine（市川考一・真田孝昭訳, 1979,『狂気の烙印』誠信書房）

Sumner, C.（1994）*The Sociology of Deviance: An Obituary*, Continuum.

Yajima, M.（2014）II History of the Japanese Association of Social Problems（A Message to the World from the Japanese Association of Social Problem）

第2章
ミルズ「社会病理学者の職業的イデオロギー」論文を再読する
――研究と現場の実践をめぐる緊張関係と社会病理・逸脱研究

藤原信行

1. はじめに

　21世紀に入りおおよそ20年が経過した現在，海外の社会病理・逸脱とされる諸現象を研究する社会学者が，〈社会病理 social pathology〉という概念を研究や教育で用いることは，学史・研究史を除けばみられない。彼ら彼女らが自らの研究領域に社会病理(学)なる名称を冠することもない。それどころか，後継概念である〈逸脱 deviation〉の〈死〉についてすら議論されている(本書第1章参照)。他方，日本では現在でも学会／部会名称や著作のタイトルで用いられており，学術概念としての命脈をなお保ってはいる。しかし時代を下るにつれ「病理」概念の使用から距離を取る傾向も確認でき(矢島, 2011：209)[1]，また否定的な意味合いで言及されがちでもある[2]。

　社会病理概念(名称)の置かれているこうした状況が確立されていくうえで，ミルズ(Mills, C. W.)の「社会病理学者の職業的イデオロギー」論文(Mills, [1943] 1963＝1971)は重要な位置をしめる。当該論文は，第二次世界大戦後の(とくにアメリカの)社会学における，社会病理概念(研究領域の呼称も含めた)の使用の急速な衰退を決定づけた研究の嚆矢だとされており(Best, 2006：133-136, 宝月, 2004：51-52, 伊奈, 2013：130)[3]，刊行から80年近くをへてもなお，社会病理・逸脱を研究する社会学者たちによって引用・言及――それも批判・否定の対象としてではなく――されつづけている。ただし，結果的に社会病理概

念の使用の衰退を促進することとなった当該論文において，この概念自体の検討も批判も全くなされていない点には注意を要する。では，当該論文において実際になされたことは何なのか。

　本章ではミルズの「社会病理学者の職業的イデオロギー」論文において実際になされたことを明らかにしたうえで，社会病理・逸脱研究，とりわけ日本の社会病理学における意義・貢献を検討していく。まず第2節において当該論文を再読し，そこで現になしとげられたのは，社会解体論の方法論とイデオロギーの水準にまたがる欠陥の指摘を介し，当時のアメリカ社会学の近代社会科学としての未熟さを抉出したことであると確認する。ついで第3節では，戦間期アメリカ社会学における学術研究と現場の実践とのあいだの緊張関係と，その結果両者が訣別にいたるまでの動向を概観し，当該論文をそうした流れの総括として位置づける。第4節では，第二次世界大戦後から今日にいたるまでの日本の社会病理学における当該論文の意義と貢献と顧みられなかった点について検討する。第5節では，前節の議論を踏まえたうえで，社会病理(学)批判ではない当該論文の別様な読み方を提示する。

2.「社会病理学者の職業的イデオロギー」論文の概要

　「社会病理学者の職業的イデオロギー」論文は，ミルズがマンハイム(Mannheim, K.)の知識社会学から着想を得て構想した，死後に「自己反省の社会学(reflective sociology)」と呼称される試みを実践した最初期のもののひとつで，のちに彼が『社会学的想像力』(Mills, 1959＝2017)で展開する社会学批判の萌芽とされている(Geary, 2009：37-39, Mjøset, 2013：62-65)。彼は，当時のアメリカ社会学における〈社会病理学〉の文献——実際には(本章末の表2-1に一覧を挙げている)「社会解体(social disorganization)に関するテキスト・ブック」(Mills, [1943] 1963＝1971：407)——に厳しい批判をくわえた。「状況化された行為と動機の語彙」論文(Mills, [1940] 1963＝1971)が動機の知識社会学的検討を手がかりとしたアメリカ社会批判(と，そのための手法 method のデモンストレー

ション)とすれば，当該論文は同様の手法を用いた社会解体論批判となる。

なお，ミルズが社会学の自己反省としての批判の対象を社会解体論(の教科書)に限定したのは，それらが「終始アメリカ社会学の発展に重要な影響を与え，社会的状況に肉薄したと思われている」(Mills, [1943] 1963 = 1971 : 408)ためだという。社会解体論は，当時のアメリカ社会学を代表するものとして検討および批判の対象とされていることになる。

(1) 近代社会科学としての方法論の未熟さの指摘と批判

ミルズは当該論文において，検討対象となった社会解体論の教科書にみられる近代社会科学としての方法論 methodology の未熟さ，より具体的には①抽象度の低さ(と体系化の欠如)，②社会構造および階級という視点の欠如，③問題の個人化，といった欠陥を指摘し批判する。

①学的抽象度の低さ(と体系化の欠如)：(まるでかつての総合社会学のように)「農村地域の強姦から公共住宅まで」といった具合に関連性が薄く水準も異なる事実をただひたすら網羅的に列挙し，社会解体現象として同列に扱っている(Mills, [1943] 1963 = 1971 : 408)。その結果「木目のこまかい完全に経験主義的な踏査の実施が，大ざっぱな記述的人類学によって合理化される」事態を帰結している(Mills, [1943] 1963 = 1971 : 411)。また「状況的アプローチ」(Mills, [1943] 1963 = 1971 : 413-414)「文化遅滞」(Mills, [1943] 1963 = 1971 : 420-421)「社会変動」(Mills, [1943] 1963 = 1971 : 421-422)といった，当時としては新しい(主に戦間期シカゴ学派由来の)社会学用語の，適切とは言い難い——社会構造という視点の欠如と問題の個人化を帰結する——使用，その他重要語句の無内容な使用もみられる。

②社会構造および階級という視点の欠如：学的抽象度の低さゆえに「規範構造そのものの検討，なぜそれらが犯されるに至ったのかの検討，その政治的意味合いの検討」ができず，「あきらかに互いに無関係な『状況』(situations)を論ずる」にとどまっている(Mills, [1943] 1963 = 1971 : 413)。他方，それらの研究が「社会の『過程的』そして『有機的』側面を強調すること」は，「構造の

ない流動性に埋没」し「形式的な『全体』の強調(プラス)総体的構造への配慮の欠如(プラス)断片的状況への関心の集中」という学的抽象度の低さのみならず,「非政治的傾向を助長」する結果を招いている(Mills,〔1943〕1963＝1971：414-415)。また社会構造という視点の欠如が,階級構造の問題の捨象も帰結した(Mills,〔1943〕1963＝1971：414)。

③問題の個人化：社会構造・階級という視点を欠いた教科書の著者たちは,逸脱した個人を特定の価値・規範に「順応(adaptation)」「適応(adjustment)」させること,すなわち「〔逸脱者が〕小さな町の中間階級的環境と密接に結合した規範や習性に,同調すること」を,社会病理／逸脱／社会解体の解決策として提案することに終始した(Mills,〔1943〕1963＝1971：422-423)。他方で社会＝第一次集団／〔小〕コミュニティの側はつねに不問とされた(Mills,〔1943〕1963＝1971：422-424)。

(2) 判断の根拠とする価値・規範の内実とその密輸入にたいする批判

さらにミルズは,そうした諸研究における上記①から③の方法論上の欠陥,とりわけ③を帰結する根本要因として,④(社会改良運動・ソーシャルワーク実践と癒着した)研究に(密)輸入され判断の根拠とされた価値・規範そのものの問題,⑤そうした価値・規範の(密)輸入が価値中立の標榜により正当化ないし隠蔽されていたこと,を挙げている。

④社会解体論の教科書の著者たちは一様に,地方の田舎町の白人・プロテスタント・中産階級を出自とし,宗教家および／ないし社会改良家[5]という立場も兼ねていた。こうした背景を有する著者たちは,社会改良運動を実践するにあたって自明視していた価値・規範,すなわち移民の大量流入と都市化の影響を受ける以前の,同質的な村落共同体(第一次集団／〔小〕コミュニティ)における自明な常識とキリスト教(プロテスタント)規範を,研究に(密)輸入していた。著者たちはそうした価値・規範を社会的に是認された標準だとアプリオリに前提とし,個別事象が社会病理／逸脱／社会解体かを判断する基準として用い,人びとが無批判に適応すべき目標として押し付け,適応していないと思わ

れる者を一方的に堕落者であるとか解体している(者)として断罪した(Mills, [1943] 1963＝1971：417-420, 422-423)。

　要するに，社会解体の教科書の著者たちは，支配する側の，それもおよそ20世紀前半のアメリカ社会，とりわけ異質な価値・規範を有する移民が大量に流入し，都市化が進展し，第二次集団／アソシエーションが質量ともに発展している社会のあり方を適切に評価するうえで齟齬が生じることは必定の価値・規範を判断基準として，自分たちの社会改良運動／ソーシャルワーク実践とその利害につごうのよい知見を得るべく〈研究〉し，そこから得られた〈知見〉を根拠として，自らの価値・規範を無批判に肯定するような実践とその利害を正当化していたことになる。

　⑤そればかりか社会解体論の教科書の著者たちは，自らが研究において拠って立つそうした価値・規範の内実を解明・明示する作業を怠り，それを「常識」「世論の判断」「正常」と強弁し，価値中立を標榜することで正当化するだけであった(Mills, [1943] 1963＝1971：411-412)。20世紀初頭にウェーバー(Weber, M.)は，社会(科)学における「価値自由」をめぐる諸課題において，価値中立はたんに研究者が依拠している価値を隠蔽するだけの自己欺瞞であり，党派的主張を科学的真理と強弁すること以上に知的廉直さを欠く所作であると指摘した(Weber, 1904＝1998：42-43)。そうした指摘と同型の問題を，ミルズが批判した社会解体論の諸研究は抱えていた。

(3) 研究と現場の実践との緊張関係

　これまで概観してきたように，当該論文においてミルズは，社会解体論の教科書の執筆者たちが研究において依拠していた価値・規範こそが，彼ら彼女らによる研究の信頼性と妥当性を損なっている根本要因であると指摘する。だが同時に方法論の水準での未熟さもまた指摘されていることは，強調されるべきである。それだけではなく，上記の指摘はたんに双方の水準を網羅しただけでも，各々の構成要素を羅列しただけでもない。双方の水準，および各々の構成要素が構造的に結びつき，支え合う悪循環の関係が成立していることも決定的

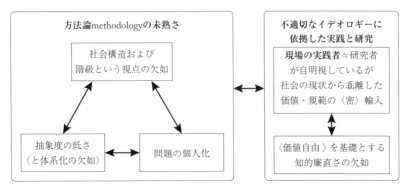

図2-1 ミルズが指摘した社会解体論＝当時のアメリカ社会学全般の問題

に重要である(図2-1)。

特定の価値・規範を自明の前提とする現場の実践とそこでの利害を優先することが，研究における方法論的未熟さを助長する。方法論的未熟さがそういった実践とそこでの利害に媚びた信頼性・妥当性の低い不適切なアウトプット産出を助長する。そうしたアウトプットがさらに方法論的未熟さを助長するような(特定の価値・規範とそれに基づく)実践の利害を一層強固に正当化する。こうした悪循環こそ当時のアメリカ社会学における宿痾にほかならず，社会学が近代社会科学にふさわしい方法論的厳格さを追求していくうえでの躓きの石となっていた。また本章次節でも述べるように，研究と現場の実践とのあいだで緊張状態が生起する土壌ともなっていた。

(4) 統制側(含研究者)の活動に着目した社会病理・逸脱研究の示唆

さらに付言すれば，当該論文が示唆的なものにとどまるとはいえ，研究者も含めた統制側の活動——定義・発見・処遇を主とした——に着目した最初期の研究である点も，強調しておくべきだろう。ミルズ自身が明示的に論じているわけではないが，当該論文で事細かに記述されている，社会改良家も兼ねていた社会解体論の教科書の執筆者たちによる活動は，特定の(価値・規範という)外在的な基準よって特定の人びとの状態なり言動を社会解体(社会病理／逸脱)

と定義し，定義に基づいてそれらを発見(摘発)し，やはり特定の価値・規範に基づく新たな処遇を構想するものである。こうした一連の活動は，まぎれもなくひとつの社会統制活動である。彼がはからずも，後にラベリング論と社会問題の構築主義アプローチ(本書第9章を参照)で明確にされるような，人びとによる社会統制活動が社会解体(社会病理／逸脱)の存立において欠くべからざるものだという視座——当然研究者も外在的な観察者たりえない——を提起していたことも，見逃すべきではないだろう。

3.「社会病理学者の職業的イデオロギー」論文登場の前史
：戦間期アメリカ社会学における〈学術研究〉と〈現場の実践〉との癒着と緊張関係

(1) トマスとズナニエツキの実用的社会学批判

　ミルズは社会解体論に広く蔓延する欠陥，とりわけ問題の個人化と特定の価値・規範に順応させることへの志向性は，直接的には移民問題研究から持ち込まれたもので，そのことにトマス(Thomas, W. I.)とズナニエツキ(Znaniecki, F.)の『ヨーロッパとアメリカにおけるポーランド農民』が決定的な影響を与えた，と記している(Mills, [1943] 1963＝1971：423-424)。彼は(概括的な検討すら怠っていたとはいえ)同書をイデオロギー的にも方法論的にも欠陥をかかえる社会解体論の直接的な起源と見なしていた。

　しかし同書の「方法論ノート」(Thomas & Znaniecki, [1918] 1958＝1983)において彼らは，19世紀末から20世紀初頭にかけての，社会改良・ソーシャルワークをはじめとするさまざまな実践と未分化で理論的抽象度が低く，実践者たちの自明な常識から距離を取ることのできていなかった「実用的社会学」("practical" sociology)を批判し，それらを捨て去ることこそ，アメリカ社会学が近代社会科学としてふさわしい方法論的厳格さを確立していくうえで不可欠だと主張してもいた(樫村, 2016：8-9)。

　彼らが問題視した実用的社会学がかかえる誤謬とは，a)個人的な経験とそれにもとづいて形成された常識の性急な一般化と理論化(Thomas & Znaniecki,

［1918］1958＝1983：6-9），b)特定の規範に基づいてそれに一致しない物事をことごとく異常と決めつけることを出発点とする，実践上の目的ありきの調査研究（Thomas & Znaniecki,［1918］1958：9-18＝1983：9-12），c)理論的にも実践的にも，ある特定の社会的事実の集合を，想定される社会におけるその他の生活上の諸部分から恣意的に切り離して扱えると暗黙裡に仮定し，全体性を無視してバラバラな事実の収集に終始すること（Thomas & Znaniecki,［1918］1958＝1983：12-13），である。このように，ミルズが社会解体論に向けたものと同様の指摘は以前から存在しており，かつそうした指摘は，アメリカ社会学が近代社会科学にふさわしい方法論的厳格さを確立するためのものであった点で共通していた。

(2) 社会理論と社会工学の相補的関係確立という夢

　他方，トマスとズナニエツキの実用的社会学への批判は，あくまで社会学を自然科学に倣い法則定立的科学として確立し，わけても因果法則を決定可能な社会理論を成立させることを介して，人びとの実践のよりよい制御の技法である社会工学を可能たらしめるため提起されたものであった（Thomas & Znaniecki,［1918］1958＝1983：15-17, 34-36）。彼らは社会学研究，とくに理論的考察へ実践上の目的や利害を持ち込むことは否定したが，「科学研究に実践的な目的を予め持ち込まないにしても，社会的実践の側から社会理論に対して少なくともその結果のいくらかでも直ちに応用できるように，又，そうした結果の数と重要性を絶えず増大させるように要求するのは，これまた当然のことで〔中略〕最終的に実践的な応用が可能であることが求められるのは，実践的にも科学自体にとっても大事なことである」（Thomas & Znaniecki,［1918］1958＝1983：17）ばかりか，「応用可能性からなる検証は，科学が自らの関心において引き受けなければならない大事な責任」（Thomas & Znaniecki,［1918］1958＝1983：17）だと主張する。

　彼らは，実践上の目的とは距離を置いた研究から産出された社会理論を応用し，現場の実践を科学的手法に基づいてよりよく統制（制御）していくことを明

確に志向していた。そうした応用領域は,自然科学における工学——産業実践の劇的な効率化を帰結した——になぞらえ,「社会工学(social technology)」と呼称されることになる(Thomas & Znaniecki, [1918] 1958 = 1983 : 61-62)。

(3) 科学であることをめぐる社会学と現場の実践との対立と両者の訣別

しかしながら,トマスとズナニエツキによる実用社会学批判は,ミルズと異なり内省的視点が十分ではなく,批判対象である先行研究とそのなかにみられる誤謬を具体的に挙示することもなかった点で,不徹底なものであった。そして彼らが夢見た社会理論(純粋な研究)と社会工学(実践への応用)との相補的関係に基づいた,近代社会科学としてのアメリカ社会学の確立という夢も,無残に敗れ去った。彼らの著作から影響を受けたとされる,その多くが1920-1930年代に刊行された社会解体論(の教科書)において展開された類の〈社会学〉は,近代社会科学としての社会学を確立しようと志す者たちからすれば,およそ許容できるものではなかった。それらは,本章第2節での検討からも明らかなように,まさに彼らが社会学から排除すべきと指摘していたような,自明な常識や特定の価値・規範／イデオロギーを前提とした現場の実践の都合を優先し,それらを正当化することに終始していた実用的社会学の誤謬を,まったく克服できないままであった。

戦間期アメリカ社会学では,研究と実践とのあいだの緊張関係が無視できない状況となっていった。典型的事例として挙げられるのは,社会解体論を確立・発展させた,当時のシカゴ学派の社会学である[7]。そこでは,特定の価値・規範(白人・プロテスタント・中産階級のイデオロギー)を前提とした実践の役に立つことと,それを正当化する研究成果を要求し,方法論的厳格さをかえりみず,実践と学術研究の癒着を志向する社会改良家——ソーシャルワーカーたちと,客観性と方法論的厳格さを志向する社会学研究者とのあいだで対立が深まっていった。最終的に両者は訣別することとなり,社会改良・ソーシャルワーク関係者たちは,自分たちと常識や価値・規範をともにすると思われた,心理学者や経済学者(とくに前者)とのかかわりを深めていく(Carey, 1975 : 143,

鎌田, 2003：149-150, 高山, 2003：80)[8]。

　アメリカ社会学は戦間期を境に，社会改良運動・ソーシャルワーク／実用的社会学のような，マジョリティの価値観を無自覚に前提とした現場の実践およびそれらの正当化に終始するような〈研究〉から離れ，方法論的厳格さを有する独立した近代社会科学としての地位の確立へと舵を切る。ミルズの当該論文は，こうした動向の延長線上において，特定の価値・規範／イデオロギーを自明視している現場の実践への直接的な貢献と，そうした現場の利害の正当化を前提としていたことこそ，社会病理・逸脱研究を含む社会学が近代社会科学にふさわしい方法論的厳格さを確立するうえで躓きの石となっていることを，知識社会学的手法を駆使することで〈改めて〉容赦なく明らかにしたものであった。

4. 戦後日本社会病理学と「社会病理学者の職業的イデオロギー」論文

　第二次世界大戦後における日本の社会病理・逸脱研究は，それ以前における独自性の高い諸研究の蓄積を継承したものではなかった(本書第3章を参照)。基本的には1930-50年代におけるアメリカの社会病理・逸脱研究の輸入が直接的な起源となっている。そうした戦後から現在にいたるまでの諸研究において，ミルズの当該論文はどのように／どこが参照・言及され，受容されていった，もしくはされなかったのだろうか。

(1) 定義とその前提となる研究者の価値・規範(イデオロギー)の内省

　ミルズの当該論文は，まずもって社会病理・逸脱の定義，およびその前提となる研究者の価値・規範(イデオロギー)の内省をうながすものとして，今日まで引用・参照されつづけている。宝月誠は，ミルズの当該論文を，研究者の価値観に基づいた一方的定義を批判し，別様な定義への途を開くこととなった文献のひとつとして位置づけている(宝月, 1990：307)[9]。

　上記のような観点からの引用・参照は，(管見のかぎり)戦後日本における最

初の社会病理・逸脱研究の教科書のひとつである『社会病理学』(戸田・土井編,1954)の段階から確認できる。同著の「社会病理学の意義」という章において,社会改良運動と未分化であった時期の社会学者たちが,彼ら彼女らにとって自明な価値に依拠して独断的に社会病理か否かの判断を下していたことを否定的に評価する文脈で当該論文に言及している(土井,1954：2-3, 8)。その後も現在にいたるまで,社会病理・逸脱研究においては,とりわけ教科書・入門書において,同様の参照・言及がみられる(たとえば岡邊,2014：12, 高原,[2002]2011：33-34)[10]。

こうしたかたちで当該論文が言及されつづけてきたことは,社会病理・逸脱研究,さらには社会学自体,社会病理／社会問題／社会解体／逸脱の定義をめぐる論争から逃れられない状況のもとに置かれている(Best, 2006：534-539)かぎり,必然である。しかし「M・ウェーバーをめぐる『客観性』〔と価値判断と価値自由〕の議論がより深いところで繰り返され,おかげでこういう問題には,はるかにセンシティブになっているわが国の〔社会学の〕事情」(大村・宝月,1979：14 〔〕内引用者加筆)も与っていよう[11]。

(2) 方法論的未熟さをめぐる内省へ

那須宗一は,当該論文に言及したうえで「かつて1943年に,ミルズ(C. W. Mills)が社会病理学者の職業的イデオロギーとしてあげた六つの批判をもう一度かみしめて,それを乗り越えた社会病理学を確立していきたい」(那須,1975：5)と述べている。21世紀を前にして日本における社会病理・逸脱研究の方法論的な諸問題を指摘した山本努も,論考の最後に当該論文に言及することをつうじて,そうした諸問題は価値自由の問題と密接不可分ではあるがそこにとどまらないことを指摘している(山本,1997：106)。

このように,定義とその前提となる研究者の価値・規範(イデオロギー)の内省ほどではないが,方法論的未熟さをめぐる内省というかたちでミルズの当該論文が言及されることも少なくない。当該論文がそうした点を先駆的に提起したという理解は,現代日本における社会病理・逸脱研究にも引き継がれてい

る。ただ残念なことに，ミルズ自身は早逝したこともあり，現在の学的水準からみて十分な方法論上の回答を遺したわけではない。その探求は個々の社会病理・逸脱研究者たちに委ねられているのだろうし，本書の諸論考もそうした取り組みの一部をなすものである。

(3) 注目されないまま上書きされた統制側の活動への着目

　他方，ミルズの当該論文が，定義・発見・処遇の過程を中核とする社会統制活動——誰によるのでもかまわない——を抜きにして個別の社会病理・逸脱現象は生起しえないという発想，すなわち統制側の活動に着目する視座を示唆的にであっても提起していたことは，戦後日本の社会病理・逸脱研究において注目されることはなかった。もしこのことがもっと早く理解され受容されていたならば，ラベリング論や社会問題の構築主義アプローチ(本書第9章を参照)が，非建設的な非難にさらされることも少なく，受容・拡散・発展もより円滑に進んだのかもしれない。

　とはいえ統制側の活動に(も)着目する視座は，構築主義やデュルケム(Durkheim, É.)の逸脱論(本書第6章を参照)，とりわけ両者において共通する逸脱の構築主義的・相互行為的定義が(再)評価され，一定程度受容されている現在，日本の社会病理・逸脱研究では適切に理解され，共通の知的基盤となっていると思われる。したがって上記の点において当該論文を参照する必要など，もはやないのかもしれない。

(4) 矮小化された研究と現場の実践とのあいだの緊張関係

　だが，当該論文において方法論の未熟さの水準，および価値・規範／イデオロギーの水準の双方にまたがる問題として指摘されていた，2節(3)で述べたような)研究と現場の実践との緊張関係については，現在にいたってもなお日本の社会病理・逸脱研究において(も)関心を向けられることはない[12]。しかしながら，研究と現場の実践との緊張関係を知識社会学的に解明し提示した点こそ，現在の社会病理・逸脱研究(さらには人文社会諸科学)の置かれている状況

を顧みるならば，当該論文が有する現在でも色あせない学的意義の最たるものである。以下，この点および関連する課題を簡単に論じて，本章の締めくくりとしたい。

5. おわりに
：「社会病理学者の職業的イデオロギー」論文の現代的意義と残された課題
──現場／当事者に密着しつつ距離を取ることをめぐって

　現在の日本における人文社会科学領域においては(も)，社会統制──往々にして支配する側にとって都合のよい類の──にかかわる現場の実践への貢献が政策的に求められる状況となっている。アカデミアの側でも，そういった要請に積極的に応えようとする動きもある。他方，かつて社会統制実践の客体としてのみ位置づけられてきた人びとの固有の利害，および日々の実践の論理を，科学の名を仮冒して無視することはもはや許容されない。ジェンダー・スタディーズやディスアビリティ・スタディーズのような，そうした人びとの側に立った学問領域もアカデミアで制度化されてきた。

　むろん上記のような動向を抜きにしても，現場の統制側，さらには統制対象とされる人びとの実践とかかわっていくこと抜きに社会病理・逸脱研究は信頼性・妥当性を有し，かつ意味のある知識を産出していくことはできない。よって現場(フィールド)に密着することが不可欠となる。だが現場の人びとは当然のことながら，各々固有の価値・規範を参照しながらローカルな利害に満ちた日々の活動を実践し，それに基づいてフィールドへの参入や研究成果のアウトプットのコントロール──禁止，拒否，検閲を含む──を試みる。[13] フィールドに参入するためには現場の人びとが参照する価値・規範や利害に適応し従属することが不可避となる(だろう)。しかしミルズが当該論文において抉出したことは，そうした適応や従属は確実に方法論的厳格さを損ね，結果信頼性・妥当性と意味を有する知識の産出を妨げる，ということであった。

　したがって社会病理・逸脱研究者は，現場の人びとの価値・規範に基づく日々の実践とそれにかかわる利害に満ち満ちたフィールドへ密着せねばならな

いにせよ，そうした価値・規範や利害に適応・順応することなく距離を取らねばならない。とはいえ，研究と現場の実践との密接な協働を志向する臨床社会学(本書第7章および8章参照)の現状を顧みるならば，このことの困難さは想像に難くない。だがこのような難題を要求しておきながら，ミルズは何らの正解も与えてはくれない。しかも，価値中立の標榜がこうした難題の解決にまったく寄与しないことは，ミルズのみならずウェーバーも指摘するところである。

　ただ，フィールドへ密着することも，そこから距離を取らねばならないのも，(方法論的厳格さを損ねないようにしつつ)信頼性・妥当性を有し，かつ意味ある知識を産出していくために求められていることだ。この点に立ち返るならば，ある程度採るべき途は見えてくる。すなわち，距離を取るための方法論的厳格さの追求(追究)と，(特定の価値・規範と利害にまみれた)人びとによる実践への密着の双方を両立させうる調査研究プログラムの，自覚的な遂行である。たとえばそれを明確に志向しているプログラムのひとつであるエスノメソドロジー・会話分析は，現在の社会病理・逸脱研究においても一定程度受容されている構築主義的研究をアップデートしうるものとして評価されており(中河，2011)，かつ法社会学，医療社会学等の隣接領域において成果を挙げている。また本書第10章・11章で詳述されている批判的実在論に依拠した研究も，そうしたプログラムとして有望であるし，社会学徒にとってはより受け入れやすいだろう。本書第5章で検討されている量的統計的手法による調査研究も，本書第6章で検討されているデュルケムや第4章で検討されている生活機能障害アプローチはもちろんだが，そのほか無数にある社会(病理)学理論の蓄積を踏まえ，本章第2節で抉出されたような点を回避さえすれば，そのための最強の手法たりえるだろう[14]。

　批判的社会学者という評価が定まっているミルズが(少なくとも日本の)社会病理・逸脱研究に残した現代でも色あせない学的意義が，現場の価値・規範や利害へ無批判に適応・従属することが方法論的厳格さを損ね，結果として信頼

性・妥当性，および意味ある学知を産出することの妨げになるという方法論的課題も含む指摘なのは，いささか皮肉なことではある。ともあれ，当該論文はそうしたものとして(も)読まれるべきものである。

【注】
1) ただし、日本の社会病理・逸脱研究では、総論や学史において（社会）病理という概念が頻出する一方、各論ではほとんど用いられないという傾向が時代を問わず一貫してみられる、との指摘もある（矢島, 2011：208）。
2) 最近では人文地理学者の原口剛が、白波瀬達也の『貧困と地域』を批判するにあたって、（青木秀男らの寄せ場学の成果を踏まえたうえで）「労働者に対する差別や抑圧と表裏一体のものである」ような「社会病理学の視点が無批判に採用されている」と述べている（原口, 2018：110）。
3) 当初、ミルズに批判された者たちからの反論もあった。ギリン（Gillin, J. L.）は 1946 年に刊行された自著（表 2-1 の⑳）第 3 版で「まさにそういった類の特定の社会〔＝地方の田舎町〕において、建国以来アメリカ合衆国のモーレスは発達してきたということなど、この論文の著者にはどうやら思いもおよばないようだ」と反駁した（Gillin,［1933］1946：4 n4 〔 〕内引用者加筆）。またミルズが批判の対象とした文献のいくつかは、犯罪学（表 2-1 の㉑）や経営学（表 2-1 の⑯）のような、現場の実践と密接不可分な関係を維持している他領域において、古典として現在まで読み継がれている。

 しかしサザランド（Sutherland, E. H.）がミルズと同様の趣旨の論考（Sutherland, 1945）を著し、レマート（Lemert, E. M.）もミルズによる批判を「伝統的な社会問題にかんする研究の説明における方法論上の弱点」を突いたものと評した（Lemert, 1951：6-7）。1950 年代には、ミルズ（とその追随者）による批判――社会解体論にたいする――は（トマスとズナニエツキ以降の研究動向の理解が粗雑ではあるが）適切である、とする評価が社会学界において定着する（Martindale, 1957：348-349）。歩調を合わせるように、社会学における社会病理・逸脱研究では、学的精緻化、とりわけ理論が急速に発展していった（Bend & Vogelfanger, 1964：117）。
4) 南保輔は先行研究を精査した結果として、社会解体論が〈社会病理学〉の「抱える欠陥を乗り越えようとしていた」と指摘し、ミルズが両者を同類と見

なし前者まで学的抽象度が低いと批判したのは評価が厳しすぎるのではないか、と述べている（南、［1983］2011：38）。またミルズは『アメリカにおけるポーランド農民』のみならず、1920 年代以降のシカゴ学派における社会解体論の事例研究も検討していない。そのためゲイリー（Geary, D.）は、同時期のシカゴ学派の動向を無視したことで、現代の社会学者からみれば不十分な論考になったと評している（Geary, 2009：40-41）。

5) 同様のことはサザランドも指摘している（Sutherland, 1945：429）。社会解体論の教科書の著者たちにおいて、父親の職業は聖職者（41%）・ビジネス経営者（22%）・自作農（18%）が多いが、1920-30 年代におけるシカゴ大学大学院（社会学）院生の父親の職業は大学教員（35%）・経営者（19%）・肉体労働者（12%）が多かった（Carey, 1975：47）。社会改良運動・ソーシャルワークと未分化な社会学を主導した世代と、近代社会科学としての社会学の確立を志向した世代とでは、出自が大きく異なっていたことがわかる。両者の人種や政党支持も大きく異なる（Carey, 1975：48-49）。

6) 価値自由は「価値への自由」「価値からの自由」であり、価値中立や没価値性を意味しないことは、少なくとも現代日本社会学のウェーバー研究における最低限の共有理解である（折原, 1998）。彼は価値中立を「髪の毛一筋ほども、科学的真理に近づいていない」（Weber, 1904＝1998：42）と述べている。なぜならばそれは「認識と価値判断とを区別する能力、事実の真理を直視する科学の義務と、自分自身の理想を擁護する実践的義務とを〔双方を区別し、緊張関係に置きながら、ともに〕果たすこと」にとって「党派的信仰に比して、はるかに危険だからである」（Weber, 1904＝1998：43）。

7) 戦間期アメリカ社会学における学術研究と現場の実践との緊張関係が明瞭に観察できるほかの事例としては、リンド（Lynd, R.）とマッキーヴァー（MacIver, R. M.）の論争がある（園部, 2008：105-107）。ただしその詳細な検討については、十分な準備がないので他日を期したい。

8) これとの関連で、1950-60 年代にはいると、社会病理・逸脱研究における理論の水準の急速な進歩にたいする反動として、現場の実践家や実践重視の研究者たちのあいだで、社会学を離れ心理学の知見を重視する傾向も生まれたという（Bend & Vogelfanger, 1964：118）。

9) ただし、ミルズの批判から〈当事者（統制対象）の視点〉に依拠した社会病理・逸脱の定義の正当化が必然的に導かれるわけではない。方法論的未熟さを克服したうえで、「観察者〔研究者／統制側〕がなんらかの外的な規準を用いて、当事者たちの意識とは無関係に逸脱を定義する立場」（宝月, 1990：307 〔　〕内引用者加筆）、さらには統制側と当事者双方に立脚する相互行為

論的な定義を採ることも可能である。
10) 他方でメインストリームの社会病理・逸脱研究を体制順応的・体制擁護的であるとして批判／否定する側が、ミルズの当該論文を参照・言及した例は少ない。管見のかぎりでは、マルクス主義的社会問題論に立脚する立場からのもの（小関, 1966：42-43, 仲村, 1967：9）か、寄せ場研究からのもの（中根, 1987：25 n1）で、わずかにみられるだけである。
11) 現在でも価値自由 value freedom を価値中立 value neutrality と同一視するアメリカ社会学とは対照的である。本章2節（2）の⑤と注6も参照。
12) 価値自由の問題に矮小化され回収されてしまったのかもしれない。
13) 〈調査倫理〉にかかわる諸規定は、こうしたコントロールの正当化・制度化でもある。研究者側の過去の所業からすれば、自業自得ではあるが。
14) ミルズは『社会学的想像力』において「経験主義の方法のそうした使用に反対するのは、あまり合理的ではない〔中略〕本質的に計測を受けつけないものなどありはしない〔中略〕研究している問題が、無理なく簡単に統計的な方法で研究ができるような場合には、迷うことなくそれを適用すべき」（Mills, 1959＝2017：130-131）とも述べている。

【文献】

伊奈正人（2013）『C・W・ミルズとアメリカ公共社会――動機の語彙論と平和思想』彩流社

大村英昭・宝月誠（1979）『逸脱の社会学――烙印の構図とアノミー』新曜社

岡邊健（2014）「犯罪に機能がある？ ――犯罪・非行の社会学の考え方と理論展開」岡邊健編『犯罪・非行の社会学――常識をとらえなおす視座』有斐閣, 3-23.

折原浩（1998）「解説」Weber, M.（富永祐治・立野保男訳, 折原浩補訳）『社会科学と社会政策にかかわる認識の「客観性」』岩波書店, 187-345.

鎌田大資（2003）「都市生活Ⅰ解説」中野正大・宝月誠編『シカゴ学派の社会学』世界思想社, 146-152.

樫村志郎（2016）「アカウントの社会的解釈――Florian Znaniecki の社会学方法論を手掛かりにして」西田英一・山本顯治編『振舞いとしての法――知と臨床の法社会学』法律文化社, 3-25.

小関三平（1966）「社会病理学の歴史」大橋薫・大藪寿一編『社会病理学』誠信書房, 24-46.

園部雅久（2008）『ロバート・リンド――アメリカ文化の内省的批判者』東信堂

高原正興（［2002］2011）『非行と社会病理学理論〔新版〕』三学出版

高山龍太郎（2003）「J・アダムズとシカゴ学派第一世代」中野正大・宝月誠編『シカゴ学派の社会学』世界思想社, 79-80.
戸田貞三・土井正徳編（1954）『社會病理學』朝倉書店
土井正徳（1954）「社会病理学の意義」戸田貞三・土井正徳編『社會病理學』朝倉書店, 1-12.
中河伸俊（2011）「方法論のすすめ、もしくは先が見えたゴマメの歯ぎしり」『ソシオロジ』56（1）：81-84.
中根光敏（1987）「『寄せ場』研究の批判的社会学──社会病理学的研究を中心として」『解放社会学研究』2：25-41.
仲村祥一（1967）『社会体制の病理学』汐文社
那須宗一（1975）「社会病理学と社会変動」那須宗一編『社会変動の病理学』学文社, 1-6.
原口剛（2018）「労働者の像から都市の記述へ──酒井隆史氏の書評への応答, 白波瀬達也『貧困と地域』への問い」『理論と動態』10: 104-113.
宝月誠（1990）『逸脱論の研究』恒星社厚生閣
────（2004）『逸脱とコントロールの社会学──社会病理学を超えて』有斐閣
南保輔（［1983］2011）「『レイベリング論』から『相互作用論』へ（1）──レイベリング論の自己増幅過程」『コミュニケーション紀要（成城大学）』22：23-80.
矢島正見（2011）『社会病理学的想像力』学文社
山本努（1997）「社会病理学への不満と提言」『社会分析』24：93-109.

Bend, E. & M. Vogelfanger（1964）"A New Look at Mills' Critique," B. Rosenberg, I. Gerver & F. W. Howton eds., *Mass Society in Crisis*, New York: MacMillan: 111-122.
Best, J.（2006）"Whatever Happened to Social Pathology? Conceptual Fashions & the Sociology of Deviance," *Sociological Spectrum*, 26: 533-546.
Carey, J. T.（1975）*Sociology & Public Affairs: The Chicago School*, Beverly Hills & London: Sage.
Geary, D.（2009）*Radical Ambition: C. Wright Mills, the Left, & American Social Thought*, Berkeley: University of California Press.
Gillin, J. L.（［1933］1946）*Social Pathology, 3rd. ed.*, New York: Appleton-Century-Crofts.
Lemert, E. M.（1951）*Social Pathology: A Systematic Approach to the Theory of Sociopathic Behavior*, New York: McGraw-Hill Books.
Martindale, D.（1957）"Social Disorganization: The Conflict of Normative &

Empirical Approaches," H. Becker & A Boscoff eds., *Modern Sociological Theory: In Continuity & Change*, New York: The Dryden Press, 340-367.

Mills, C. W.（[1940] 1963）"Situated Actions & Vocabularies of Motive," I. L. Horowitz ed., *Power, Politics, & People: The Collected Essays of C. Wright Mills*, Oxford, London & New York: Oxford University Press, 439-468.（田中義久訳, 1971,「状況化された行為と動機の語彙」青井和夫・本間康平監訳『権力・政治・民衆』みすず書房, 344-355）

―――――（[1943] 1963）"The Professional Ideology of Social Pathologists," I. L. Horowitz ed., *Power, Politics & People: The Collected Essays of C. Wright Mills*, New York: Oxford University Press, 525-552.（青井和夫訳, 1971,「社会病理学者の職業的イデオロギー」青井和夫・本間康平監訳『権力・政治・民衆』みすず書房, 407-425）

―――――（1959）*The Sociological Imagination*, New York: Oxford University Press.（伊奈正人・中村好孝訳, 2017,『社会学的想像力』筑摩書房）

Mjøset, L.（2013）"The Fate of The Sociological Imagination: Mills, Social Science & Contemporary Sociology," Scott, J. & Nilsen, A. eds., *C. Wright Mills & the Sociological Imagination: Contemporary Perspective*, Cheltenham: Edward Elgar, 57-87.

Sutherland, E. H.（1945）"Social Pathology," *American Journal of Sociology*, 50（6）: 429-435.

Thomas, W. I. & F. Znaniecki（[1918] 1958）"Methodological Note," *The Polish Peasant in Europe & America, vol. 1.*, New York: Dover, 1-84.（桜井厚訳, 1983,「方法論ノート」『生活史の社会学――ヨーロッパとアメリカにおけるポーランド農民』御茶の水書房, 3-79）

Weber, M.（1904）"Die »Objectivität« sozialwissenshcaftlicher & sozialpolitischer Erkenntinis," *Archiv für Sozialwissenshaft & Sozialpolitik*, 19: 22-87.（富永祐治・立野保男訳, 折原浩補訳, 1998,「社会科学と社会政策にかかわる認識の『客観性』」『社会科学と社会政策にかかわる認識の「客観性」』岩波書店, 23-164）

表 2-1 「社会病理学者の職業的イデオロギー」論文で批判の対象となった社会解体にかんする教科書

①	Beach, W. G. & E. E. Walker, 1934, *American Social Problems*, Stanford: Stanford University Press.
②	Bossard, J. H. S., 1934, *Social Change & Social Problems*, New York: Harper.
③	Bossard, J. H. S., 1927, *Problems of Social Well-Being*, New York: Harper.
④	Cooley, C. H., 1918, *The Social Process*.
⑤	Cooley, C. H.,［1902］1922, *Human Nature & the Social Order*, New York: Charles Scribner.
⑥	Cooley, C. H., 1909, *Social Organization: A Study of the Larger Mind*, New York: Schocken Books.（＝ 1971，大橋幸・菊池美代志訳『社会組織論――拡大する意識の研究』青木書店．）
⑦	Devine, E. T.,［1915］1924, *The Normal Life*, New York: Macmillan.
⑧	Devine, E. T., 1933, *Progressive Social Action*, New York: Macmillan.
⑨	Dexter, R. C., 1927, *Social Adjustment*, New York & London: Alfred A. Knopf.
⑩	Dow, G. S.,［1920］1929, *Society & Its Problems: An Introduction to the Principles of Sociology*, New York: Crowell.
⑪	Elliott, M. A. & F. A. Merrill,［1934］1941, *Social Disorganization*, New York: Harper.
⑫	Ellwood, C. A.,［1915, 1917］1919, *The Social Problem: A Reconstructive Analysis*, New York: Macmillan.（＝ 1920，帰一協会訳『社会問題の改造的解釈』博文館．）
⑬	Ellwood, C. A.,［1910, 1913, 1925］1935, *Sociology & Modern Social Problems*, New York: American Book.
⑭	Fairchild, H. P.,［1916］1921, *Outline of Applied Sociology*, New York: Macmillan.
⑮	Follett, M. P., 1918, *The New State: Group Organization the Solution of Popular Government*, New York & London: Longmans, Green.
⑯	Follett, M. P., 1924, *Creative Experience*, New York: Peter Smith.（＝ 2017，齋藤貞之・西村香織・山下剛・三戸公訳『創造の経験』文眞堂．）
⑰	Ford, J., 1939, *Social Deviation*, New York: Macmillan.
⑱	Gillette, J. M. & J. M. Reinhardt,［1933］1937, *Current Social Problems*, New York: American Book.
⑲	Gillin, J. L.,［1921, 1926］1937, *Poverty & Dependence*, New York: D. Appleton-Century Co.
⑳	Gillin, J. L.,［1933］1939, *Social Pathology*, New York: Appleton-Century-Crofts.
㉑	Gillin, J. L., C. G. Dittmer & R. J. Colbert,［1928］1932, *Social Problems*, New York: Appleton-Century.
㉒	Hayes, E. C., "Editor's Introduction," in *Lippincott Series*.
㉓	Hayes, W. J. & I. V. Shannon, 1935, *Visual Outline of Introductory Sociology*, New York & Toronto: Longmans, Green and Co.
㉔	Mangold, G. B.,［1932］1934, *Social Pathology*, New York: Macmillan.
㉕	Miller, H. A., 1924, *Races, Nations, & Classes: The Psychology of Domination & Freedom*, Philadelphia: Lippincott.
㉖	Parmelee, M., 1916, *Poverty & Social Progress*, New York: Macmillan.
㉗	Phelps, H. A.,［1932, 1933］1938, *Contemporary Social Problems*, New York: Prentice-Hall.
㉘	Queen, S. A. & J. R. Gruener,［1925］1940, *Social Pathology: Obstacles to Social Participation*, New York: T.Y. Crowell.
㉙	Queen, S. A., W. B. Bodenhafer, E. B. Harper & S. B. Eldridge, 1935, *Social Organization & Disorganization*, New York: Thomas Y. Crowell.
㉚	Rosenquist, C. M., 1940, *Social Problems*, New York: Prentice-Hall.
㉛	Weatherly, U. G., 1926, *Social Progress: Studies in the Dynamics of Change*, Philadelphia: Lippincott.

出典：Mills［1943］1963＝ 1971: 407の注をもとに作成。原著および訳書での著者名および書名の誤植は修正した。

第2部　社会病理学の足跡をたどる

第3章
戦前の「社会病理学」

田中 智仁

1. はじめに

　日本の社会病理学史には2つの謎がある。ひとつは「なぜ太平洋戦争以前（いわゆる「戦前」）の研究が顧みられていないのか」，2つ目は「社会病理学の始祖は本当にリリエンフェルト（Lilienfeld, P.V.）なのか」である。

　これらの謎を明らかにするのが本章の目的であるが，その前提として1984年に刊行された『社会病理学用語辞典（新版）』（学文社）の「まえがき」にある次の文章を確認しよう。

　　「わが国の社会病理学は，大正末期から今日まで60年有余の歴史をもっているが，欧米諸国に比べると歴史は浅い。しかし，大正末期から第二次世界大戦後にかけて，社会事業や社会問題の立場から，貧困，失業，売春，浮浪，スラム，犯罪，自殺などに関して，数多くの調査研究が実施され，その研究成果にはみるべきものがある」

　たしかに，1920年前後（おおむね「大正末期」にあたる時期）から，日本では「社会病理」や「社会病理学」を書名もしくは章題とする著作が複数刊行されていた。しかしながら，社会病理学の主要な教科書では，戦前の先行研究が紹介されることはなく，初学者はその存在を知らない状態が続いている。本当に「その研究成果にはみるべきものがある」と評価できるならば，戦前の先行

研究が顧みられないのは社会病理学史の謎といわざるをえない。

一方で，社会病理学の教科書などでは，リリエンフェルトを社会病理学の始祖とするのが定説である。たとえば，1968年に発刊された『社会病理学事典』(誠信書房)の序論で，大橋薫は社会病理学史を次のように説明している。

まず，社会病理学という学問的名称と理論体系がはじめて示されたのは，リリエンフェルトがフランスで1896年に出版した『社会病理学(La Pathologie Sociale)』である。しかし，リリエンフェルトの後継者はなく，社会病理学が発展したのは20世紀以降のアメリカであった。特に，1920年代以降に数多くのモノグラフが刊行され，社会病理学の発展に寄与したということだ。

ところが，アメリカではリリエンフェルトが『社会病理学』を公刊する2年前(1894年)に，スモール(Small, A.W.)とヴィンセント(Vincent, G.E.)が『社会研究入門(An Introduction to the Study of Society)』の第4章で社会病理学(Social Pathology)を概説している。社会病理学がアメリカで発展したことを鑑みれば，この2名を社会病理学の始祖とみなすのが妥当である。にもかかわらず，なぜ，後発であり後継者のいないリリエンフェルトが社会病理学の始祖とされているのか。この謎を解くためには，リリエンフェルトが日本の戦前の社会病理学に与えた影響を検証しなければならない。

そこで本章では，第2節で社会病理学史の教育・研究動向を確認する。次に，第3節で戦前の研究成果を著作別に概観し，第4節で戦前の社会病理学が顧みられない要因を考察する。さらに，第5節でリリエンフェルトが始祖とみなされるに至った経緯を明らかにする。その上で，最後に第6節で論点を総括する。

2. 社会病理学史の教育・研究動向

2019年現在で確認されている限り，日本で社会病理学に類する名称が記載されている最古の文献は，1894年に刊行された『統計之神髄——一名社会状態学』(磯部太郎兵衛)である。原典は1871年に撒遜(ザクセン)王国統計局長[1]のエ

ンゲル(Engel, E.)が著した王国統計局報の論説であり，邦訳の際に1冊にまとめられたようだ[2]。同書では32頁から39頁にかけて，「社会病徴候学」「社会的病理学」「社会病因学」などの用語が使用されている。その内容は，医師が人体を悉知するように政府も社会を悉知すべきであり，そのために統計が必要だと説くものである。つまり，統計の重要性を説くことが主旨であり，「社会的病理学」などの学問的な独立性や研究対象については言及されていない。

　その後は，次節で紹介する複数の文献が日本で刊行されている。しかし，1960年代以降の教科書では，1954年に磯村英一『社会病理学』(有斐閣)と戸田貞三・土井正徳編『社会病理学』(朝倉書店)の2冊が刊行され，それ以降に社会病理学が発展したと説明されることが多い。同時期以降のアメリカでは「社会病理学」の名称の使用頻度は激減したが，日本では大橋を中心に「社会病理学」が大々的に展開された。さらに，マルクス主義系の「社会問題論」との差別化を意図して「社会病理学」の名称が存続したと説明される。すなわち，日本の「戦後」の社会病理学は，アメリカ社会学の影響を受けながらも，アメリカの研究動向を十分に反映することなく，独自の発展を遂げたといえる。

　ただし，磯村は当初，書名を『続日本之下層社会』にしようと考えていたが，出版社の意向で『社会病理学』になったと述べている(磯村, 1954：2)。すなわち，磯村自身は「社会病理学」の名称に固執していなかったのだ。さらに，磯村は『磯村英一都市論集Ⅰ』(有斐閣，1989)の解題で，『社会病理学』の刊行後について下記のように述べている(文字強調は引用者，以下同)。

「十分に学問的に成熟していない社会病理学の一つの理論として"偏倚説"(デビエーション理論)などが載っている。実はこの言葉は常用語にはない。それでも，その当時は，私の訳語がそのまま通じて，今にまでつづいている。(中略)しかし，"精神病患者には『石』を与えても食べる"という風説を耳にすると，**『社会病理学』などという名の著作の刊行自体に疎かしさを感じたのである」**

(磯村, 1989：5)

　このように，社会病理学が学問的に成熟していないと述べていることから，

磯村は戦前の社会病理学の研究成果を高く評価していないことがわかる。同時に，磯村は「社会病理学」という名称が精神障がい者差別に与する結果になったことを後悔している。書名の変更については，出版社が『社会病理学』という書名に商機を見出した可能性も考えられるが，磯村(1954)のみならず戸田・土井(1954)でも戦前の日本の社会病理学に言及されておらず，社会病理学史が断絶しているかのような様相を呈している。

　一方で，社会病理学史に着目した主な先行研究として，細井洋子らによる共同研究「欧米とわが国における社会病理学の学説史的研究」がある。同研究で大橋は，1954年以前の日本の先行研究を複数挙げているが，研究状況の概括にとどめており，個々の研究内容は詳説していない(大橋, 1993：35-37)。

　また，日本社会病理学会機関誌『現代の社会病理』では，松下武志(1999)が米田庄太郎の先行研究を再検討したが，それ以外の先行研究を再検討する論稿はみられない。さらに，松下は2011年に刊行された『日本の社会病理文献選集(全5巻)』(クレス出版)の編者であるが，戦前の文献として収録されたのは米田(1921ab)の2冊のみで，それ以外はすべて戦後の文献である。

　以上のように，教育と研究の両側面において，戦前の日本の社会病理学はほとんど顧みられていないのが実情なのだ。

3.「社会病理学」の回顧

　戦前の日本では「社会病理学」以外にも，「社会苦」(杉山, 1922；河村, 1929など)[3]や「社会問題」(大日本文明協会, 1919；小泉, 1920；安部, 1921；米田, 1921ab；河田, 1925-1935など)[4]といった複数の用語で社会病理現象が論じられている。また，マンとクイーン(Queen & Mann,1925)やラムソン(Lamson, 1935)の訳書が出版されている。社会病理学史を体系化するのであれば，これらの著作を網羅することが望ましい。しかし，本章では「戦前の日本の社会病理学」を焦点化するため，「社会病理学」「社会病理」「社会の病気」を書名もしくは章題とする著作に限定する。

国立国会図書館の書誌情報およびデジタルコレクションを使用して抽出した結果，対象となる著作は9点となった。以下，刊行年順に各著作を概説するが，各著作の引用箇所は現代かなづかいに統一した（ただし，人名を除く）。また，紙幅の関係で，田中智仁（2017）で概説した著作については説明を簡略化する。

（1）大場實治[5]（1920）「社会病理学に就いて」尼子止編『最近社会学の進歩』大日本学術協会：375-396

大場實治は社会病理学を「医学上の病理学の語の転用」と説明し，「社会病理学とは，社会病理の研究である，すなわち人類の社会生活を純正に享受し，もって益々これを拡充発展するに当たって間接ないし直接にこれを妨障する一切の社会現象又は社会事象を研究するものである」と述べる（大場, 1920：378）。

その上で，「社会病理学といえば，あたかもかかる特殊の学問が独在するように見えるけれど，これは**必ずしも特立の学問体系を成すものとの訳ではない**，唯現在の社会諸相に現れ来る不健全，かつ変態的の事実及び現象を一括して攻究観察するための**便宜上の称呼**である。もちろんかかる研究をもって，一個特立の学問である。あるいは然らざるものであるとの論争もあり得ようけれど，吾人が今ここに論述せんとする所は，かかる研究を本旨とするものではない」（大場, 1920：378-379）と述べる。このように，大場は論争がありうるとしながら，社会病理学は便宜上の名称であり，学問として未成立だと説明している。

社会病理学の名称のもと，大場はロス（Ross, E.）の「社会的不均衡」（老者の支配，男性中心主義，軍国主義など）を引用した上で，「富の不均衡」（窮民問題，労働問題，食糧問題など），「智の不均衡」（教育問題，政治問題，中毒問題）[6]，「物的條件の問題」（婦人問題，家族問題，人種問題，戦争問題，犯罪問題，優境学[7]など）があると論じている（大場, 1920：383-388）。

次に大場は，「反社会性」を「感情的反社会性」（官尊民卑思想による下層民の上流階級に対する反情など），「知識的反社会性」（知識階級と農民階級との争

議，知的向上の不徹底による無政府主義・共産主義への堕落），「道徳的反社会性」(利己主義に陥る「自己的反社会性」，アメリカとドイツにおいて他国人の道徳性を卑下する「国際的反社会性」），「その他の反社会性」(経済界の労資階級の不調和や，レーニズムの宣伝や世界宗教主義などの同胞主義）を挙げ，「社会渾一態の基礎を危うくする」と主張する（大場，1920：388-391）。注目すべきは，「知識的反社会性」が無政府主義や共産主義への堕落とみなされていることである。すなわち，大場の社会病理学は反共産主義的な立場にあったといえる。

続いて，「社会の頽廃的傾向」として「生理的頽廃」(国民保険問題，飲酒問題，性欲問題，遺伝問題など），「心理的頽廃」(個人的な神経過敏から，戦後の戦勝者の有頂天と敗戦者の自暴自棄まで幅広い），「社会的頽廃」(政界・教育界・商工業界の腐敗，社会思想の頽廃など）を論じている（大場，1920：391-395）。

結語では，「将来において，もしも社会病理学が独立する学問として樹立される曉には，いかなる形式，いかなる結構の下になさるべきであろうか，これは社会病理学の内容実質が将来如何に発展し攻究されゆくかによって決定されるべきであろう」と述べる（大場，1920：396）。以上のように，大場は時事的な社会問題について論じる必要性を「社会病理学」の名称を用いて説いている。

(2) 元田作之進[8]（1922）『社会病理の研究』警醒社書店

元田作之進は「本研究は**社会学上の研究**」であると述べ，社会病理学は社会学の領域であるとの見解を示す（元田，1922：5）。その上で，各種の社会問題を幅広く取り上げ，それらの改善策を検討している。

人口問題では，当時の出生率などを説明した上で，人口増加によって家屋が不足するが，田畝を住宅地化して食糧難が深刻化し，学校の増加や鉄道の延長により農地が減少して食糧問題がさらに深刻化すると指摘する（元田，1922：17-20）。人口問題の応急法として，農地改革や外国米の輸入など9点を提示しているが，その中に結婚制限もあり，若年の結婚を制限すれば人口増加に歯止め

をかけられると主張する。同書の後半でも，就学期間が延びれば出産の機会が減ると述べ，晩婚を推奨する(元田, 1922：313)。つまり，高学歴化により晩産化が進行すれば人口問題が解決できるという産児制限モデルである。なお，離婚については結婚後1年以内が最も多いと指摘し，最多の離婚原因は「夫の虐待」であると述べる(元田, 1922：50-52)。

　犯罪と非行については，「頭形の形態異常，眼，耳，歯，又は生殖器の異常奇形等」が不良少年に多いと指摘する一方で，「すべてが斯くの如き変質徴候を有しているというのではない(中略)異形を有するものは悉く不良少年であるというのでもない」と述べる(元田, 1922：88)。つまり，ロンブローゾ(Lombroso, C.)の生来性犯罪者説と同様の見解を示しつつ，一般化を避けている。また，不良少年で「一番多いのは両親の揃ったもの」だと述べ，「欠損家族」を「家族病理」とみなす立場とは対称的な見解を示す。不良化の要因は社会にあり，「地方少年が都会に来て不良の少年となる」と述べ，「一は愛の欠乏で，一は愛の過重である」と指摘する(元田, 1922：95-97)。「愛の欠乏」はボンド理論(Hirschi, 1969)と対照すれば愛着の欠如，「愛の過重」は過保護や過干渉の問題と考えられる。

　自殺については，デュルケム(Durkheim, É.)を引用せずに社会的要因を考察する。たとえば，鉄道の延伸によって人身事故が増えたと指摘する(元田, 1922：118)。さらに，子どもの自殺も13例を挙げている(元田, 1922：125-128)。子どもについては，堕胎，死産，嬰児殺，棄児，人身売買の多発を憂いながらも，「小児を貰うには将来相当に養育すべき保証を与えねばならぬ」(元田, 1922：127)と述べる。

　病気については，精神病，癩病(ハンセン病)，白癡(認知症)，脚気，酒毒(アルコール依存症)などについて詳説している(元田, 1922：133-227)。白癡については先天性と後天性を区別した上で「低能児」(元田, 1922：159)の教育を説く。つまり，高齢者の認知症ではなく，発達障害の概念として白癡を説明している。また，癩病については伝染病であり根治しないと述べ(元田, 1922：173)，障がい者についても盲者と聾唖者を挙げているが，いずれも差別的な表

記はない。盲者に対しては点字法による教育を推奨し、聾唖者に対しては読唇術と手話を推奨している(元田, 1922：263-274)。

そのほか、貧困(労働の機械化)、災害(天災や人災など)、伝染病(赤痢やペストなど)なども詳説した上で、解決策として宗教道徳の普及を求めている。

(3) 小林照朗(1924)『人間意識の発達(地方改善事業叢書第4輯)』[10]
財団法人中央社会事業協会地方改善部

小林照朗は「上編二」の章題を「社会病理学」とした上で、「**社会学の一派に『社会病理学』ということを申す学者があります**」(小林, 1924：3)と述べ、社会病理学を社会学の一領域だと説明する。名称については、「社会組織もしくは社会の機能の中に不健全なものがあるならばその不健全な部分を取除いてしまわなければいけない。(中略)これに対して社会病理学という名を付けた」(小林, 1924：4)と述べ、社会有機体説の発想に基づくと説明する[11]。

しかし、それ以降は「社会病理学」と称することなく、ロスとスペンサー(Spencer, H.)に依拠して、老人支配、男性中心主義、僧侶主義、軍国主義、商工本位主義の5つの廃絶を主張する(小林, 1924：14-30)。男性中心主義については「婦人の虐待」を問題視し、僧侶主義については科学的根拠のない信仰は不要であると述べる。軍国主義については、入学試験の激化や電車の混雑の激化などを「生活戦争」(小林, 1924：23)とみなし、平和が求められる一方で競争に曝されていると指摘する。したがって、小林が主張する軍国主義の廃絶は無政府主義とは異なる。商工本位主義についても農民と商工のバランスが大事だと主張する。

その上で、「社会平衡の六箇条」として、富の平均(富裕層の税率を上げ貧困層に配分)、教育の機会均等、選挙権の平等、女性参政権の実現、徳の問題(社会的地位や職業威信にかかわらず皆が徳を得る)、年齢の平等(老人は若者を見下してはならない)を挙げている(小林, 1924：36-38)。続いて、人種差別の廃絶(小林, 1924：38-44)、女性蔑視の廃絶(小林, 1924：67-72)等を主張する。

(4) 三原悟(1926)『社会の病気と其療法(新文化叢書6)』創文社[12]

　三原悟は前編で社会進化論と社会分化論の観点から当時の社会を理論的に考察し，後編では「資本家対労働者問題，人口問題，教育問題，婦人問題，宗教問題，国際問題」を「社会病」とみなして「治療法」を述べている。

　三原は社会有機体説について，「**単なる類似でなく，社会をも一つの有機体として説明することが出来る**。(中略)社会を有機体と見ることに対しては，**多くの非難があるのであるが，この場合においては，特にこれ以上矛盾を詮索することなく満足しようと欲するのである**」(三原，1926：5-8)と述べており，論拠を示さずに肯定(満足)している。

　「資本家対労働者問題の治療法」では，社会主義，共産主義，無政府主義を肯定し，労資階級対立の統制には公的経営(農業ほか基幹産業の公営化，土地の国有化)と職業代表による議会政治が必要だと説く(三原，1926：61-72)。すなわち，資本主義を前提とするアメリカ社会学とは対立する論考である。

　「人口問題の治療法」では，国内の未開墾地を開拓して政府主導で国内移民政策を進めるよう提言する。さらに，優生学に依拠した産児制限によって人口を抑制する政策を提言する。当時も優生学および産児制限が人道に反するとの批判があったが，三原は「優生学こそ，そして，それを基礎とする産児制限こそ，人道主義と一致する」(三原，1926：85)と述べる。当時の日本は出産率と死亡率の両方が文明国中1位であったが，その原因を「わが国民の無責任にして放慢なる出産にある」と指摘し，医療や養護等の施設が不足する中で出産することこそ，人道主義に反するという主張である(三原，1926：82-91)。

　「教育問題の治療法」では，資本主義でも教育に貧富の格差，男女差があってはならないと述べ，教育の機会均等を主張する。さらに，教育問題に附則して「国字問題」を挙げる。国粋主義を重んじて平仮名，片仮名，漢字を教えるから小学校の国語教育に時間がかかるのであり，新渡戸稲造が議会で提唱したように国際主義に転換してローマ字教育を行えば，教育の機会均等につながり，世界を指導する文化になると考察している。その上で，漢字によって国際競争に出遅れるなら，我々は漢字を捨てるべきだと主張する(三原，1926：96-

103)。すなわち,グローバル化に乗り遅れないための教育が必要であると説いている。

「婦人問題の治療法」では,女性の平等権獲得が問題解決の必須要件だと述べ,男女の教育機会均等,恋愛結婚の推奨,女性の社会進出,公娼制度の廃止を主張する。特に公娼制度については資本主義社会を改造しなければ解決できないと指摘している(三原, 1926:108-113)。

「宗教問題の治療法」では,宗教家は根拠のない信仰ではなく科学を重視すべきであり,思想を重視する宗教家は哲学者や評論家になればよいと力説する[13]。また,宗教は葬祭を営むにすぎないが,これこそが宗教の将来的存在理由であり,雑多の悪業をなす危険を回避するためにも宗教を国営化すべきであると主張する。すなわち,「葬式仏教」としての存在意義を説くと同時に,カルト教団の出現を抑制するための提言と理解できる(三原, 1926:119-121)。

「国際問題の治療法」では,国家を単位とするから戦争が絶えないと述べ,国境を越えて人類が融和するためには職業組合の発達が解決の唯一の道だと主張する(三原, 1926:121-123)。既述の国字問題の提言とあわせると,三原はナショナリストではなくグローバリストとしての立場を明確に打ち出している。

(5) 峯田茂吉[14](1927)『社会学綱要』法曹閣書院

峯田茂吉は「第五編」の編題を「社会病理学」とした上で,「**吾人は通常,常識的に個人を常態の人と否常態の人との二つに区別している。**(中略)**この標準に依って常態の人と否常態の人とが定められる**」(峯田, 1927:498)と述べ,「正常」と「異常(病理)」の判断基準を人びとの主観に求めている。

社会病理の要因は「富と貧との不平均の常態」(峯田, 1927:500)であると指摘し,赤貧を社会病理の中で極度のものであると述べる。なお,貧者を富者の奴隷とみなしており,マルクス主義的な発想が垣間見える。一方で,「罪悪は社会病理の直接の表象(中略)罪悪は否常態社会を計る唯一のバロメーターである」(峯田, 1927:501)とも述べており,デュルケムに似た発想も確認できる。

峯田は優生学を推奨し,「不具者」(身体の虚弱,盲者,聾唖者など)は「社会

病因の一種に外ならない」(峯田, 1927：502)と述べ，不具者が増えて社会的保護や特別な設備が必要になることを危惧する。不具者が増える要因を，「家庭の内容に待つ処が多い」(峯田, 1927：503)と指摘し，「個人がよりよい子孫を作ろうと欲すれば，一時の感情にかられて，病菌を保つ相手と結婚を謹まなければならない」(峯田, 1927：546)と述べ，合理的結婚を提言する。また，「教育が一部階級にのみ与えられている間は決して真の平和な社会を構成する事は出来ない」(峯田, 1927：505)と述べ，教育の機会均等を求める。

社会有機体説については，「(引用者注：社会は)**一つの有機体である**(中略)社会において一つの機関が病に侵されている以上，これは**社会全体の病**として取扱なければならない」(峯田, 1927：519)と受容する。一方で，「犯罪とはある土地において定められた一定した法律に反対した行為」(峯田, 1927：527)だと述べ，罪刑法定主義に基づく見解も示す。犯罪が都市に集中する要因については，「密集の中に住む人は，他人からの監視も比較的少なく，(中略)犯罪を多くなす」(峯田, 1927：531)と指摘しており，環境犯罪学(Brantingham and Brantingham, 1981)に通底する発想が確認できる。

(6) 須藤詩登美[15] (1931)『マルクス主義討伐論──弁証法的人生社会観の排撃』日本評論社

須藤詩登美は「三」の章題を「資本主義は社会病理である」とした上で，資本主義による階級闘争と，資本家による労働者の搾取を社会病理とみなし，自由社会への到達を目指そうと主張する。しかし，労働者が天下を取れば，労働者が支配階級・搾取階級になるため，自由社会へは到達できない(須藤, 1931：27)。そのため，マルクス主義の弁証法および史的唯物観が「自由社会の到来を妨害」(須藤, 1931：30)すると論じる。すなわち，須藤は「社会病理」の文言を用いてマルクス主義を排撃するが，資本主義に対しても批判的であり，資本主義を前提とした単純な社会思想とは一線を画している。

(7) 石川三四郎(1932)『近世土民哲学』共学社[16]

　石川三四郎は「後編第四章」の章題を「文芸と社会病理学」として、「(引用者注:マルクス主義の)唯物弁証法的社会観には社会病理学の思想がない。(中略)社会生理学のない社会科学には、社会病理学もない」(石川, 1932:137)と指摘する。次に、「世界に通用する社会科学は自然科学の一部として取り扱われなければならぬものだ。社会法則は自然法則の一部として考えられるべきものである。それでこそ、社会科学は科学として成立する」(石川, 1932:138)と主張する。

　石川の主張を要約すると、「マルクス主義の唯物弁証法的社会観には社会病理学の思想がないから社会問題を解決できない。社会病理学の思想がないのは、コントの社会生理学の思想がないからであり、そのために社会を自然法則の一部として考えられない。社会を自然法則の一部として考えない社会科学はもはや科学ではない。だから、マルクス主義は科学ではなく、社会病理学こそが社会問題解決の科学である」となる。

　一見すると、アメリカの逸脱研究を「社会病理学」とし、マルクス主義的な「社会問題批判」を「社会問題論」とする基軸に似ているが、石川が重要視するのはコント(Comte, A.)の社会生理学であり、アメリカの社会学には言及していない。したがって、社会病理学史の説明の基軸とは論点がやや異なっている。

(8) 杉田直樹(1936)『社会病理学(一)』(不良少年編) 大日本図書[17]

　杉田直樹は「社会は従来からよく有機的な生物体などに例えられた」(杉田, 1936:1)と社会有機体説を説明した上で、「(引用者注:社会不適応的な現象の)原因である個々人の特質を**生物学的医学的の方面から研究して**その本態を明らかにしようという努力を、今私共は仮に社会病理学と名づける」(杉田, 1936:2)と述べる。その上で、「**社会病理学の包括する範囲は甚だ広汎に亘るのでありまして、今日まだ何ら系統ある学問の形態を備えたものになっているのではありません。今後多数の医学者、特に社会衛生学者・法医学者・精神病学者・教

育病理学者等の参加共同を得なければ，到底発達を期せられない」(杉田, 1936：3)と主張する。つまり，社会病理学は未確立の学問領域であり，社会学ではなく医学系の学際性が必要だと説く。しかし，社会学的な考察も随所にみとめられる。

まず，異常性が低い不良少年については両親の愛情不足が要因だと述べ，ボンド理論に似た見解を示す(杉田, 1936：14)。一方で，ロンブローゾに依拠して「気のつくことは頭顱の形態で，これに次では顔面の様子，即ち眼つき・口つき・鼻つき・耳つき等が正常とは変わっています」(杉田, 1936：58)と指摘する。また，友達が親切にしても愛情や感謝を示さず，飽きやすく仕事が長続きしないという，発達障害とみられる障がいに言及する(杉田, 1936：67-68)。杉田は医学的に治療すべきだと主張するが，「物欲や色欲の起った時に，偶然都合のよい機会でもあったら犯罪に陥らないとも限らない」(杉田, 1936：95)，「素質はあっても機会がなければ犯罪は生じない」(杉田, 1936：197)とも述べており，環境犯罪学に通底する見解を示す。

次に，「不良少年の分類」では，ひきこもり(「一室に籠居」)や躁状態の少年も不良少年に分類しており，「不良少年の大部分においては身体的変質兆候を具えている」(杉田, 1936：154-155)と述べ，生来性犯罪者説の発想に戻る。

一方で，社会学的な発想も堅持する。たとえば，不良少年について「仲間からの示唆や誘惑を好んで期待する者が多い」(杉田, 1936：188)と指摘し，分化的同一化論(Glaser, 1956)に似た見解を示す。また，「犯罪性そのものが直接に遺伝するのではなくて，一寸した機会や環境の影響から犯罪に陥り易い素質的傾向，特に社会的情操の欠陥が遺伝する」(杉田, 1936：198)という文化的再生産論(Bourdieu and Passeron, 1970)に似た発想もある。

続いて，「不良少年の治療」では，統計的に男子の非行が多いことについて，「男児は多く小学校を卒業するとすぐに外へ働きにやられますが，女児はしばらくは大抵家事を見習うため家庭内にとどまることが多い」(杉田, 1936：258)と述べ，性別役割分業観から女子の非行が暗数化しやすいと指摘する。不良少年に対する社会政策については，反社会的な影響と精神傾向を除くことに加

え,「断種法の普及により心身の反社会的欠陥を遺伝によって残すおそれのある者を剿減すること」(杉田, 1936：270)を挙げている。その上で「我国においても早晩同様の法令によって,変質者の断種が行われることになるだろう」(杉田, 1936：282)と述べ,断種法の導入を予見している。

　また,「万引常習の少女や凶暴性を発作的に呈した少年などが,結婚して性生活に入ると共に,全くその性格が一変して穏やかなものとなった例が多い」(杉田, 1936：283)と述べる。成人後に更生するという点はドリフト理論(Matza, 1964)に通底する見解である。さらに,「少年が自己の反社会的行為の社会的価値や,その悪事であることの評価をして,十分覚醒するように,それを目的として処罰を加える。(中略)少年は未来があるということ,(中略)青少年特有の心理作用をよく心得て,少年に接しなければ懲罰も教育も決して実効の挙がるものではありません」(杉田, 1936：288-289)と述べ,少年法の理念に通底する見解を示す。さらに,体罰については「少しも個人教育的の効果なく,かえって恐怖させるか反抗させるかの結果となります」(杉田, 1936：290-291)と述べ,教育的効果を否定する。

(9) 竹内愛二(1938)『ケース・ウォークの理論と実際』巌松堂書店

　竹内は「第二章」の章題を「ケース・ウォークの前提としての社会病理学」とし,ケースワークを行うためには医学による肉体的疾患のみならず,社会的困窮に総合的に取り組む必要があり,社会病理学が必要だと説く(竹内, 1938：1-8)。しかし,第二章の内容はマンとクイーン(1925)の第一章「人間悪の科学的検討」を新訳したものであり,アメリカの非行少年のライフストーリーであって,竹内による独自の論考は含まれていない。

4. なぜ戦前の「社会病理学」が顧みられないのか

　以上の著作9点の概説から,戦前の著作が顧みられない要因を考察すると,次の5点が挙げられる。

1点目は，社会有機体説を受容したことである。小林(1924)，三原(1926)，峯田(1927)，杉田(1936)のように，社会有機体説に基づく学問領域として「社会病理学」が紹介されている。そのため，社会学界で社会有機体説が否定されたことに伴い，戦前の社会病理学の説得力も失われたと考えられる。

　2点目は，生来性犯罪者説に依拠したことである。元田(1922)と杉田(1936)は生来性犯罪者説を引用していたが，のちに生来性犯罪者説が否定されたことで社会病理学の説得力も失われたと考えられる。それだけに，戦前の社会病理学にとっては，リリエンフェルトよりも「犯罪学の父」とされるロンブローゾの影響力が大きいと考えられる。

　3点目は，優生学を肯定したことである。三原(1926)，峯田(1927)，杉田(1936)のように，産児制限や断種法に寛容な態度を示したことから，人権思想の普及や医療・養護施設の整備に伴い，社会病理学は非人道的な学問領域だとみなされた可能性がある[21]。

　4点目は，学際性の高さによる学問領域の不確定性である。戦前には，三原(1926)のような共産主義的なテーゼや，須藤(1931)と石川(1932)のようなマルクス主義のアンチテーゼも含めて，多様な社会思想のもとでスケールの大きい政策が幅広く提言されていた。さらに，杉田(1936)のような医学に基づく著作も存在しており，社会病理学は学際性の高い領域であった。そのために，単一の学問領域としての基軸が定まらず，戦後に継承されなかったと考えられる。

　この点については，戦後にアメリカ社会学を受容したことで基軸が定まり，社会病理学が存続したとも考えられる。まず，戦前(1935年)にマンとクイーン(1925)の邦訳が出版され，その一部を竹内(1938)が新訳したことから，アメリカ社会学を受容する素地が形成された。その後，太平洋戦争の敗戦とともにアメリカの逸脱研究が直輸入された結果，社会病理学のアメリカナイズが急激に進行し，シカゴ学派の学説やモノグラフに依拠した社会病理学が主流になった(徳岡，1997：20)。それにより「社会病理学」は存続したが，一方で毛色が異なる戦前の研究は継承されなかったと考えられるのだ。

　5点目は，理論の未形成である。元田(1922)ではボンド理論，峯田(1927)で

は環境犯罪学，杉田(1936)では分化的同一化論，ドリフト理論，ボンド理論，文化的再生産論，環境犯罪学に通底する見解が示されていた。しかし，理論化に至らなかった結果，日本人研究者の学説史が形成されず，外来の理論で学説史が形成されたと考えられる。なお，コント，スペンサー，ロスは登場するが，デュルケムの引用は確認できない。デュルケムは戦後の社会病理学の教科書に頻出するが，戦後になって主流化したといえる。

5．リリエンフェルトは「社会病理学の始祖」なのか

前節で扱った9件の文献のうち，リリエンフェルトが登場するのは下記の大場(1920)のみである。

> 「サミュエル・ジィ・スミスやポゥル・デュ・リリエンフェルト等は，夫々その著述に社会病理学なる名称を与えている。けれどもこれらは単に名称の上に独立しているに過ぎないものであつて，まだ一個の学問として完成されたものではない」 (大場，1920：379)

このように，あくまでスミスとの並記であり，リリエンフェルトを社会病理学の始祖とはみなしていない。さらに，社会病理学は単なる書名であり，完成された学問ではないという見解が示されている。

ほか，リリエンフェルトが登場する戦前の文献として，以下の3件がある。

(1) 長谷川如是閑ほか(1928)『大思想エンサイクロペヂア13 社会学(一)』春秋社

同書で「社会学概論」を著した加田哲二は，社会学の諸潮流のひとつに「有機的社会学」があると説明し，「古典的代表的学者はコント，スペンサア，ルネ・ウォルムス，シェフレ，**リリエンフェルト**，ギルケなどである」(長谷川ほか，1928：49)と名前を挙げているが，社会病理学には言及されていない。

リリエンフェルトの社会病理学に言及されるのは、同書で「独墺社会学」（ドイツとオーストリアの社会学）を著した五十嵐信である。五十嵐はリリエンフェルトを「努力の先駆者」（長谷川ほか, 1928：183）と評価し，「彼の有機体論的社会学は，『社会病理学』の体系を具有することによって特質づけられている」（長谷川ほか, 1928：184）と説明している。ただし，五十嵐はリリエンフェルトの主著として 1872 年にロシアで刊行された『将来の社会科学に関する諸考察』を挙げ，スペンサーに先行して有機体論的分析を行ったと説明しているが，『社会病理学』は主著として扱われていない。

なお，同書の巻末には「社会学者研究」と題して著名な社会学者が紹介されており，その中にスモールがある。スモールは弟子のヴィンセントと共著で 1894 年に『社会研究入門』を著し，シカゴ学派の礎を築いたと説明されているが，「社会病理学」の概説があることには言及されていない。つまり，同書では社会病理学の始祖がリリエンフェルトであるか，それともスモールであるかについて明記されていない。

(2) 西村眞次ほか (1930)『大思想エンサイクロペヂア 14 社会学（二）』春秋社

同書の巻末にも「社会学者研究」があり，その中でリリエンフェルトが紹介されている。しかし，著者の莊原達は専ら社会有機体論を説明しており，社会病理学には言及していない。リリエンフェルトの主著が 3 点挙げられており，その中の 1 点が『社会病理学』であるが，内容に関する説明はなく，リリエンフェルトが社会病理学の始祖であるとの説明もみられない。

(3) 林惠海 (1935)『社会有機体論の研究』平野書房

林惠海は大橋の師であるが，同書では「社会病理学」に言及されていない。林はコント，スペンサー，シェフレ (Schäffle, A.) を「近世社会学における有機観的・社体論の主要な三源流とみなし得る」（林, 1935：133）と述べており，リリエンフェルトを除外している。なお，林はリリエンフェルトを社会有機体

論者として認知していたが,「シェフレをスペンサーやリリエンフェルト,あるいはウォルムスと共に生物学的・社会有機体論派に入れ込み,自らは『意志有機体』即ち『精神的・有機体』を創設したとするその態度に彼(引用者注:シェフレ)は憤激した」(林, 1935:131)という逸話を紹介している。しかし,林が大橋に対して,リリエンフェルトが社会病理学の始祖であると教示した形跡は確認できない。

　以上,これまでに確認した戦前の文献では,いずれもリリエンフェルトを社会病理学の始祖と断定する記述は確認できなかった。さらに,磯村(1954)と戸田・土井(1954)にも,リリエンフェルトを社会病理学の始祖とする記述がない(そもそも,リリエンフェルトの名前すら登場しない)。

　さらに,1957年に刊行された阿閉吉男・内藤莞爾編『社会学史概論』(勁草書房)でも,社会有機体説の典型としてリリエンフェルトを紹介しているが,社会病理学には言及されていない(内藤, 1957:85)。すなわち,リリエンフェルトを始祖とする社会病理学史は,1960年代以降に定説化したと考えられる。

　それでは,リリエンフェルトを社会病理学の始祖とみなしたのは誰なのか。そのヒントになるのが大橋(1993)である。大橋は,リリエンフェルトの学説を含めて社会病理学が当時のヨーロッパ社会学会でどう扱われたかについてはデュルケムの『社会学的方法の基準』以外では明らかにされておらず,学史・学説研究上の問題となっていると述べている(大橋, 1993:31)。その上で,大橋は注を付記して,小関三平「〈社会病理学〉の現実と可能性」『社会問題研究』11巻4号9-82頁にかなり詳しく紹介されていると説明している。

　さらに,大橋はスモールとヴィンセントの『社会研究入門』に言及し,英語で執筆された初めての社会病理学の論稿であり,リリエンフェルトの『社会病理学』の2年前に公刊されたと説明している(大橋, 1993:40)。すなわち,大橋は社会病理学の始祖がリリエンフェルトであるとも,スモールとヴィンセントであるとも明言していない。

　そうなると,リリエンフェルトを始祖とみなしたのは小関三平である可能性

が高い。実際に，小関が1962年に発表した前掲論文には，下記の記述がある。

　「**社会病理学が真の意味で市民権を獲得しえたのは，19世紀をもって始めと
する**。それは，一般的には，すぐれてアメリカ的な学問として理解されてお
り，事実，スモールとヴィンセントは，すでに1894年の〈社会研究序説〉に
おいて，社会病理学に一章を割き，また，ギディングスが〈進歩の代償〉と
しての浮浪・犯罪・貧困などについて語ったことを知る時，こうした理解は誤っ
ていないように一応は見える。
　しかしながら，実は，こうした〈社会病理学〉は**本来ヨーロッパに原産地を
もつものである**。というのも，スモールとヴィンセントがすでに明かしている
ように，彼らの理論的枠組みは，当時ヨーロッパにおいて最盛の社会有機体説
に依拠しているからである。とりわけ，その社会病理学的な部分は，それ以前
に部分的に発表され，のちに〈社会病理学〉(1896)にまとめられたリリエンフェ
ルトの影響を明らかにこうむっている。従って，学説史的に見る限りは，**社会
病理学の始祖をこのロシヤ生れの特異な国際的社会学者に求めることは，決し
て不当ではない**。この事実は，アメリカおよび日本の社会病理学者によって明
確に指摘されたこともなく，またリリエンフェルトについては，単に有機体論
者の最もラディカルな典型として社会学史にその著書名と簡単な論及がなされ
るに止まり，**原著の詳しい紹介はなされていない**。にもかかわらず，それはか
なり重要な独創的見解を含んでいるものなのである」　　　（小関，1962：14-15）

この論稿に基づき，小関は大橋薫・大藪寿一編『社会病理学』（誠信書房，
1966)の第1章2節で「社会病理学の歴史」（大橋・大藪，1996：24-46）を概説し，
さらに自身の単著『社会病理学と都市底辺』（汐文社，1968）にも転載している。
ここでも小関は，「リリエンフェルトが社会病理学の始祖であるとしても，そ
れはコントが『社会学』の名付親であるのと同じ程度のことにすぎない」と述
べる一方で，「だが，いずれにしても，**リリエンフェルトの社会病理学が，そ
の『時代』の刻印をとどめていることこそ，われわれにとっては重要なのであ
る**」（大橋・大藪，1996：28＝小関，1968：13）と述べてリリエンフェルトの功績を
讃えている。
　以上から，リリエンフェルトを社会病理学の始祖とみなしたのは小関三平で

あり，小関による社会病理学史の概説が大橋・大藪(1966)に掲載されたことで定説化したと考えられる。

6. おわりに

　最後に，論点を総括しよう。まず，戦前の研究成果が顧みられない要因としては，①社会有機体説の受容，②生来性犯罪者説への依拠，③優生学の肯定，④学際性の高さによる学問領域の不確定性，⑤理論の未形成という5点が挙げられる。たしかに，①②③については，2019年現在では時代錯誤であり，倫理的な観点からも敬遠される研究成果だといわざるをえない。しかし，当時としては最先端の議論が展開されており，学際的の高い学問として社会病理学が希求されたことは否めない。また，2019年現在の社会問題に通底する論点も多分に含まれていることから，資料(史料)としての価値は十分に認められる。ただし，本章で扱ったのは一部の刊行物であり，社会病理学史の体系化を図る上では，「社会苦」，「社会病」，「社会問題」などの刊行物も網羅的に考察することが今後の課題となる。

　次に，リリエンフェルトを社会病理学の始祖とみなしたのは1962年の小関論文であり，実際にはリリエンフェルトの影響を直接的に受けた論稿がないことは，学説史上の大きな問題である。また，戦前の著作はロンブローゾやロスの影響を受けている一方で，デュルケムの影響が確認されていない。デュルケムの発想に似た考察はみられたが，それが暗にデュルケムの影響を受けているのか，それとも偶然の一致なのかは検証を要する。戦後の社会病理学にデュルケムが頻出することを鑑みれば，いつ，どのようにデュルケムが社会病理学史に登場したのかを特定することも，学説史を創るための重要な課題である。

【注】
1) エンゲルがザクセン王国統計局長を務めたのは1850年から1858年までの期

間であり，1871 年当時はプロイセン王国統計局長を務めていた。したがって，「撒遜」の表記は訳者の呉文聡による誤解であると考えられる。なお，「磯部太郎兵衛」は出版社名である。
2) 後述する通り，戦前の社会病理学はリリエンフェルトではなくロンブローゾの影響を受けているが，ロンブローゾの生来性犯罪者説は 1876 年であり，エンゲルが 5 年先行している。
3) 河村舜應の研究について賀川豊彦は「一社会病理学者としての完全な病理的解剖である（中略）私のような社会病理の治療的方面を専門に研究しているものにとって，この上なく貴いものである」（河村，1929：巻頭言のため頁数未記載）と述べている。
4) 安部磯雄は社会学と生理学の類似性に言及した上で，病態を研究するのは生理学よりも病理学であることから，「社会学といふよりも社会病理学といふ名称を用いることが適当であると思う（中略）社会問題なる語は社会病理学と同一の意味に用いるべき」と述べる（安部，1921：13-14）。にもかかわらず，「社会問題」を常用する理由は，社会問題の方が社会病理学よりも「広く世間に通用しているから」である（安部，1921：13-14）。
5) 文学士で法政大学教授・日本大学講師，後に法政大学図書館長を歴任。
6) 薬物などの中毒ではなく「知識学術中毒，欧米心酔問題等」のこと。
7) リチャーズ（Richards, E.）が 1910 年に体系化した概念であり，優生学が遺伝による種族改良を目指すのに対して，優境学は環境による種族改良を目指す（松下，1972）。
8) 宗教家，社会学者（哲学博士），立教大学初代学長。
9) 大塚明子によれば，当時は『主婦の友』が産児制限に関して先進的な論説を掲載しており，特に 1922 年以降の誌面では産制を可とする見解が主流化していく（大塚，2018：265-266）。そのため，元田の産児制限モデルも時宜を得た見解であったと考えられる。
10) 社会学者，福岡女子専門学校（現：福岡女子大学）初代校長，東京女子高等師範学校（現：お茶の水女子大学）教授。なお，同書は非売品の講演録である。
11) 小林は 1910（明治 43）年に刊行した『日本之社会』において，社会有機体説を「明確に概念として社会に存するも，社会をもってじかに一個の生物と為すのは誤りなのが明らか」（小林，1910：2）と否定している。
12) 文学士だが，経歴や所属機関は確認されていない。
13) これはウェーバー（Weber, M.）の「脱呪術化」の発想に近いと考えられる。
14) 社会学者，専修大学で教鞭をとるが「どのような経歴のひとかつまびらかに

しない」（宮永，2008：10）という人物。
15) 詳細不明の人物。
16) 作家，社会運動家（アナキスト）。
17) 精神科医，東京都立松沢病院副院長や名古屋医科大学教授などを歴任。
18) アメリカとドイツの断種法のこと。生殖細胞（精子および卵子）の排出管を中断するため生殖が不可能になる（杉田，1936：282-283）。
19) 社会福祉学者，関西学院大学教授。著名なケースワーク研究者であるが，同書では「ケース・ウォーク」と表記している。
20) 高津正道と新保民八による訳書が1935年に出版されたが，「正確を期するため」（竹内，1938：9）に新訳にした。なお，訳書ではマンの次にクイーンとなっているが，原著では Queen and Mann の順であり，訳書の序章でも「クイーン及びマン」（1925＝1935：1-6）と明記されているため，Queen が筆頭著者である。
21) なお，同時期のアメリカでは優生学に基づく断種法が法制化されており，当時は説得力があったと考えられる（小野，2013）。

【文献】

安部磯雄（1921）『社会問題概論』早稲田大学出版部

石川三四郎（1932）『近世土民哲学』共学社

磯村英一（1954）『社会病理学』有斐閣

磯村英一（1989）『磯村英一都市論集Ⅰ』有斐閣

大塚明子（2018）『「主婦の友」にみる日本型恋愛結婚イデオロギー』勁草書房

大場實治（1920）「社会病理学に就いて」尼子止編『最近社会学の進歩』大日本学術協会：375-396.

大橋薫・大藪寿一編（1966）『社会病理学』誠信書房

大橋薫（1993）「社会問題への社会学的アプローチとしての"社会病理学"」細井洋子ほか『欧米とわが国における社会病理学の学説史的研究』平成3年度〜4年度科学研究費補助金総合研究（A）研究成果報告書：31-39.

小野直子（2013）「アメリカ優生学運動と生殖をめぐる市民規範——断種政策における『適者』と『不敵者』の境界」樋口映美ほか編『〈近代規範〉の社会史——都市・身体・国家』彩流社：163-185.

河田嗣郎（1925-1935）『社会問題体系』（全8巻）有斐閣

河村舜應（1929）『社会苦の研究』明和学園

小泉信三（1920）『改訂社会問題研究』岩波書店

小関三平（1962）「〈社会病理学〉の現実と可能性」『社会問題研究』11 巻 4 号：9-82.

小関三平（1968）『社会病理学と都市底辺』汐文社

小林照朗（1910）『日本之社会（社会学論叢第 2 巻）』金港堂書籍

小林照朗（1924）『人間意識の発達（地方改善事業叢書第 4 輯）』中央社会事業協会地方改善部

杉田直樹（1936）『社会病理学（一）』（不良少年編）大日本図書

杉山榮（1922）『社会苦の研究』春秋社

須藤詩登美（1931）『マルクス主義討伐論——弁証法的人生社会観の排撃』日本評論社

大日本文明協会（1919）『社会問題』大日本文明協会事務所

竹内愛二（1938）『ケース・ウォークの理論と実際』巌松堂書店

田中智仁（2017）「忘却された『社会病理学』——大正期・昭和前期のパースペクティブ」『現代の社会病理』第 32 号：51-66.

德岡秀雄（1997）『社会病理を考える』世界思想社

戸田貞三・土井正徳編（1954）『社会病理学』朝倉書店

内藤莞爾（1957）「フランス社会学」阿閉吉男・内藤莞爾編『社会学史概論』勁草書房：80-157.

西村眞次ほか（1930）『大思想エンサイクロペヂア 14 社会学（二）』春秋社

長谷川如是閑ほか（1928）『大思想エンサイクロペヂア 13 社会学（一）』春秋社

林惠海（1935）『社会有機体論の研究』平野書店

松下武志（1999）「米田庄太郎の社会問題論の再検討」『現代の社会病理』第 14 号：87-97.

松下英夫（1972）「E. H. Richards の Euthenics-the science of controllabel environment について—生活経営思想史における優境学の特質と課題」『東海大学紀要・教養学部』第 3 号：1-15.

峯田茂吉（1927）『社会学綱要』法曹閣書院

三原悟（1926）『社会の病気と其療法（新文化叢書 6）』創文社

宮永孝（2008）「社会学伝来考—昭和の社会学（3）」『社会志林』Vol.55, No.2：1-67.

元田作之進（1922）『社会病理の研究』警醒社書店

米田庄太郎（1921a）『現代社会問題の社会学的考察』弘文堂書房

米田庄太郎（1921b）『（続）現代社会問題の社会学的考察』弘文堂書房

Bourdieu, P. & Passeron, J.C. (1970) *La reproduction, elements pour une theorie du* systeme d'enseignement, Les Éditions de Minuit.（宮島喬訳, 1991,『再生産』藤原書店）

Brantingham, P.J. & Brantingham, P.L.（1981）*Environmental Criminology*, Sage Publications.

Engel, E.（1871＝1894）呉文聡訳『統計之神髄――一名社会状態学』磯部太郎兵衛

Glaser, D.（1956）"Criminality Theories & Behavioral Images," *American Journal of Sociology*, Vol.61, No.5：433-444.

Hirschi, T.（1969）*Causes of delinquency*, University of California Press.（森田洋司・清水新二監訳, 1995,『非行の原因――家庭・学校・社会へのつながりを求めて』文化書房博文社）

Lamson, H.D.（1935）*Social pathology in China; a source book for the study of problems of livelihood, health, and the family*, Commercial Press.（前島豊訳, 1941,『支那社会病理学』生活社）

Matza, D.（1964）*Delinquency and Drift*, John Wiley and Sons.（非行理論研究会訳, 1986,『漂流する少年――現代の少年非行論』成文堂）

Queen, S.A. & Mann, D.M.（1925）*Social Pathology*, Thomas Y. Crowell.（高津正道・新保民八訳, 1935,『社会病理学』非凡閣）

Small, A.W. & Vincent, G.E.（1894）*An Introduction to the Study of Society*, American Book Company.

第4章
社会病理学における社会解体アプローチから生活機能障害アプローチへの系譜

矢島 正見

1. はじめに

　本章執筆の動機は，今やらないと手遅れになるのではないか，という危機意識から発している。社会解体アプローチは既に過去の遺産と化し，生活機能障害アプローチも米川茂信が再興を提唱したものの"我笛吹けど，誰も踊らず"といった学的状況を呈している。このままでは社会解体アプローチはほぼ消滅し，生活機能障害アプローチは学界の片隅でほそぼそと生き残る，という学的運命となっていくのではないだろうか。しかし，たとえそうなったとしても，これまでのわが国の社会解体アプローチ社会病理学ならびに生活機能障害アプローチ社会病理学の栄枯盛衰史を残しておかなくてはならない。そう思い，今書いておくべきだ，と思った次第である。本書のタイトルで述べるならば「足跡をたどる」ということになる。

　そこで，本章の目的は，日本における生活機能障害アプローチ社会病理学を，社会解体アプローチ社会病理学にまで遡り，その系譜をたどっていくこと。そして，そのことから日本の社会病理学の変遷を検討し，今後の社会病理学の再生・新生を模索することにある。日本の社会病理学諸理論・諸アプローチの中から，社会解体アプローチ社会病理学と生活機能障害アプローチ社会病理学に限定しての系譜（足跡）研究である。[1]

　戦後日本の社会病理学の主流は，長い間，社会解体論であり逸脱行動論であ

り，生活機能障害論であった。そしてその中心には大橋薫がいた。それゆえ，論述構成としては，第一に大橋の社会解体アプローチ・生活機能障害アプローチを中心に据える。第二に大橋生活機能障害アプローチの継承を追っていく。第三には大橋社会解体アプローチ以外の社会解体アプローチを検討する。

選定基準をごく簡単に述べると，書籍・論文・章のタイトルに「社会病理」「社会解体」とあるもので，社会解体・生活機能障害の論理的な論述展開がなされているものに限定した。それゆえ，単なる社会解体論や機能障害論の学説史的解説や解体・障害とみなされる事象の分析は省かせていただいた。また，紙面の関係上，多くの主要な研究者の方々に対しての論考を割愛させていただいたこと，ご容赦願いたい[2]。

2. 社会解体から生活機能障害へ―大橋薫社会病理学の道程

本節では，大橋の研究を前期，中期，後期と分け，時代の流れのなかで，〈大橋薫社会解体アプローチ社会病理学〉が，そして〈大橋薫生活機能障害アプローチ社会病理学〉が，どのように形成・発展・変容していったのかを考察していく。

(1) 大橋薫社会解体アプローチの誕生―前期

前期では，大橋の大阪市立大学時代(1951-1960)を検討する。

本格的にアメリカから社会解体論を導入したのが若き研究者・大橋薫であった。それは，大阪市立大学の在職時代初期から「社会病理学の基礎概念である社会崩壊論(Social Disorganization)の研究に没頭した」(大橋，1991：44)とあるように，20歳代後半からのことであった。以来，大橋は一貫してその生涯を社会解体アプローチ・生活機能障害アプローチの社会病理研究に精力を注ぎ込むことになる。

大橋の社会解体研究のデビューは1953年の論文(大橋，1953)からであり，次いで1956年に2本目の社会解体の論文(大橋，1956)を書いている。そしてそれ

から4年後,最初の著書『都市の社会病理』(1960)を出版する。

　社会解体アプローチから始まった大橋社会病理学は,その初期では「社会病理」は「学問ののれん」であった。内実は社会解体で,のれんが社会病理となる。それがのれんではなくなり,実質的に社会病理学となったのは明治学院大学に移った中期からである。大橋は,モウラー(Mowrer, E.R.)の説に基づき,問題的諸事象究明の研究推移を,第一の時期は社会問題方針(Approach)の時期,第二の時期は社会病理方針(Approach)の時期,第三の時期が「Social Disorganization Approach」としている。大橋にとっては,社会問題方針も社会病理方針も,すでに過去の方針なのである。であるからこそ〈のれんとしての社会病理〉を採用したのである。当時の大橋は社会解体研究者ではあるが,社会病理研究者ではない。

　大橋は,社会解体を社会組織との対比で考察すること,相対的であるという視点で考察すること,組織—解体—再組織という循環性から考察すること,解体化も組織化も社会過程として考察すること,等に関しては,当初から一貫した論理性を有していた。さらに,社会解体では,「機能阻害乃至機能障害の立場」に立っている。ここでは,その後の大橋の生活機能障害アプローチへの移行がよく理解できる。機能主義を視座としての社会解体アプローチ研究からの生活機能障害アプローチへの移行は研究姿勢としても無理のない移行であったと推察し得る。よって,大橋にとっては,いわば必然的な移行だったのだと理解し得るのである。

　大橋の社会病理諸理論の位置づけも,すでにこの前期で出来上がっている。社会解体は「総合的方針」であり,「社会不適応」や「社会参加」や「社会的偏倚」は社会解体の「特定の状況ないし側面」なのである。「社会解体」以前の社会病理学の諸理論との整合性を大橋はこのように試みた。

(2) 社会解体アプローチから生活機能障害アプローチへ—中期

　中期では,大橋の明治学院大学時代前半(1961-1975)を検討する。

　『都市の下層社会—社会病理学的研究—』(1962)では,未だ学問の「のれん」

として社会病理の名称が採用されている。また，社会解体とは，「社会の構成諸次元の間に不適応状態が生じて，社会の機能遂行に障害の生ずる現象である」(同書：44)と，社会の機能障害という考えが継続されている。ところが，本書では，社会病理学の「論」として社会的偏倚論が社会解体論の下位理論から同格理論にまで昇格している。と思いきや，「全般的にいえば，社会的不適応，社会的参加，社会的異常ないしアノミー，社会的偏倚ないし偏倚的行動，社会的緊張は，いわば特殊的方針であるが，社会解体は総合的方針である。」(同書：40)と，やはり「社会解体は総合的方針」と論じられている。アメリカにおける社会的偏倚の学的台頭からか，大橋の論理が揺らいでいると推察し得る。

　3年後の『都市の社会病理　改訂増補』(1965a)は1960年に出版された『都市の社会病理』の改訂増補版であり，ここから社会病理は「のれん」ではなくなる。のみならず「社会解体」の大橋から「社会病理」の大橋に移行する[4]。内容も大きく変わり，「社会病理ないし社会病理現象」は「生活機能障害(malfunction or dysfunction)に関する事柄」であると，「生活機能障害」が概念として確立されてきている(同書：1)。しかも，malfunction or dysfunctionという二種の英文表示がなされている。その後，dysfunction or malfunctionと順番は変わるが，最後の最後まで継続されていく。また，社会病理と社会問題の峻別に関しては，「社会病理は，いわば没価値的な自然の現象であるのに対して，社会問題は，そうした現象のなかで，社会生活に脅威を与えると価値判断されたものであると考えることによって解決できよう」(同書：5)という概念峻別が登場する。この概念峻別も以降継続される。さらに「社会病理の発生条件」⇄「社会病理そのもの」⇄「社会病理の結果現象」という3領域の「社会病理過程」が登場してくる(同書：24-26)。この論理図式は大橋薫生活機能障害アプローチ社会病理学の骨格的理論構造(「社会病理学の統合理論」)であり，その後何度か修正されるものの，本書にてその原型が登場しているのである[5]。以上の基本的3点が登場した本書は，大橋の論理的発展の画期的なエポックであったといえる。

「社会病理学的研究の方法」(1965b)でも，上記の骨格的理論構造は維持・改訂され，そして「『社会問題』は『社会病理』を基礎として，すべて解明できる」(同稿：80)という強気の発言が始まる。『家族社会学』(1966)では，「解体」とは「機能障害」を伴う社会・集団の「変化」であると述べており，〈大橋薫社会解体アプローチ社会病理学〉から〈大橋薫生活機能障害アプローチ社会病理学〉への移行がうかがえるのである。

『社会病理学』(1966)での，「ここ2，3年来，社会病理学に対する関心が高まってきた。」(同書：1)という本書の出だしの記述は，まさに社会病理学台頭の時代を物語るものである。大橋薫生活機能障害アプローチ社会病理学全盛時代の幕開けであった。大橋は，「社会病理とは生活機能の障害」と言い切る。そして，明確な形で，「生活機能の障害の発生条件」「生活機能の障害の実相」「生活機能の障害の結果現象」という3領域の提示がなされ，これら3つの全体的関連が「社会病理過程」であるとし，「社会病理研究の究極の狙いは『社会病理過程』を全体関連的にとらえるところにある。」(同書：11)と言い切る。これにて大橋薫社会病理学の基本構造の完成である。大橋薫43-44歳の時のこと，時は1960年代後半である。これ以降は，この図式の微修正と，「方法としての社会病理学」の提示となる。

『都市社会学』(1967)にて，malfunction or dysfunction が dysfunction or malfunction と入れ替わる。そして，「社会病理学」は「社会学における"特殊な立場"として設定される必要がある」(同書：153)と論じるに至るのである。

『現代社会病理学』(1973)では，「通説的」(のちに「通俗的」「伝統的」)社会病理学と「本来的」社会病理学とが登場する。そして，「通説的」社会病理学は社会的異常現象や逸脱行動を社会学的に研究するものと規定し，これを「本来的」社会病理学の一部門として位置づけるべきであると提言する(同書：153)。しかし，時代はすでに社会病理学から逸脱行動論に移行しつつあった。「ここ数年来アメリカ社会学では，(略)社会病理学のかわりに『逸脱行動論』をとりあげる傾向が強くなっている」(同書：153)という時代の中で，大橋は〈大橋薫生活機能障害アプローチ社会病理学〉のさらなる充実を目指す。それゆえに，

この頃から大橋はわき役に徹し始める。自分は編者となって,できるだけ多くの研究者(特に中堅・若手研究者)に執筆していただく,という志向性を持つようになるのである。

『都市病理学』(1973)では,「表門からアプローチする都市社会学だけでは不十分であり,どうしても裏門からアプローチする都市病理学が必要である」(同書:2)と,「都市社会学」を「表門」,「都市病理学」を「裏門」と称している。

「現代家族の病理学」(1974)になると,「私見によれば,社会病理学は社会学とは表裏の関係にあり,両者相俟って社会事象の解明に寄与するものと考えている」(同稿:63)と,大橋は自己の見解を述べる。社会学と社会病理学は表裏の関係,都市社会学と都市病理学は表裏の関係,家族社会学と家族病理学は表裏の関係,教育社会学と教育病理学は表裏の関係,等々,ということになる。また,社会学とは独自の学問として,「方法としての社会病理学」を提言する(同稿:63)。1967年に「社会病理学」は「社会学における"特殊な立場"として設定される必要がある」と論じてから7年。ここに方法としての社会病理学が誕生したのである。[6]

(3) 普及と継承へ――後期

後期では,大橋の明治学院大学時代後半(1976-1990)を検討する。

『社会病理学研究』(1976)は,取り立てて述べるようなことはない。〈発生条件⇌生活障害(実相)⇌結果現象(逸脱)〉という定番の「病理過程」が提示されるのであるが,本書に限らず,大橋の場合,過程相互関連の論理的かつ実証的考察は弱い。

『社会病理学入門』(1978)は,望月崇・宝月誠という中堅どころを編者に迎えての,社会病理学の研究者育成本といえる。中期に引き続き,大橋が編者となっての共同執筆活動が行われている。その最たるものが『社会病理学事典』(1968)であり,『都市病理学講座(全4巻)』(1973-1976),『家族病理学講座(全4巻)』(1978-1981)である。多数の重鎮・中堅・若手が大橋編の書籍にて執筆したのである。

しかし，その後の地方中核都市の社会病理シリーズにて，終焉を迎える。その兆候が『福祉国家にみる都市化問題』(1984)に見受けられる。本書は大橋を代表とした北欧の調査に基づいての執筆であるが，大橋がかなりの部分を執筆しており，孤立無援的な様相を呈している。また，大橋は，共同執筆を通じて，自己の「本来的な社会病理学」である生活機能障害アプローチ社会病理学を発展・定着させることを望んだが，笛吹けども踊る研究者は少なかった。こうしてようやく米川茂信にたどり着く。

「方法としての社会病理学」(1986年)は，大橋薫と米川茂信との共同執筆である。分担箇所の明記がないので誰がどの部分を執筆したのか不明である。しかし，内容からも表現からも共同執筆であることが理解される。大橋と米川の共同執筆であるが故の，今までの大橋薫生活機能障害アプローチ社会病理学とは異なった展開となっている。〈大橋薫生活機能障害アプローチ社会病理学〉から〈米川茂信生活機能障害アプローチ社会病理学〉への移行である。論理的混乱はあるものの，新たな生活機能障害アプローチ社会病理学の展望が見て取れる[7]。

3. 生活機能障害アプローチ社会病理学への挑戦

本節では，〈大橋生活機能障害アプローチ社会病理学〉の継承としての生活機能障害アプローチ社会病理学の発展を検討する。

(1) 生活機能障害アプローチ社会病理学の精緻化―光川晴之，大藪寿一

光川晴之は，まさに誠実な大橋薫生活機能障害アプローチ社会病理学の継承者であった。家族社会病理学という分野で大橋病理学を基本理論として，主にその実相と原因結果とを量的データを中心に実証的に研究した研究者である（光川, 1973）。しかし，若くして亡くなり，後継することが不能となってしまった。

大藪寿一は，大橋とともに生活機能障害アプローチ社会病理学を推進させて

いった研究者である。大橋の理論を修正し、さらに精緻化させていった。大藪は社会病理学において、アノミー論、社会解体論、逸脱行動論を理論の三本柱として、それぞれが「固有の問題領域と研究対象、研究方針」を持つことによって、三理論の論理的体系の連携を確立し、その総体として社会病理学を位置づけるという構想を提示した(大藪、1966、1973)。

大橋は家族解体では光川とコンビを組み、地域解体では大藪とコンビを組んで、生活機能障害アプローチ社会病理学の完成に向かっていったのである。ただし、両者とも、〈光川晴之生活機能障害アプローチ社会病理学〉、〈大藪寿一生活機能障害アプローチ社会病理学〉という大橋とは異なった独自のアプローチを目指すものではなかった。

(2) 実体的生活機能障害アプローチ社会病理学—米川茂信

大橋は氏独自の生活機能障害アプローチ社会病理学を完成させ、日本の社会病理研究の黄金時代を築いた。ところが、大橋薫生活機能障害アプローチ社会病理学は停滞し、大橋以降、氏の伝統を引き継ぐ研究者はごく少なかった。米川茂信がそのごく少ない研究者の一人である。

米川が生活機能障害アプローチ社会病理学研究者として華々しくデビューしたのは「現代社会病理学の理論的課題」(1983)である。それまでの米川はすでにアノミー研究者として中堅研究者の位置を占めてはいたものの、生活機能障害アプローチ社会病理学研究者としては学界にて認識されていなかった。

「現代社会病理学の理論的課題」執筆以降、『社会的アノミーの研究』(1987年)や『学歴アノミーと少年非行』(1995)にて、自己のアノミー研究を完成させる一方で、『現代社会病理学』(1991)、「社会病理観の再検討」(1992)と、社会病理学の論理的体系化を試みる。

米川は、日本の社会病理学はひとつの独立科学である、これを「現代社会病理学」と呼ぶ、社会病理学は「社会問題の社会学」とは同じものではない、と言い切り、大橋薫の「方法としての社会病理学」を支持する。そしてその「方法としての社会病理学」を支えるアプローチが生活機能障害アプローチであ

る，ということも言い切る。ただし，大橋と異なるのは，「機能不全」と「逆機能」を識別し，その両者をもって「機能障害」としたのである。(米川，1983：216-234；1991：16-26)

また，社会病理学を「方法としての社会病理学」と「対象としての社会病理学」に分け，前者ではすでに述べたように，生活機能障害アプローチ社会病理学を，後者としては実体的社会病理学を，自己の研究の基本的立場として確立させる。したがって米川の社会病理学は〈実体的生活機能障害アプローチ社会病理学〉といえる。またさらに，生活機能障害アプローチを拡大化・体系化させ，社会解体を生活機能障害から出現する病理結果として位置づけ，社会体制を「病因」のひとつに組み込み，〈「病因」⇒「病理過程」⇒「病理現象」〉という基本図式を提示する(米川，1991：50-66)。この図式は，大橋の「発生条件」「機能障害(実相)」「結果現象」に相当する。

米川はアノミー研究者であるが，アノミーを道徳的機能障害とし(米川，1987：1-7)，その具現として，アノミーは規範的機能障害である(米川，1987：70-73)と定める。こうして，〈大橋薫生活機能障害アプローチ社会病理学〉を土台としつつも，そこに多様な概念構成を加味させて，〈米川茂信生活機能障害アプローチ社会病理学〉を提示するに至るのである。

日本社会病理学会会長となった米川は，「巻頭言：社会病理学雑感」(2003)にて，〈大橋薫生活機能障害アプローチ社会病理学〉の継承宣言をする。ところが，なんと，米川は2003年6月，58歳という若さで光川晴之同様に亡くなってしまうのである。「米川」「光川」と類似した姓・類似した文字体(「光」と「米」はよく似ている)ゆえに，何か不思議なものを感じる。ただし，『学歴アノミーと少年非行』(1995)での教育制度の逆機能は，野田陽子に受け継がれていく。

「序章　現代社会と社会病理学：現代社会病理学の展開」(米川，2004：1-24)は，米川が亡くなられた後に出版された。「方法論としての社会病理学」を継承し，その上で実体的社会病理学という自己の立場を取り，顕在的社会問題だけでなく潜在的社会問題も研究対象とする。社会病理学の理論としては，疎

外・アノミー・解体・逸脱と大藪路線を継承する。

　以上，全体を通してみれば，米川茂信が大橋薫の生活機能障害アプローチ社会病理学の継承者であり，かつ米川独自の要素を入れての〈米川茂信生活機能障害アプローチ社会病理学〉を確立させていったことは間違いない。

(3) 学校教育制度の逆機能―野田陽子

　野田陽子は，米川茂信生活機能障害アプローチ社会病理学の継承者といえる。その野田は『学校化社会における価値意識と逸脱現象』(2000)にて，教育制度の順機能が強化されればされるほど，逆機能も強化されていくと，教育における順機能と逆機能との関連性を論理的に位置づけている。「学校化社会」という歴史的推移・時代原因，これが制度の逆機能を引き起こし，こうしてその帰結現象として，学校を場とした社会問題化である「校内暴力」「いじめ」「不登校」が顕現した，という論的流れである。これは，〈原因⇒逆機能⇒逸脱〉という説明図式であり，大橋の枠組みでみるならば，〈発生条件（原因）⇄実相（逆機能）⇄結果現象（逸脱）〉である。まさに，大橋薫生活機能障害アプローチ社会病理学⇒米川茂信生活機能障害アプローチ社会病理学⇒野田陽子生活機能障害アプローチ社会病理学という流れである。

　米川亡き後，生活機能障害アプローチ社会病理学の伝統を引き継ぐ最後の一人が野田陽子なのではないだろうか。領域的には限定された〈学校化社会という時代変容⇒学校教育制度の逆機能⇒学校という場での逸脱行動〉という論理的展開ではあるが，継承されている。

4. 今ひとつ別の社会解体アプローチ

　社会解体論といえば大橋社会解体論というイメージが強いが，社会病理学における社会解体アプローチは大橋だけではなかった。本節では，大橋とは異なる社会解体アプローチ社会病理学を追っていくことにする。

(1) 偏倚と解体―磯村英一

　磯村英一が本格的に社会解体アプローチ社会病理学を論じたのは1954年に出版された『社会病理学』である。その著書には那須宗一・大橋薫の社会解体論の論文が引用されている。すでに、若き研究者である那須、大橋も社会解体アプローチの研究を始めていたわけである。したがって、社会解体アプローチの日本における始まりは磯村、那須、大橋の三者からであったといえる。[8]

　磯村は、シカゴ学派の方法論を用い、実証主義に徹してわが国の社会病理事象の考察を行っただけでなく、理論の構築も目指している。その理論の一部を構成していたのが偏倚であり、社会解体であった。磯村の研究姿勢の根底は、大都市に住む人びとの絆（かかわり、なじみ、親密性）であり、都市底辺の人びとの研究にあっても、スラム地区の研究にあっても、解体地域、人格解体、家族解体という固定された視点から分析・考察するという研究スタイルは取っていない。

　磯村の「偏倚」概念は、現在の社会学や犯罪学において用いられている「逸脱」概念とは異なる。それは時代社会変動過程に形成されるあるべき姿からの「ずれ、ゆがみ、ひずみ」といったdevianceである。それゆえに磯村は「前進性の偏倚」と「後進性の偏倚」とを峻別し、「後進性の偏倚」をもって「社会病理」とした。この後進性の偏倚の最大のものは封建的社会体制の伝統の残存としての偏倚であるが、資本主義社会体制から新たに出現した偏倚も磯村は社会病理としている。古い偏倚と新たな偏倚の二層性である。

　社会病理としての偏倚の行き着くところ（終末的過程）に出現するのが「社会解体」である。社会解体は、社会の偏倚が社会・集団の結合の崩壊、連帯の崩壊、統制の崩壊にまで至った状況である。よって、磯村にあっては、〈歴史的変動⇒時代的社会的偏倚⇒結合弛緩化・連帯希薄化・統制弱化⇒社会解体（結合崩壊化・連帯崩壊化・統制崩壊化）〉という論理的図式が構成される。

　しかし、1954年に『社会病理学』を出したのち、磯村は社会病理学の理論構築化の道を歩むことはなかった。磯村の後を継いで「社会解体」の理論化、「社会病理学」の統合化を目指したのは、磯村が期待した若き研究者の一人、

大橋薫だった。

(2) 歴史変動としての社会解体―那須宗一，真田是

那須宗一は，トーマス(Thomas, W. I.)を高く評価し，また社会解体を必ずしもマイナスとして考えておらず，「社会の歴史発展の契機」であると考える。社会解体論の学的戦略として，「社会構造の歴史的体制の変動や崩壊」を究明していくのが社会解体の理論であり，「解体過程を研究する」という戦略的方法から「社会の全体構造としての体制の変動の諸法則を発見する」のが社会解体アプローチと指摘する(那須, 1953)。

真田是は，「ソーシアル・ディスオーガニゼイション・セオリ」における「ソーシアル・プロセス」の考え方と「ソーシアル・チェンジ」の考え方とを対比しながら，ソーシアル・チェンジを基本とした社会解体アプローチを提示する。ソーシアル・プロセスは，ソーシアル・チェンジの考え方を前提とし，その上で「アナリティカル」な機能を果たすというのであればこれは有効であると，ソーシアル・プロセスを位置づけるのである(真田, 1955)。

(3) シカゴ学派社会解体アプローチの再検討―宝月誠

宝月誠は機能主義社会学とは別のパースペクティブを形成する意味解釈社会学の立場に立つ研究者である(宝月, 2004a)。しかし，シカゴ学派社会学の伝統を受け継いでいる研究者であり，積極的にシカゴ学派社会学の再復活に向けて活動している研究者である(宝月, 2004b)。それゆえに，生活機能障害アプローチ社会病理学の研究者ではないが，社会解体アプローチ社会(病理)学系譜の研究者といってよいだろう。『新社会学辞典』では「社会解体」(597)を執筆している。宝月はシカゴ学派社会解体の中で，特にトマス[9]とズナニエツキ(Thomas, W. I. & Znaniecki, F. W.)の社会解体に注目する。その点では那須宗一と同じである。宝月もまた，歴史的変動の視点に立ったマクロの社会解体アプローチ社会病理学者である。

5. 全体的考察

　本節にて，これまでのまとめに入る。今までの論述と重なるところもあるが，全体的に考察するために必要であるので，その点はご海容願いたい。

(1) 大橋薫社会病理学の評価と問題

　まず初めに，大橋薫の業績の評価を提示したい。
　第一の評価は，日本に社会解体アプローチを本格的に導入したということである。第二の評価は，従来の社会病理学では異常・逸脱という結果現象を研究していたにすぎないことを批判し，異常・逸脱の根底としての社会的機能障害に視点を向けたことである。第三の評価は，「社会病理の発生条件」⇌「機能障害（実相）」⇌「社会病理の結果現象（逸脱）」という「社会病理過程」を提示し，大橋薫生活機能障害アプローチ社会病理学の骨格的理論構造（「社会病理学の統合理論」）を構想したということである。第四の評価は，その視点から社会病理学を学として成立させる「方法としての社会病理学」を提言したことである。第五の評価は，社会問題の社会学とは異なる学としての社会病理学の独自性を追い求めたことである。第六の評価は，日本の社会病理学をリードしたことである。ブックメーカーとして，所属大学や直接の教え子に囚われることなく，多くの社会病理学研究者を育成しようとしたことである。また，日本社会病理学会の活動を運営の面からも財政の面からも礎を築いたことである。[10]
　まさに，偉業といってよいであろう。しかし，問題点も指摘できる。しかも，大橋への評価が大橋への問題でもある，という重なりをもつ。
　第一に，大橋が「生活機能障害」という場合，dysfunction or malfunctionと，セットとして用いており，両者をあいまいに処理している点である。「機能障害」には，まったく性質の異なる「機能不全」と「逆機能」があり，機能不全を克服すれば逆機能が悪化し，逆機能を克服すれば機能不全が悪化するという，〈機能的矛盾性〉に気付かなかったことである。その結果，順機能を円滑化すれば生活機能障害は解決し得る，言い方を換えるならば，生活機能障害を

改善すれば機能は円滑化する，という単純な思考に陥ってしまっていたことである[11]。

　第二は，「発生条件（歪曲的な条件）」⇄「機能障害（実相）」⇄「社会病理の結果現象（逸脱）」という「社会病理過程」が，幾度も図式として提示され，説明されているのであるが，この三者の関連性が明確化されていない，ということである。すなわち，「⇄」部分の因果的関連性の論理的かつ実証的考察が弱く，それぞれ別個に考察されることが多いのである。そこが大橋薫生活機能障害アプローチ社会病理学の最大の問題点である。

　第三に，生活機能障害と社会変動との関係がはっきりしない。大橋時代の社会変動といえば，その中核は近代化，個人主義化，都市化，産業化，大衆化，核家族化，情報化であろうが，ここからの切り口が弱く，さらに論理的整合性が弱い。たとえば，離婚の考察で核家族化や都市化が発生条件として述べられてはいても，実証的にも論理的にもその論考からは納得するほどの研究成果は認められない。

　第四に，社会的機能障害・生活機能障害という視点からの研究が社会病理学であるとすれば，他の方法からの社会問題の研究は社会病理学ではなくなる，ということになってしまう。少なくとも「本来的な社会病理学」ではない。これでは他の研究者からの反発を受けるのも当然であった。しかも大橋本人の意図に反しての反発・反感であった[12]。そして結果として，社会病理学研究の多種性・多様性を損なうものとなった。

　ただし第二・第三に関しては，これは多分にないものねだりである。本来ならば，大橋の理論・アプローチを学んだ後輩・子弟等が，個別研究・モノグラフとして行うべきものであった。大橋は，多くの書籍の編者となり，プロジェクトを組んで各地の社会病理の地域性を実証的に研究しようと勢力を注いだのであるから，なおさらである。「我笛吹けど，踊らず」[13]という学界の状況が，大橋の孤軍奮闘を導いたのであった。

(2) 多様な社会解体アプローチ

　戦後の社会病理学を覗き見ただけでは，戦後，1980年代に至るまでは大橋薫生活機能障害アプローチ社会病理学一色であったような観を免れない。しかしよく見ていくと，決してそうではないことがわかる。

　磯村は，時代変容から生じる歪みを偏倚とし，偏倚の究極的段階（終末的過程）を社会解体とした。封建的遺制の残存と資本主義の歪みを偏倚として，都市の生活者に密着した視点を取った。

　1953年，大橋と同年に社会解体論を執筆した那須は，シカゴ学派のトーマスとズナニエッキの社会解体論に依拠しており，その点では磯村に近い。那須は，社会解体を「社会構造の歴史的体制の変動や崩壊」を究明していく理論であり，「解体過程を研究する」という戦略的方法から「社会の全体構造としての体制の変動の諸法則を発見するものである」（那須，1953）とする。「社会解体」を近代市民社会の変動理論として捉えていたことがわかる。大橋は集団・地域の実態解明を中心に据えた社会解体を，那須は歴史的変動の諸相を考察する社会解体を求めたのである。

　大橋・那須の社会解体論の2年後の1955年，真田是が，大橋とも磯村や那須とも異なる社会解体アプローチを展開した。氏は社会解体には「ソーシアル・プロセス」（主にエリオットとメリル（Elliott, M.A. & Merrill, F. E.））の考え方と「ソーシアル・チェンジ」（主にオグバーン（Ogburn, W. F.））の考え方の2つがあると述べ，この2つの考え方を対比させながら，ソーシアル・チェンジを基本とした社会解体アプローチを提示する。ソーシアル・プロセスは，ソーシアル・チェンジの考え方を前提とし，その上で「アナリティカル」な機能を果たすというのであればこれは有効であると，ソーシアル・プロセスを位置づけるのである。

　このように，1955年当時，磯村の〈偏倚⇒解体アプローチ〉，大橋の〈社会過程⇒解体アプローチ〉，那須の〈歴史⇒解体アプローチ〉，そして真田の〈変動⇒解体アプローチ〉があったのである。それがその後，大橋の社会解体アプローチだけが残ったのである。

6. おわりに：学的発展に向けた若干の提言

　日本の社会病理学研究者(少なくとも日本社会病理学会会員)はここ十数年間，絶え間なく減少し続けている。ジリ貧である。しかし，若手の研究者が育ち始めていることも確かである。学界として，研究視座の多様性も確保されている。

　犯罪社会学とほぼ同様な視座をもち，科学的根拠に基づいた実証性ある研究を志向する群，構成主義・構築主義の視座をもち，歴史社会学的手法や言説分析的手法を用いて今ひとつ別の実証性を志向する群，時代・全体社会の診断学・処方学を視座として，広義の実証研究に基づいての理論構築を志向する群，人の生きてく上での業(ごう)(喜怒哀楽・不安・悲惨・苦悩)を視座とし，ミクロの臨床社会学の視点から質的調査研究を志向する群，等々，多様で・多義な視座・思考が同居している。そして，そうした中で，生活機能障害アプローチ社会病理学もわずかながら生き続けているのである。

　消滅寸前の社会解体アプローチならびに生活機能障害アプローチ社会病理学に限定して，社会病理学活性化に向けての提言をするならば，第一に，社会解体アプローチの復活である。単なる復活ではなく，那須宗一・真田是・宝月誠と連なる歴史的視点から成る社会解体アプローチ，変動理論としての社会解体アプローチへの論理的探求である。社会学の「表」を含めての「表裏一体」の統合した社会解体アプローチ社会病理学の再構築である。

　第二に，生活機能障害アプローチからの実証化に徹することである。科学的根拠に基づいた(evidence-based)実証科学としての生活機能障害アプローチである。しかし，大橋生活機能障害アプローチにしても，米川生活機能障害アプローチにしても，「社会病理の発生条件」⇌「生活機能障害(実相)」⇌「社会病理の結果現象(逸脱)」の論理図式の社会過程である「⇌」の実証性が弱い。したがって，野田が試みたように，領域と視点を限定化しつつ(マートン(Merton, R.K.)の言葉を借りれば「中範囲の理論」に徹しつつ)，社会と実相と結果との関連性を，社会解体・生活機能障害というアプローチから論理

的・実証的に求めていくことである。

　第三に，こうして得られた実証性の高い研究成果による，科学的根拠に基づいての政策・対策(evidence-based policy)を提言することである。一部のジャーナリストやクレイムメイキング・アクティヴイストたちの主張する正義イデオロギーに基づいた政策・対策(ideology-based policy)に対抗し得る提言をすべきである。

　第四に，「社会問題の社会学」とは異なる社会病理学の試みであり，「社会問題の社会学」とは正反対の社会病理学の試みである。それは，「社会問題だ」と叫ぶ正義に潜む病理の研究であり，正義イデオロギーや保護・支援政策の潜在的逆機能の研究である。つまり，社会問題を告発する正義イデオロギー活動に潜む逆機能を顕在化させる研究であり，社会問題を改善させようと試みる国家や地方自治体の施策に潜む逆機能を顕在化させる研究である。機能不全を克服するための順機能の推進が，機能不全の解消化ということでは順機能であっても，その機能が過剰順機能化すると，逆機能が出現するという研究である。

【注】
1) なお，タイトルを「論」とせずに「アプローチ」としたのは，広い領域設定からの考察を試みたからである。言い換えれば，「アプローチ」を「論」より広い概念として用いたからである。ただし，「論」は体系性・法則性を伴ったものであり，「アプローチ」よりもより高度な・より洗練されたものという認識は持たない。
2) 割愛させていただいた方々の氏名のみ明記させていただく。佐々木斐夫，岩井弘融，四方寿雄，中久郎，間庭充幸，小関三平，仲村祥一，中本博通，望月崇，本村汎，星野周弘，森田洋司，松下武志，清田勝彦，徳岡秀雄，佐々木嬉代三である。
3) 社会組織も社会解体も程度的なものである。完全な解体は完全な消滅である。完全な組織は理念上の存在でしかない。社会(地域・集団)の時代変容は組織化と解体化の循環から成る。既存の社会・集団はいつの日か解体化へと向かい，解体は社会・集団の再組織化へと向かう。時代変容とはその循環である。言い換えれば，社会変動をこうした視点で捉えたのが社会解体アプ

ローチである。したがって，どのように解体化していったのか，またどのように再組織化していったのか，という解体化・組織化の過程を考察することが，社会解体アプローチでは最重要課題となる。

4) 『都市の社会病理』と『都市の社会病理　改訂増補』を見比べてみると，各章の題名が「○○の解体」から「○○の病理」に変わっていることがわかる。

5) その後，「社会病理の発生条件」は「外部的諸条件」「内部的諸条件」と二区分化されたり，「内部的・外部的歪曲条件」「生活障害の発生条件」等に，「社会病理そのもの」は，「（病理の）実相」「生活障害」「機能障害」等に，「社会病理の結果現象」は「生活障害の結果現象」「逸脱行動」「逸脱現象」等にと用語は変化するが，論理的図式・内容の基本に変化はない。

6) 『科学警察研究所報告防犯少年編』に掲載された大橋薫の4論文に関しては，本書「第5章」の齊藤知範論文を参照されたい。ここでは，解体（地域解体，家族解体）と非行との関連性が論及されている。

7) なお，晩期（聖徳大学時代とその後　1991-現在）に関しては，社会解体も生活機能障害もまったく発展を見ることがなかったので，省略させていただいた。

8) 大橋薫は1953年に，那須宗一も1953年に社会解体論を執筆している。磯村英一は1954年に『社会病理学』を出版した。

9) 那須宗一の解説では「トーマス」とし，宝月の解説では「トマス」としたのは，両者の表現に合わせたからである。

10) 日本社会病理学会が弱小学会であるにもかかわらず，財政が豊かであるのも，また学術助成資金が豊富にあるのも，大橋薫の多額の寄付によるものである。

11) このことに関しては，拙著『社会病理学的想像力―「社会問題の社会学」論考―』（学文社, 2011）の「第2章　順機能，機能不全，逆機能」（28-44）を参照されたい。

12) 大橋が望んだことは，誰もが「方法としての社会病理学」を研究せよということではなく，社会病理学を社会学とは別のひとつの独立した学問として確立させることにあった。私はそのように理解している。

13) 申し訳ないことに，踊らなかった中の一人に私がいる。

【文献】

磯村英一（1954）『社会病理学』有斐閣（再集録＝磯村英一『磯村英一都市論集Ⅰ——都市生態への挑戦』（解説：倉沢進）有斐閣，1989，「Ⅶ　社会病理学」661-882）

大橋薫（1953）「Social Disorganization Approach について」日本社会学会編『社会学評論』第3巻第4号（12号）81-97.

─────（1956）「社会解体論における問題点の指摘とその解決の方法」『林恵海教授還暦記念論文集　日本社会学の課題』編集代表：福武直，有斐閣，351-369.

─────（1960）『都市の社会病理』誠信書房

─────（1962）『都市の下層社会——社会病理学的研究』誠信書房

─────（1965a）『都市の社会病理　改訂増補』誠信書房

─────（1965b）「社会病理学的研究の方法」東京市政調査会『都市問題』第56巻第2号，77-89.

─────「現代家族の病理学」（1974）日本社会学会編『社会学評論』第25巻第2号（98号）62-78.（再収録＝大橋薫『社会病理学研究』誠信書房，1976，129-154）

─────（1976）『社会病理学研究』誠信書房

─────（1991）「わが社会学・社会病理学研究史—40余年間の研究活動を顧みる—」明治学院大学社会学会『大橋薫教授退任記念論文集』39-80.

大橋薫編（1966）『社会病理学』（有斐閣双書），有斐閣

大橋薫編著（1984）『福祉国家にみる都市化問題』垣内出版

大橋薫・近江哲男編（1967）『都市社会学』川島書店

大橋薫・大藪寿一編（1973）『都市病理学』（有斐閣双書），有斐閣

大橋薫・四方寿雄・大藪寿一編著（1973）『現代社会病理学』川島書店

大橋薫・増田光吉編（1966）『家族社会学』川島書店

大橋薫・望月崇・宝月誠編著（1978）『社会病理学入門』学文社

大橋薫・米川茂信（1986）「方法としての社会病理学」大橋薫・高橋均・細井洋子編『社会病理学入門』（有斐閣双書）有斐閣，1-26.

大藪寿一（1966）「第一章　社会病理研究の理論と歴史　一　社会病理研究の理論と方法」大橋薫・大藪寿一編著『社会病理学』誠信書房，1-24.

─────（1973）「Ⅰ問題提起　1問題提起」大橋薫・四方寿雄・大藪寿一編『現代社会病理学』川島書店，2-10.

真田是（1955）「ソーシアル・ディスオーガニゼイション・セオリーにおける二つの傾向（上）」「同（下）」大阪社会事業短期大学社会問題研究会『社会問題

研究』第 5 巻第 2 號（34-63），第 5 巻第 3 號（61-85）

那須宗一（1953）「社会解体の構造・機能的分析への試論」東洋大学学術研究会編『東洋大学大学紀要』第五輯，145-157．

那須宗一・大橋薫・大藪寿一・仲村祥一編（1968）『社会病理学事典』誠信書房

那須宗一・岩井弘融・大橋薫・大藪寿一編（1973-1976）『都市病理学講座（全 4 巻）』誠信書房

那須宗一・大橋薫・四方寿雄・光川晴之編（1978-1981）『家族病理学講座（全 4 巻）』誠信書房

野田陽子（2000）『学校化社会における価値意識と逸脱現象』学文社

宝月誠（1993）「社会解体」森岡清美・塩原勉・本間康平編集代表『新社会学辞典』有斐閣

─── （2004a）「第 1 章　社会病理学の対象と研究視点」松下武志・米川茂信・宝月誠『社会病理学講座　第 1 巻　社会病理学の基礎理論』学文社，27-43．

─── （2004b）「第七章　社会的世界と『社会解体』」宝月誠編『初期シカゴ学派の世界――思想・モノグラフ・社会背景』恒星社厚生閣，153-173．

光川晴之（1973）『家族病理学』ミネルヴァ書房

米川茂信（1983）「現代社会病理学の理論的課題」那須宗一編『現代病理の社会学』学文社，216-234．

─── （1987）『社会的アノミーの研究』学文社

─── （1991）『現代社会病理学――社会問題への社会学的アプローチ』学文社

─── （1992）「社会病理観の再検討――社会病理学に内在的観点から」日本社会病理学会編『現代の社会病理　Ⅶ』垣内出版，23-45．

─── （1995）『学歴アノミーと少年非行』学文社

─── （2003）「巻頭言：社会病理学雑感」日本社会病理学会編『現代の社会病理』第 18 号

─── （2004）「序章　現代社会と社会病理学：現代社会病理学の展開」松下武志・米川茂信・宝月誠編著『社会病理学講座　第 1 巻　社会病理学の基礎理論』学文社，1-24．

第5章
戦後の昭和期における犯罪・非行の説明理論に依拠した実証研究
――1960年代からの30年間の科警研報告論文の軌跡

齊 藤 知 範

1. はじめに：本章の展開にあたって

(1) 本章の骨子

　本章は，戦後における昭和期のわが国の犯罪・非行に関する実証研究に限定して，それらの諸論稿に見られた理論的視点を考察する。犯罪・非行という研究領域について考察する理由を，最初に述べたい。

　第一に，社会病理学では「逸脱行動」という概念で考察されていることが，犯罪社会学においては，明確に「犯罪」「非行」として考察されてきたからである。また，犯罪社会学は，社会病理学と別に固有の学問領域を確立させていることに加え，現在では，欧米だけでなくわが国においても，犯罪・非行研究の主戦場が社会学の領域から犯罪学の領域へと移行したという，大きな潮流が存在している。そうした視点から見れば，終戦後の昭和期は，わが国の犯罪・非行研究の中で，実証的な犯罪学研究が大きな比重を占めるに至った移行期に相当する。本章の結論を先取りすると，1960年から1989年という30年の期間は，実証的な犯罪学研究の確立においてとりわけ重要であり，数量的実証研究の視点・知識の変遷や継承に関する検討が必要である。

　第二に，今や欧米諸国の社会学と犯罪学における経験的研究の中では，公的統計などのオープンデータや社会調査データに基づく数量的実証研究が，質的研究よりも大きな比重を占めている。つまり，投稿・査読を経た海外学術誌の

世界で生産される知識においては,数量的実証研究がその中心を占めている。それだけでなく,科学的根拠に基づいた(evidence-based)研究論文は,医学や心理学に限らず社会学においても高く評価される時代に至っている。もちろん,現代の社会病理学研究でも,数量的実証研究は多数蓄積されている。これらの状況にもかかわらず,本書では他に数量的実証研究を展開する論考が見当たらない。社会病理学の今後を論じる上でも,数量的実証研究の蓄積を省察し,数量的実証研究の視点・知識の変遷や継承に考察を加えることが不可欠である。

第三に,本章では,具体的な考察として,1960年代から80年代にかけての主要な犯罪・非行理論である緊張理論,学習理論,統制理論に視点を絞り,具体的な考察の対象となる素材を『科学警察研究所報告　防犯少年編』(1960年から1989年)に設定している。また,研究方法としては,質的ドキュメント分析を用いる。研究論文を単に文献としてレビューするのではなく,記録された素材(一次資料)として分析するものである。それゆえ,分析を試みるにあたって優れた道標が必要と思われる。本章では,それを星野・増田(1975)による専門雑誌記事の分析に求める。

星野・増田(1975)は,昭和元年から40年までの法執行機関側の文化を見ることで,犯罪者観の変化を検討している。そして次のことを析出している。

第一に,昭和元年から10年までは,下流階層出身者であり貧困が問題であること,教育やしつけ,精神的な問題,犯罪的な信念の模倣・学習などが,犯罪者観として見られた。第二に,昭和11年から昭和20年までは,社会的な不適応,つまり社会が要請する生活様式に適応できなかったことによる失敗現象として論じられていた。また,犯罪者にスティグマを貼り,国家が社会の防衛を考えていた。居住環境や経済的な環境水準だけでなく,交友関係を含む社会環境の重要性も提唱されていた。第三に,昭和21年から昭和30年までは,戦後の経済的混乱,精神的な混乱をもたらした急激な社会変動が,人格と関係なく,犯罪発生要因として作用することが指摘された。すべての国民を犯罪者に陥れる可能性を持った危険な状況は,急激な社会変動によって生み出された,と理解されていた。第四に,昭和31年から昭和40年までは,犯罪現象

は社会環境の所産であり，犯罪者と正常者が連帯してその責任を負わねばならないとされたことが特色であった。したがって，社会は犯罪者を罰することよりも，適応できるようにすることがはるかに重要であることも指摘されている。

　本章がカバーする，犯罪・非行に関する社会学的実証研究の範囲は，すでに述べたように，1960年から1989年という30年の期間である。そのため，本章にとって重要なのは，星野・増田(1975)が提示した見解の中で，昭和31年(1956年)から昭和40年(1965年)までに関する解釈である。すなわち，犯罪現象が社会環境の所産であり，社会は犯罪者を罰するよりも適応できるようにするほうが重要だとみなす犯罪者観・犯罪統制観は，1970年代以降には終焉したのだろうか。これが，本章にとっての素朴な問題関心となる。

　遅ればせながら，最後に本章の目的を述べる。戦後の昭和期の実証的犯罪・非行研究における緊張理論，学習理論，統制理論の視点に着目し，『科学警察研究所報告　防犯少年編』(1960年から1989年)を一次資料とした質的ドキュメント分析により，それら理論的視点の時代的展開を追究することが本章のねらいである。その際，犯罪は社会環境の所産であり，犯罪者を罰するよりも適応できるようにするほうが重要だとみなす犯罪者観・犯罪統制観にも注目する。

(2) 検討対象とした論文の概要

　本章における検討の対象について，述べる。以降の本章では，1960年に発刊が開始された『科学警察研究所報告　防犯少年編』に所収された，論文・資料・ノート(以降，本章ではとくに区別せずに，論文として取り扱う)を対象とし，1960年から平成元年が始まった1989年までの約30年間に刊行された論文(以降，本章では，科警研報告論文と呼ぶ)を対象とした。

　『科学警察研究所報告　防犯少年編』は，『犯罪社会学研究』や『現代の社会病理』よりも学術誌としての歴史が古く，社会病理学や犯罪社会学の視座からの実証研究も含めて，幅広い犯罪・非行研究が掲載されている。このため，実証的犯罪・非行研究にとっての戦後の昭和期を，社会病理学という視座との交

差・接合を見据えて展望する上で,好適な媒体である。

本章で着眼する緊張理論,学習理論,統制理論は,犯罪学における主要な説明理論(森田,1995)である。いずれも社会学的な説明理論であり,分析軸も,犯罪・非行に対する含意も,主として社会学的視点に立脚するという特徴がある。国内で犯罪・非行の説明を志向する実証的論文においては,平成直前期にはこれらの理論がすでに出そろっており,平成期以降は追試や精緻化が行われた時期であった。このため,本章では紙幅の都合と筆者の能力も考慮し,理論が出そろうまでの昭和期に限定する。平成期以降の実証研究については,別途,後年の研究者が省察すべきであろう。

対象となる論文を,犯罪・非行の発現やその再発現象に対して,犯罪社会学の理論的な観点からの実証的理解を深めるという性質を持つか否かにしぼって選定した。紙幅の都合上,以降では全ての論文についての言及はしないが,時代ごとの理論的観点における特徴を注視したい。

以上により精選された論文には,2つの特徴がある。第一に,本書の読者が関心を寄せるであろう理論的な実証論文の多くが,レビューの範囲に含まれている。第二に,非行少年の心理特性などの分類的アプローチによる研究をはじめとして,犯罪学理論をベースとしない心理学的研究は,含まれない。これより以降は,刊行時期を1960年代,1970年代,1980年代という10年単位で便宜上分けて,整理・議論することとしたい。

2. 1960年代における犯罪・非行の実証研究

(1) 大橋薫の4論文

本項では,まず,大橋薫による1960年代の科警研報告論文を概観するところから始めたい。1963年から1967年までに,大橋の一連の科警研報告論文が掲載されており(大橋,1963;大橋,1964a;大橋,1966;大橋,1967),その一方で,本章が対象とした1989年に至るまで,1970年代以降は大橋による論文が見当たらない。このため,1960年代の大橋の4論文を押さえておくことが重要で

あると考えられる。

　大橋(1963)は，不良環境地区においても非行少年(大橋の用語では「問題児」)でない子どものほうが圧倒的に多いなどの全体的な構図を押さえている。大橋(1963)は，家庭環境の解体や生活環境の解体により，非行少年が生じるという視点を提示し，この視点に基づき分析しており，住居の狭さ，母子家庭，子どもに対する監護不足，教師との緊張関係，学業への怠惰などの多様な要因が，非行の要因だとする結論が導かれている。先生を嫌いな者が非行少年に多く，子どもに関心を持ってくれない親が非行少年では多いこと，非行少年の場合には将来計画が乏しいことなど，統制理論に通底する分析がなされていることに，ここで注意を向ける必要がある。

　じつのところ，大橋が解体と呼ぶ諸要素は，20世紀の実証研究史を通して判断した場合には，統制理論の系譜であるという解釈が成り立つ。本章では，学説上，この解釈を念頭に置いておく。ここでは，森田(1995：377)の議論とそこでの用語を典拠とし，社会解体論的統制理論という用語を踏襲することにしたい。森田(1995：378)は，シカゴ学派の社会解体論においては，スラッシャー(Thrasher, F. M.)の研究が典型的な社会解体論的統制理論であることを指摘している。その上で，森田(1995：378)は，社会解体論的統制理論は，ハーシ(Hirschi, T.)の社会的絆の理論(社会的統制理論)の先駆的研究として位置づけることができることを指摘する。すなわち，その指摘によれば，社会解体論的統制理論においては，コミュニティの全体，特定の社会の制度体，規範，役割などの構造的要素の機能が有する犯罪抑制作用の弛緩や弱化に着目したマクロな分析視点に立っていながら，地域解体論にはとどまらず，非行抑止力を家族や職業，宗教，娯楽などの日常生活の中に求めており，ハーシの社会的絆の理論の先駆的研究として位置づけるべきだと評されているのである(森田, 1995：378)。大橋の研究は，森田(1995)の用語を借りると，社会解体論的統制理論にほかならない。

　大橋(1964a)は，過去の非行歴なども考慮しながら，非行の再発を分析した上で，中学時代に非行をおかしても卒業後は大部分が非行をしなくなること，非行現象は基本的には一過性であることを述べている。さらに，生活環境や生

活構造の偏倚の中でも，家庭，学校，職場における生活不適応が非行を促進することが指摘されている。大橋(1963)同様に，家庭環境の解体や生活環境の解体により非行少年が生じるという視点は，大橋(1964a)においても，社会解体論的統制理論の諸変数を用いた実証的分析を通じて慎重に考察されており，1960年代における大橋の理論的視点の一貫性とその丹念な実証性を印象づけている。

大橋(1966)は，都市の下部地域について，地元での非行や，流出者・流入者による非行を区別して分析がなされている。盛り場形成や産業・人口において都市化の進んだ地域において，非行の発生が多いことなどが述べられているほか，2つの路線の鉄道を利用可能な地域では，地元の子どもによる非行が少なく流出者・流入者による非行が多いなどの特徴も見られている。大橋(1966)の分析には，都市社会学的な視点，地理的分析の視点が含まれていたといえる。

大橋(1967)は，中学卒業後1年目，2年目，直近までを追跡した研究であり，子ども，世帯の家族に対してそれぞれ調査が実施された。非行少年は一般少年に比べて，住居が狭く，子供部屋所有率は半分程度であることなどが示されている。長屋の老朽住宅が多いエリアの存在など，調査対象地の住区に関してきちんと述べられている点は，他の犯罪学研究にはあまり見られない，大橋ならではの着眼点だと考えられる。家族からの期待についても，追跡調査ならではともいえる分析・考察がなされており，興味深い。すなわち，第一に，中学時代における非行少年は一般少年に比べて，家族から期待されていたと感じる者が相当少ないことが示されており，これは多くの非行研究とも整合的だろう。第二に，興味深いのは，中学卒業後1年目，2年目，直近へと，中学卒業後の年数が経過するにつれて，非行少年の場合にも期待されていると感じる者が増加することであり，この点について，就業により家の収入を支えることが家族からの評価を上げるのだろう，といった考察がされている。また，大橋(1965a)や大橋(1964a)をはじめとして，大橋の理論的な立ち位置は，社会解体論を主眼としつつも，アノミー論や緊張理論であった。

他方，多元因子論に依拠し理論色は薄かったグリュック(Glueck, S. & Glueck,

E.)夫妻の研究への参照が,学会誌に掲載された大橋(1964b)ではなされており,大橋の1960年代における他の実証研究もグリュック夫妻の影響を受けていたと考えられる。偏倚や解体という用語・概念によって非行の説明がなされており,理論的背景としては社会解体論の視野の影響が根強いものの,グリュック夫妻の影響が,大橋(1963),大橋(1964a),大橋(1967)には見受けられる。グリュック夫妻の研究における調査内容と縦断的データ(Glueck & Glueck, 1950)は,後年,Laub & Sampson(1988)によって統制理論に位置づけられた上で再分析され,高く再評価されている。大橋がこれらの論文をまとめた1960年代はもちろんのこと,1950年代からすでに,敗戦国であったわが国において,戦勝国であるアメリカのグリュック夫妻の研究は著名であった(原田, 1992)。先述したように,多元因子論に依拠する傍らで理論色は薄かったグリュック夫妻の研究への参照が,大橋の学会誌論文においてはなされていた(大橋, 1964b)。Glueck & Glueck(1950)をはじめとするグリュック夫妻の影響を受けた研究者は当時多く(原田, 1992),大橋の研究内容を見ても,グリュック夫妻における調査項目や,一般群と非行少年群を設ける研究デザインに関して,かなりの影響を受けていたとみてよい。

　社会解体論的統制理論としての再評価をできうる大橋(1963)に見られた統制理論の萌芽的な要素は,大橋(1964a)や大橋(1967)にも脈々と,そして一貫した関心として,維持されていると思えるのである。さらに,大橋(1966)の分析には,都市社会学や地理的分析の視点が持ち込まれており,大橋が得意とする,具体性のある地域診断と問題解決の視座が持ち込まれていた。社会諸集団との紐帯の解体という観点と,不良環境地区への居住がもたらす不利という要素が理論的に重要だとみなす視点が,1960年代の大橋の諸研究では,実証性を伴って提示されたことが重要である。まさしく,幅広い実証データを使いこなす形で,社会解体論的視点の有効性を検証する姿勢が一貫していたのである。

　ここまで見てきた大橋の論文の4本に見られる特徴として,以下を挙げることができる。第一に,大橋(1963),大橋(1964a),大橋(1967)に共通して,家

族や学校に焦点を当てており社会解体論的統制理論としての特徴が見られる。統制理論に親和性のある実証分析がなされており，家族との絆や，学校との絆に対する強い関心が見られ，分析結果からも支持されていた。大橋の概念・用語としては，家庭環境の解体や生活環境の解体など，解体にこだわってはいるものの，グリュック夫妻の影響もあることを踏まえて，家族や学校に焦点を当てており社会解体論的統制理論としての性質が濃厚であったことを，再度強調しておきたい。さらに，非行研究としての大橋論文は，主に中学在学時の一過性としての非行の性質を見据えており，就業や家族からの期待が非行からの立ち直りを促進することを論じるなど，ライフコースにおける非行の再発(再非行)と終了を見据えているという特徴が見られる。

　第二に，都市社会学や地理的分析の視点を解釈の軸とする研究が行われているという特徴が見られる。この特徴に関して，4本の論文の中では，本格的な分析は大橋(1966)に限定されるものの，大橋(1967)をはじめとして，調査対象地区の居住環境に関する深い関心と洞察が通底しているといえる。大阪市立大学の在職時代から大橋は，バラック密集地区，盛り場，やくざの調査など，多くの実証的調査を手がけていたことなど(矢島，2017：144)，地域に密着した大橋の精細な研究方法については矢島(2017)において詳しく論じられている。

(2) 1960年代の星野論文

　次に，大橋の研究に見られた第一の特徴に関心を寄せながら，1960年代の他の研究者による科警研報告論文を概観してみることとしたい。

　すなわち，家族や学校に焦点を当てており社会解体論的統制理論として位置づけるべき，大橋による実証研究の特徴について，1960年代に，同様の特徴を有する科警研報告論文として，最も目を引くのは星野(1967)である。星野(1967)では，ナイ(Nye, F. I.)の研究やグリュック夫妻の研究など，統制理論寄りの海外研究が引用されていた。さらに，コーエン(Cohen, A. K.)が引用されており，海外研究への目配りが豊富であった。非行少年にも中流家庭の者が多いことに関して，社会全般に中流家庭が多い中で相対的剥奪感を抱くなどの理由によ

り中流家庭の非行少年が出現している可能性などが，星野(1967)では解釈として挙げられている。統制理論の系譜に位置づく海外研究を明示的に引用しながら，自身が依拠する理論枠組みを実証分析の個々の要素と精密に連関させて議論するという星野(1967)の論考スタイルは，大橋の実証論文にはあまり見られない。

　これらのことについて，他の学術誌における星野(1966a)の議論を参照しながら考察しておきたい。星野(1966a)は，Nye(1958)やKarachi & Toby(1962)などの統制理論の系譜に位置づく論者による諸研究に関して，家族と非行を理解する上で学説上の整理を行っている。さらに，星野(1966a : 58-59)は，親子間の愛情の拒否と非行との強い関係について，Nye(1958)だけでなく，グリュック夫妻の研究を引用する形で指摘している。統制理論の学説史的転回とその解釈には，紙幅の都合上，これ以上踏み込まないが，上田(2014)や関連する論文を参照されたい。

(3) 1960年代の地域研究等

　ここでは，科警研報告論文の理論的観点について，1960年代の状況を略述しておきたい。社会解体論的統制理論として大橋の1960年代の実証研究を位置づけた上で，次のことがいえる。すなわち，1960年代の科警研報告論文においては，地域の問題に焦点を当てた統制理論としての要素を持つ論文がかなり多く見られる。シカゴ学派の一部が非行者率等に焦点を当てたのに対して，小野島・松田・長田・太田・麦島(1960)による犯罪被害発生と環境要因についての研究では，明確に被害発生率に焦点を当てている。産業指標，娯楽指標，道路や建物の指標等と被害発生率等との相関を分析する視点が用いられており，こうした点ではシカゴ学派の生態学的分析の影響を受けている。

　1960年代には，渡辺(1962)をはじめとして，非行防止地区計画に関する研究が多くなされている。渡辺(1962)においては，モデル地区に対する保護者の関心や参加の度合いという視点から，子どもの非行度が分析されているほか，子どもの被害についても調査がなされている。吉川(1965)も，子どもの被害について調査しており，中学生の地域生活や地区特性の観点から被害について分

析しているほか，保護者の監督と被害との関連を分析するなど，統制理論の観点の応用も見られる。

　星野(1965)は，非行防止地区計画に関する研究であり，近隣関係における連帯等に踏み込んで，住民意識と非行との関係を分析している。星野(1966b)は，子どもの地域参加や青少年の健全育成をより強く意識した研究であり，非行防止のためのグループ活動に対する地区特性や住民意識について分析している。分析から，成人，少年ともに，スポーツ活動への参加や，町内の清掃や見学などのグループ活動への賛意が高いなどの結果が得られている。松本・西村(1966)は，これに加えて，犯罪者・非行少年に対する意識を調査しているほか，共助意識などの点において，勤め人よりも主婦が協力的であり，さらに，町内会役職者がそうでない者よりも協力的であるなど，地域住民における住民意識がさまざまな観点から検討されている。

　中里・松本(1967a)は，非行防止地区活動の効果に関する研究を行っており，喫煙禁止活動によって望ましい効果は得られなかったこと，非行防止地区活動によって親子間でのコミュニケーションに良い変化は見られなかったことなどが示されている。中里・松本(1967b)は，別の地域の分析によって，親子間でのコミュニケーションに良い変化が見られたことを報告しているものの，こうした変化が学校による対応に由来する可能性を報告している。中里・松本(1967a)，中里・松本(1967b)は当時の非行防止地区活動の範囲とする人口が多すぎることや，効果が乏しいことなどを指摘し，全般に，非行防止地区活動に対しては否定的な評価を提示している。

　地域の問題に焦点を当てた1960年代の科警研報告論文においては，戦後の相当に荒廃した地域における病理に対する改善志向がきわめて強く，望ましい地域のあり方を探ろうとする志向性を読み取ることができる。

　緊張理論に関して関連する要素がある研究としては，星野(1967)，麦島・松本(1967)がある。学習理論に関してわずかに関連する要素がある研究としては，太田(1963)があるが，非行や不良行動といった外的基準と交友との関係を分析していない点で，萌芽的要素にとどまる。1960年代は，全般に，非行を

地域で防止し，病理的な地区を改善しようとする研究が目立つ一方で，緊張理論や学習理論については，それらの理論に根ざす形で実証データを使いこなす研究の展開は，あまり見られなかったといえる。

以上であるが，上記のことを読者が確認しやすいように配慮して，1960年代に『科学警察研究所報告　防犯少年編』に掲載された研究論文の中から，ここでの考察と関わりの深い19本を提示しておく。一見して，地域研究が目に付くことと思う。

　　（1960）「東京都における犯罪被害発生と環境要因Ⅰ」／（1961）「非行危険性判定法による再非行の追求的研究」／（1961）「非行危険性判定法に関する各地の調査研究の状況(2)」／（1962）「非行防止地区計画に関する研究Ⅱ　2）地区特性と住民の意識・態度」／（1963）「非行危険性判定法による再非行の予測について」／（1963）「中学生における交友意識調査—交友選択要因及び仲間効果と交友問題性との関連について—」／（1963）「不良環境地区における問題行動児の社会的背景」／（1964）「中学時代に非行歴をもつ少年の予後とその環境条件の研究」／（1964）「非行危険性判定法に関する各地の調査研究の状況(4)」／（1965）「中学生の生活実態からみた地区特性」／（1965）「住民意識と非行防止地区活動の課題」／（1966）「非行防止のためのグループ活動に対する住民意識（第1報）—地区特性と住民意識—」／（1966）「地域特性と少年非行」／（1966）「非行防止のためのグループ活動に対する住民意識（第2報）—成人と少年の意識差を中心として—」／（1967）「1942年生れ少年における非行発生の追跡的研究（第2報）—非行発生と少年の出身階層および教育歴との関連—」／（1967）「不良環境地区における問題行動児の予後の研究」／（1967）「非行防止地区活動の効果に関する研究（第2報）」／（1967）「非行防止地区活動の効果に関する研究（第3報）」／（1967）「中流階層の非行少年に関する研究」

3. 1970年代における犯罪・非行の実証研究

（1）社会的統制理論の検証研究

1970年代に入ると，社会解体論的統制理論とは別の，しかも国内における社会病理学的研究とは理論的な接地面のない統制理論として，社会的統制理論

(ボンド理論)が台頭する。さらに，地域統制だけでなく，家族や学校での統制に対して強い関心が向けられたことが特徴である。

西村(1979)は，学習理論における悪友接触を考慮しつつ，社会的統制理論と緊張理論を比較しながら検証している。西村(1979)で参照されている先行研究は，海外の研究が大半であり，大橋の諸研究は参照されていない。また，それは社会的統制理論の忠実で精緻な検証となっており，社会解体論的要素は存在していない。1960年代の大橋の実証研究においては社会解体論的要素が強かったのに対して，西村(1979)は精緻な社会的統制理論としてきわめて純化しており，西村(1979)と大橋の実証研究との間に，接地する部分は，全く見られないのである。

犯罪社会学の実証的な研究方法と理論枠組みを学術誌上に提示した，星野(1975a)においてすでに，社会的統制理論の各仮説が詳しく紹介されている。つまり，犯罪社会学分野においては，社会的統制理論が海外で実証的に大きな支持を集めていることが，1970年代後半以降にはすでに重要な学説的知識として認識・共有されるようになった。このように，犯罪・非行に関して海外で実証的支持を集めている知見がどのようなものかという同時代的なキャッチアップが犯罪社会学においては滞らなかったこともあり，後述するように，1980年代にかけては，社会解体論的，社会病理学的な実証論文ではなく，犯罪社会学的な実証論文の蓄積が，犯罪・非行研究においては進展したと考えられる。

(2) 地域における統制研究

1970年代において地域の問題に焦点を当てた統制理論としての要素を持つ論文としては，星野による一連の研究が存在している。星野(1975b)では，不安感による地域社会の主観的安全水準の測定とその要因の分析が行われている点が新しい。分析の結果から，都市度の進んだ地域において主観的安全水準が低いことや，主観的安全水準の上昇には，パトロールや巡回連絡などの社会的可視性のある警察活動が有効である可能性が指摘されている。星野(1975c)で

は，全刑法犯発生率および交通人身事故発生率を指標として地域社会の客観的安全水準を測定した場合は，都市度，特に昼間の人口集中の多い地域において安全水準が低下することが示されている。さらに，パトロール以外の警察力は安全水準の上昇にはほとんど関連しないこと，各犯罪・事故に対する人びとの不安量にそれぞれの年間発生数を乗じて求めた地域社会の不安指数についても同様な傾向がみられたことが指摘されている。

　星野(1975d)では，警察力・警察活動の現実の水準よりも人びとの認知水準は低いことが明らかにされており，主観的な安全水準の上昇のためには，広報活動が必要だという視点も提起されている。さらに，星野(1976)においては，警察力，警察活動のうち，外勤警察力とその活動水準・活動時間配分が，犯罪・事故に対する人びとの不安度によって測定された安全性の水準を決定する上で，主たる部分を占めるという結果が得られている。先に，1960年代の科警研報告論文においては，地域の問題に焦点を当て，戦後の荒廃した地域における病理に対する改善志向や望ましい地域のあり方を探ろうとする志向性が強かったことを述べた。これに対して，1970年代の星野の諸研究などでは，地域住民の意識を向上させ，住民主体で非行防止につなげるといった視点だけでなく，地域住民の安全を警察が守るべきであって，そのためには地域住民の安全意識や安全水準をきちんと調査したデータに基づき分析する必要が強く認識されていた，ということができよう。

　緊張理論と学習理論に関しては，先述のとおり，学習理論における悪友接触を考慮に入れつつ，統制理論と緊張理論を比較しながら検証した西村(1979)が刊行されている。

　以上であるが，上記のことを読者が確認しやすいように配慮して，1970年代に『科学警察研究所報告　防犯少年編』に掲載された研究論文の中から，ここでの考察と関わりの深い15本を提示しておく。

　　(1971)「非行性診断スケール(DSDP)の作製と検討」／(1973)「男子初犯少年に関する再犯予測尺度の作成」／(1973)「出身階層，教育上の進路と非行発生—2

つのコーホートの分析—」／(1974)「中高校生の生活意識に関する研究—自己肯定者と自己否定者の比較—」／(1975)「公共の安全性に対する犯罪の影響の測定とその対策(Ⅰ)—不安感による地域社会の安全水準の測定と安全性の要因の分析—」／(1975)「公共の安全性に対する犯罪の影響の測定とその対策(Ⅱ)—犯罪・事故発生率と不安尺度による地域社会の安全水準の測定と安全性の要因の分析—」／(1975)「公共の安全性に対する犯罪の影響の測定とその対策(Ⅲ)—警察力・警察活動の現実の水準とそれに対する人々の認知水準との関係—」／(1976)「公共の安全性に寄与する警察活動の研究　1 安全性の要因の検討」／(1976)「非行化過程の追跡研究　2．教育からの疎外と非行化」／(1977)「非行化過程の追跡研究　3．非行化の判別分析」／(1977)「非行少年に対する処遇決定要因の分析　1．我が国の実態に基づく,ラベリング理論への批判的検討」(1978)「非行少年に対する処遇決定要因の分析　3．処分と再非行との関係」／(1979)「非行抑制力としての社会や人間関係の絆—非行理論としての統制理論の経験科学的研究—」／(1979)「生徒の非行化の度合に対する教師の評定　1．中高別,地位別,年令別による分析」／(1979)「中学,高校教師の非行観および生活指導に対する意見　1．学校種別の差異」

4. 1980年代における犯罪・非行の実証研究

(1) 統制理論の盛況

　ここでは，1980年代に刊行された科警研報告論文について，概観したい。なお，昭和64年1月にあたる1989年1月には平成の新元号に改元されている。このため，昭和時代は1989年のうち1月の途中までであるが，本章では1980年代の最後までをレビューすることを優先し，1989年内に刊行された論文までを対象としている。なぜかというと，平成元年の2月以降の年内に刊行された論文であっても，分析が依拠する調査の実施やデータ収集が行われた時期は，その前年の昭和63年までであり，1989年中に刊行された論文は，昭和期までに研究の実質面の大半が完了していた研究とみなしてよいからである。

　家族や学校に焦点を当てた統制理論検証の実証研究では，西村(1980)，西村・鈴木・高橋(1982)，鈴木・西村・高橋(1982)，西村・鈴木・高橋(1984)，星野(1985)，星野(1989b)が存在する。まさに1980年代は，統制理論の実証研

究が次々に刊行されるなど，犯罪学の主要理論を検証する研究が隆盛した時期だといえる。

　西村(1979)が高校生を対象にしたのに対して，西村(1980)は中学生を対象に分析し，学習理論における悪友接触，統制理論，緊張理論を検証しており，枠組み・方法は西村(1979)と同じである。西村(1980)で参照されている先行研究は，前号の西村(1979)のみであり，大橋の諸研究は参照されていない。西村・鈴木・高橋(1982)ではWiatrowski et al.(1981)という当時最新の海外研究が参照されている。さらに，西村・鈴木・高橋(1984)においては，Wiatrowski et al.(1981)に加え，Short(1979)やAultman(1979)など，非行原因論の組み立て方や方法論に関する最新研究が参照されており，Wiatrowskiの1984年のアメリカ犯罪学会における口頭発表にも言及されている。また，星野(1985)では，家族に主な焦点を当てながらハーシの社会的統制理論を検証するに際して，Reckless et al.(1956)の自己観念論やCohen(1955)など，理論的に関連する古典的な海外研究が参照されていることがわかる。同様に，星野(1989b)においては，学説史的な位置づけを精緻化する記述が，論文の冒頭においてなされており，社会的統制理論を確立したハーシよりも先行する統制理論の系譜の研究である，Reiss(1951)，Reckless et al.(1956)，Toby(1957)，Nye(1958)が引用されている。

　以上で見てきた，統制理論について刊行された1980年代の実証研究においては，いずれも大橋の研究に対する参照はなされていない。1960年代当時の大橋の学説史的な関心は，解体論やアノミー論に対するものに限定されており，統制理論の源流や系譜に大橋の関心が向けられることはなかった。これに対して，星野による一連の統制理論研究(星野，1966a, 1985, 1989b)においては，統制理論の源流となる先行研究を参照しており，理論的探究が展開されていた。

(2) 地域統制研究の新たな展開

　地域の問題に焦点を当てた統制理論としての要素を持つ論文として，1960

年代の視点は，非行防止地区計画に依拠する傾向が濃厚であった。一方，1970年代には星野による一連の研究が存在しており，地域住民の安全意識や安全水準を詳細に調べつつ，地域住民の安全を警察が守るための外勤活動などに焦点が当てられ，犯罪不安という主観的安全に対する視点を持つ研究が厚みを増していた。

　これに対して，1980年代においては，地域の問題に焦点を当てた統制理論としての要素を持つ論文は，より多様な視点から産出されるに至っている。1970年代において警察の外勤活動等への視点が見られたのに加えて，1980年代には警察による住民援助の方策を探るという視点からの研究が見られるようになった。西村・鈴木(1985)は，地域社会における警察の援助的役割について，警察，住民の相互の意識から分析している。自宅が荒らされるなどの外的脅威，息子がシンナーを吸うなどの家庭内葛藤，留守の他人宅にいる不審者など，さまざまな場面別に，警察への通報等による援助要請を行うかどうかなどが分析されており，事態別に社会資源を選択的に利用するよりは，特定の社会資源を好んで用いる固定化傾向があることが示されている。さらに，鈴木・西村(1986)は，援助要請の実態について調査している。住民のうち，過去2，3年の間に，警察に対して，軽微な連絡や問い合わせを含む援助依頼を行った者は3割以上であり，その内容としては迷惑被害や犯罪被害が多かった。援助依頼に対する警察の対応は，その事実的側面と住民の評価から見て，概ね適切であったことが示されている。西村・鈴木(1986a)では，警察の対応に対する住民の評価についてより踏み込んだ視点の研究である。すなわち，警察に相談や援助依頼，緊急要請を行う際の処理の的確性について住民と警察との評価がずれる場合があることや，住民の権利意識が強まる中で満足のいく解決への期待が高く，解決の速やかさも求められることが評価のずれの原因となっていることなどが指摘されている。

　一方，1960年代にすでに存在していた，青少年の健全育成の視点の継承が見られることも指摘しておきたい。田村・高橋(1985)では，青少年の健全育成のための地域活動の実態として，市町村が後援する活動を調査しており，その

内訳は子どものための活動が約7割，親主体の活動が3割であった。1960年代にも研究の視点にあった，スポーツが活動内容として多かった一方で，中学生や高校生年代の参加者の少なさも明らかにされている。原田・内山・田村(1986)では，参加者による評価という視点が見られており，保護者も子どもも，レクリエーション，体育祭などのスポーツ活動，登山，キャンプなどが地域で行われていることを知っていること，参加率も高いことが示されている。

(3) 暴力団の地域特性研究

さらに，1980年代には，暴力団と地域特性についての研究が発表されており，星野・麦島・原田(1984)では，暴力団員率の高い都市は，北海道，首都圏，中京圏，京阪神，北九州に多いこと，暴力団犯罪発生率の高い都市は中京圏，京阪神，四国に多いことが明らかにされている。暴力団活動の盛んな都市の特徴として，流入人口の多さ，産業の活性度が指摘されているほか，住民の連帯感が希薄であることに言及されている。住民の連帯感の希薄さという，社会解体論的要素により暴力団という犯罪集団が説明されており，社会解体論的統制理論の視点が，ここにおいても継承されているのである。

以上で見てきたように，1980年代には，1970年代において見られた警察の外勤活動等への視点からさらに踏み込み，警察による住民援助の方策が探られるようになった。また，1960年代にすでに存在していた，青少年の健全育成の視点が継承されるとともに，参加者による評価という視点なども加わった。さらに，1980年代には，暴力団が社会問題化しており，地域の有害集団としての暴力団について盛んに研究されたのである。

緊張理論と学習理論に関しては，先述のとおり，学習理論における悪友接触を考慮に入れた上で，統制理論と緊張理論を比較しながら検証した西村(1980)が刊行されたほか，鈴木・西村・高橋(1982)は，学習理論における悪友接触も考慮しつつ，統制理論の中でも学校や友人との絆を中心に分析している。小林・西村・高橋・戸崎・鈴木(1988)は，非行親和性の大きい者との交遊と再非行との関連を分析しており，学校生活・友人関係の状況と再非行に焦点を当て

た貴重な研究である。以上から，1980年代の科警研報告論文においては，社会的統制理論の詳細な実証研究が進展するとともに，社会的統制理論との対比において，緊張理論，学習理論の系譜の継承が続いたと結論づけることができる。

　以上であるが，上記のことを読者が確認しやすいように配慮して，1980年代に『科学警察研究所報告　防犯少年編』に掲載された研究論文の中から，ここでの考察と関わりの深い18本を提示しておく。

　　(1980)「男子中学生における非行に対する抑制力―統制理論にもとづく分析―」／(1982)「高校生における非行化の条件　2．高校生と家庭及び学校との結びつきの低下について」／(1982)「高校生における非行化の条件　1．内的制御の低下について」／(1984)「非行を制御する力と動機づける力の比較分析―制御理論の検討」／(1984)「自己報告法による非行体験の年齢的変化」／(1984)「都市特性と暴力団の活動性との関連についての研究」／(1985)「家族の機能と非行との関係」／(1985)「全国調査による最近の中学生・高校生非行少年の実態　3．学校生活，友人関係について」／(1985)「青少年の健全育成のための地域活動の実態　1．市町村が後援する活動」／(1985)「地域社会における警察の援助的役割と住民の意識　1．急場，困惑の事態における住民の援助依頼」／(1986)「地域社会における警察の援助的役割と住民の意識　2．住民の警察への援助依頼の現状と警察の対応に対する住民の評価」／(1986)「地域社会における警察の援助的役割と住民の意識　3．警察からみた，住民の援助依頼の現状とその処理上の問題点」／(1986)「地域社会における警察の援助的役割と住民の意識　4．住民のもつ法意識とそれに対する警察官の推察」／(1986)「非行歴の回数別にみた非行少年の学校生活，友人関係」／(1986)「青少年の健全育成のための地域活動の実態　3．活動に対する参加者の評価」／(1988)「再非行少年の研究　2．警察補導時の学校生活，友人関係と再非行との関連」／(1989)「有職・無職少年の非行と社会諸集団への不適応との関係」／(1989)「非行防止のための地域活動への参加と非行抑制因子の体得との関係」

5. おわりに

　本章のこれまでの議論を踏まえると，星野・増田(1975)が述べた，1956年

から 1965 年までの犯罪者観・犯罪統制観(犯罪現象は社会環境の所産であり，社会は犯罪者を罰するよりも適応できるようにするほうが重要だという見方)は，科警研報告論文においては，1970 年代以降も継承されたというべきであろう。

　また，一貫して維持・継承されているのが統制理論のわが国における検証研究である。1960 年代では社会解体論的統制理論に基づいての実証研究であり，地理的条件や家屋の状況等を踏まえての住民の意識調査研究が主体であったが，70 年代では，地域統制のみならず家庭や学校での統制，公共の場での統制も研究対象となり，80 年代になると，地域安全とそこでの警察活動のあり方というテーマにまで研究の視点が移行した。このように，本章で対象とした戦後昭和期の 30 年間を通して，統制理論や地域社会における社会統制が科警研報告における主要研究テーマであったことは確かである。

　このことのひとつの理由としては，科学警察研究所が警察の研究機関であり，国民の安全と社会の平穏のため，言い換えれば，犯罪・非行という社会病理の改善を志向した上で，犯罪・非行現象の科学的解明を担う研究機関である，という背景が挙げられる。また，犯罪・非行問題を個人の問題とせず，社会を問題とする一貫した研究姿勢は，個々の研究課題に求められた社会科学的・政策的要請に関係しているものと思える。しかし，それだけで説明がつくものでもない。欧米諸国(特にアメリカ)での犯罪研究に最も敏感に反応し，最新知識を研究に反映した研究の発表媒体が，犯罪社会学会設立前，設立後のいずれの時期においても，科警研報告だったという見方ができる。こうした研究姿勢を保ち続けたことにより，社会問題アプローチなど，その都度の時代の流行に揺らぐことなく，国民の安全と社会の平穏を求めての実証主義研究に根差す研究が継承されたといえるだろう。

　科学的根拠に基づく(evidence-based)研究姿勢が，社会科学を追求した実証研究を高度化させていき，統制理論の伝統を守り，ボンド(絆)理論につながったという推移がうかがえる。矢島(2017)が大橋の社会解体論の解釈については非常に詳しいが，社会解体論の家族・学校・地域における再組織化・再秩序化と

いう視点は，森田(1995)をもとに先述したとおり，解体論的統制理論と解釈できる。大橋の1960年代の実証研究における社会解体論に基づく犯罪・非行の分析視点は，日本で1970年代に展開したハーシの絆論的統制理論の追試研究においては，言及されることは必ずしもなかった。しかしながら，犯罪・非行という社会病理の改善を志向する実証主義的な科警研報告という発表媒体の研究姿勢を通じて，大橋の1960年代の実証研究が示した諸知見を，1970年代にいたるまで，研究の視点の連続としてつむぎ合わせることができるのである。

たしかに，1960年代の社会解体論的犯罪統制論が，1970年代以降のハーシの絆論的犯罪統制論の日本での検証研究に継承された，という言い方をしてしまうと，飛躍が過ぎるであろう。しかし，社会解体論的犯罪統制論と，ハーシの絆論的犯罪統制論における変数には共通する部分も多いという点が重要である。このため，絆論的犯罪統制論のわが国での隆盛期以降においても，犯罪者観・犯罪統制観（犯罪現象は社会環境の所産であり，社会は犯罪者を罰するよりも適応できるようにするほうが重要だという見方）においては多くの共通性が維持されたことに，納得もいく。

いずれにせよ，1970年代以降には，海外の犯罪学理論，とりわけ社会的統制理論に基づく実証分析の進展により，より精緻な理解が深まったといえる。1970年代においては，犯罪社会学会の成立に象徴されるように，犯罪・非行の社会学的実証研究が多く産出され，わが国での実証研究の地盤固めが進んだ。本章において概観した科警研報告における実証研究の展開もその成果のひとつであり，今日にいたっているのである。

【文献】

岩井弘融（1964）『犯罪社会学』弘文堂

上田光明（2014）「犯罪・非行をしないのはなぜか？──コントロール理論」，岡邊健編『犯罪・非行の社会学』有斐閣：149-168.

太田英昭（1963）「中学生における交友意識調査──交友選択要因及び仲間効果と交友問題性との関連について」『科学警察研究所報告　防犯少年編』4（2）：

91-100.

大橋薫（1962）『都市の下層社会』誠信書房

――――（1963）「不良環境地区における問題行動児の社会的背景」『科学警察研究所報告　防犯少年編』4（2）：110-118.

――――（1964a）「中学時代に非行歴をもつ少年の予後とその環境条件の研究」『科学警察研究所報告　防犯少年編』5（2）：140-151.

――――（1964b）「少年非行のメカニズム――社会病理学的研究」『教育社会学研究』19：74-87.

――――（1965a）「社会病理学的研究の立場――社会問題の基礎理論」『季刊社会保障研究』1（3）：11-20.

――――（1965b）『改訂増補　都市の社会病理』誠信書房

――――（1966）「地域特性と少年非行」『科学警察研究所報告　防犯少年編』7（1）：62-71.

――――（1967）「不良環境地区における問題行動児の予後の研究」『科学警察研究所報告　防犯少年編』8（1）：47-57.

――――（1976）『社会病理学研究』誠信書房

大橋薫・大藪寿一編（1966）『社会病理学』誠信書房

小野島嗣男・松田久栄・長田日苗・太田英昭・麦島文夫（1960）「東京都における犯罪被害発生と環境要因Ⅰ」『科学警察研究所報告　防犯少年編』1（1）：108-114.

桑畑勇吉（1971）「家族病理学の課題」『ソシオロジ』17, 1：232-245.

小林寿一（1986）「非行歴の回数別にみた非行少年の学校生活，友人関係」『科学警察研究所報告　防犯少年編』27（1）：75-84.

小林寿一・西村春夫・高橋良彰・小宮山要・鈴木真悟（1985）「全国調査による最近の中学生・高校生非行少年の実態　3.　学校生活，友人関係について」『科学警察研究所報告　防犯少年編』26（2）：204-210.

小林寿一・西村春夫・高橋良彰・戸崎義文・鈴木真悟（1988）「再非行少年の研究　2.　警察補導時の学校生活，友人関係と再非行との関連」『科学警察研究所報告　防犯少年編』29（1）：15-26.

小宮山要（1974）「中高校生の生活意識に関する研究――自己肯定者と自己否定者の比較」『科学警察研究所報告　防犯少年編』15（1）：36-50.

真田是（1966）「書評　大橋　薫編：『社会病理学』」『季刊社会保障研究』2（4）：89-92.

柴野昌山（1969）「社会病理学における体系化の問題」『ソシオロジ』15, 2：135-165.

清水新二（1998）「家族問題・家族病理研究の回顧と展望」『家族社会学研究』10（10-1）：31-83.

鈴木真悟（1984）「自己報告法による非行体験の年齢的変化」『科学警察研究所報告　防犯少年編』25（2）：149-159.

鈴木真悟・西村春夫・高橋良彰（1982）「高校生における非行化の条件　2．高校生と家庭,学校との結びつきの低下について」『科学警察研究所報告　防犯少年編』23（2）：147-165.

鈴木真悟・西村春夫（1986）「地域社会における警察の援助的役割と住民の意識　2．住民の警察への援助依頼の現状と警察の対応に対する住民の評価」『科学警察研究所報告　防犯少年編』27（1）：54-63.

青少年指導研究会（代表：牧野巽）（1964）「在学非行青少年の指導に関する教育社会学的研究」『教育社会学研究』19：5-55.

高原正興（2008）「社会病理学への想い」『ソシオロジ』53,1：109-114.

高橋良彰・西村春夫・鈴木真悟（1979）「生徒の非行化の度合に対する教師の評定　1．中高別,地位別,年令別による分析」『科学警察研究所報告　防犯少年編』20（1）：12-19.

田中智仁（2017）「忘却された『社会病理学』——大正期・昭和前期のパースペクティブ」『現代の社会病理』32：51-66.

田村雅幸・高橋敏夫（1985）「青少年の健全育成のための地域活動の実態　1．市町村が後援する活動」『科学警察研究所報告　防犯少年編』26（1）：70-82.

那須宗一・橋本重三郎編（1968）『犯罪社会学』川島書店

中里至正・松本良夫（1967a）「非行防止地区活動の効果に関する研究（第2報）」『科学警察研究所報告　防犯少年編』8（1）：23-29.

─────（1967b）「非行防止地区活動の効果に関する研究（第3報）」『科学警察研究所報告　防犯少年編』8（2）：114-120.

西村春夫（1979）「非行抑制力としての社会や人間関係の絆——非行理論としての統制理論の経験科学的研究」『科学警察研究所報告　防犯少年編』20（2）：126-141.

─────（1980）「男子中学生における非行に対する抑制力——統制理論にもとづく分析」『科学警察研究所報告　防犯少年編』21（1）：65-73.

西村春夫・鈴木真悟（1985）「地域社会における警察の援助的役割と住民の意識　1．急場,困惑の事態における住民の援助依頼」『科学警察研究所報告　防犯少年編』26（2）：107-122.

─────（1986a）「地域社会における警察の援助的役割と住民の意識　3．警察からみた,住民の援助依頼の現状とその処理上の問題点」『科学警察研究所報告

防犯少年編』27（1）：64-74.
―――（1986b）「地域社会における警察の援助的役割と住民の意識　4.　住民のもつ法意識とそれに対する警察官の推察」『科学警察研究所報告　防犯少年編』27（2）：127-140.
西村春夫・鈴木真悟・高橋良彰（1982）「高校生における非行化の条件　1.　内的制御の低下について」『科学警察研究所報告　防犯少年編』23（2）：123-146.
―――（1984）「非行を制御する力と動機づける力の比較分析――制御理論の検討」『科学警察研究所報告　防犯少年編』25（2）：107-118.
西村春夫・高橋良彰・鈴木真悟（1979）「中学, 高校教師の非行観および生活指導に対する意見　1.　学校種別の差異」『科学警察研究所報告　防犯少年編』20（1）：20-28.
原田豊（1992）「グリュック夫妻の非行研究の今日的意義―ラウブとサンプソンによる再分析を手がかりに」『刑政』103（7）：28-41.
―――（2004）「官庁データを用いた研究」宝月誠・森田洋司編『逸脱研究入門――逸脱研究の理論と技法（社会学研究シリーズ15）』文化書房博文社：66-114.
原田豊・内山絢子・田村雅幸（1986）「青少年の健全育成のための地域活動の実態　3.　活動に対する参加者の評価」『科学警察研究所報告　防犯少年編』27（1）：97-108.
星野周弘（1965）「住民意識と非行防止地区活動の課題」『科学警察研究所報告　防犯少年編』6（2）：107-123.
―――（1966a）「少年非行と家族」『教育社会学研究』21：57-70.
―――（1966b）「非行防止のためのグループ活動に対する住民意識（第1報）――地区特性と住民意識」『科学警察研究所報告　防犯少年編』7（2）：97-102.
―――（1967）「中流階層の非行少年に関する研究」『科学警察研究所報告　防犯少年編』8（1）：11-22.
―――（1975a）「非行原因の研究方法試論」『教育社会学研究』30：61-72.
―――（1975b）「公共の安全性に対する犯罪の影響の測定とその対策（Ⅰ）――不安感による地域社会の安全水準の測定と安全性の要因の分析」『科学警察研究所報告　防犯少年編』16（1）：45-60.
―――（1975c）「公共の安全性に対する犯罪の影響の測定とその対策（Ⅱ）――犯罪・事故発生率と不安尺度による地域社会の安全水準の測定と安全性の要因の分析」『科学警察研究所報告　防犯少年編』16（2）：77-93.
―――（1975d）「公共の安全性に対する犯罪の影響の測定とその対策

――――(Ⅲ)――「警察力・警察活動の現実の水準とそれに対する人々の認知水準との関係」『科学警察研究所報告 防犯少年編』16（2）：94-104.

――――（1976）「公共の安全性に寄与する警察活動の研究 1 安全性の要因の検討」『科学警察研究所報告 防犯少年編』17（2）：145-162.

――――（1985）「家族の機能と非行との関係」『科学警察研究所報告 防犯少年編』26（2）：176-185.

――――（1989a）「有職・無職少年の非行と社会諸集団への不適応との関係」『科学警察研究所報告 防犯少年編』30（1）：69-79.

――――（1989b）「非行防止のための地域活動への参加と非行抑制因子の体得との関係」『科学警察研究所報告 防犯少年編』30（2）：131-150.

星野周弘・増田周二（1975）「犯罪現象の社会史的研究――社会関係としての犯罪定義の試み」『犯罪と非行』24：111-132.

星野周弘・麦島文夫・原田豊（1984）「都市特性と暴力団の活動性との関連についての研究」『科学警察研究所報告 防犯少年編』25（1）：1-20.

松本巌（1961a）「非行危険性判定法による再非行の追求的研究」『科学警察研究所報告 防犯少年編』2（1）：43-49.

――――（1961b）「非行危険性判定法に関する各地の調査研究の状況（2）」『科学警察研究所報告 防犯少年編』2（1）：99-105.

――――（1964）「非行危険性判定法に関する各地の調査研究の状況（4）」『科学警察研究所報告 防犯少年編』5（2）：187-193.

松本巌・西村春夫（1966）「非行防止のためのグループ活動に対する住民意識（第2報）――成人と少年の意識差を中心として」『科学警察研究所報告 防犯少年編』7（2）：103-112.

――――（1973）「男子初犯少年に関する再犯予測尺度の作成」『科学警察研究所報告 防犯少年編』14（1）：72-81.

水島恵一・宮崎清・屋久孝夫（1971）「非行性診断スケール（DSDP）の作製と検討」『科学警察研究所報告 防犯少年編』12（1）：70-76.

三宅守一・土井敏彦・松本巌（1963）「非行危険性判定法による再非行の予測について」『科学警察研究所報告 防犯少年編』4（1）：1-8.

麦島文夫（1976）「非行化過程の追跡研究 2．教育からの疎外と非行化」『科学警察研究所報告 防犯少年編』17（2）：163-179.

――――（1977）「非行化過程の追跡研究 3．非行化の判別分析」『科学警察研究所報告 防犯少年編』18（1）：89-94.

麦島文夫・松本良夫（1967）「1942年生れ少年における非行発生の追跡的研究（第2報）――非行発生と少年の出身階層および教育歴との関連」『科学警察研

究所報告　防犯少年編』8（2）：67-73.
――――（1973）「出身階層．教育上の進路と非行発生――2つのコーホートの分析」『科学警察研究所報告　防犯少年編』14（1）：55-63.
麦島文夫・田村雅幸（1977）「非行少年に対する処遇決定要因の分析　1．我が国の実態に基づく，ラベリング理論への批判的検討」『科学警察研究所報告　防犯少年編』18（2）：95-124.
――――（1978）「非行少年に対する処遇決定要因の分析　3．処分と再非行との関係」『科学警察研究所報告　防犯少年編』19（2）：122-133.
森田洋司（1995）「解説　ハーシの社会的絆の理論――あとがきにかえて」Hirschi,T.（1969）*Causes of delinquency*, University of California Press.（森田洋司・清水新二監訳, 1995,『非行の原因――家庭・学校・社会へのつながりを求めて』文化書房博文社：367-408）
矢島正見（2017）「日本における生活機能障害アプローチ社会病理学の系譜・その2」『社会学・社会情報学（中央大学文学部紀要）』27：139-162.
横山實（2017）「社会学からの社会病理学研究の課題」『現代の社会病理』32：1-11.
吉川洋子（1965）「中学生の生活実態からみた地区特性」『科学警察研究所報告　防犯少年編』6（2）：87-96.
渡辺亮（1962）「非行防止地区計画に関する研究Ⅱ　2）地区特性と住民の意識・態度」『科学警察研究所報告　防犯少年編』3（2）：80-88.

Aultman, M. G.（1979）"Delinquency causation：A typological comparison of path models," *J. Crim. L. & Criminology*, 70：152-163.
Cohen, A.（1955）*Delinquent boys*, New York：84.
Glueck, S. & Glueck, E.（1950）*Unraveling juvenile delinquency*, New York：Commonwealth Fund.
Karachi, L. & Toby, J.（1962）"The uncommitted adolescent：Candidate for gang," socialization, *Sociological Inquiry*, 32（2）：203-215.
Laub, J. H. & Sampson, R. J.（1988）"Unraveling Families and Delinquency：A Reanalysis of the Gluecks' data," *Criminology*, 26（3）：355-380.
――――（1991）"The Sutherland-Glueck debate：On the sociology of criminological knowledge," *American Journal of Sociology*, 96（6）：1402-1440.
Nye, F. I.（1958）*Family relationships and delinquent behavior*, Oxford, England：John Wiley.
Reckless, W. C., Dinitz, S. & Murray, E.（1956）"Self concept as an insulator against

delinquency," *American Sociological Review*, 21 (6): 744-746.

Reiss, A. J. (1951) "Delinquency as the failure of personal and social controls," *American Sociological Review*, 16 (2): 196-207.

Short Jr, J. F. (1979) "On the etiology of delinquent behavior," *Journal of research in crime and delinquency*, 16 (1): 28-33.

Sutherland, E. H. & Cressey, D. R. (1960) *Principles of Criminology*, Sixth Edition, J.B.Lippincott Company（平野龍一・所一彦訳, 1964,『犯罪の原因——刑事学原論Ｉ』有信堂）

Toby, J. (1957) "Social disorganization and stake in conformity: Complementary factors in the predatory behavior of hoodlums," *J. Crim. L. Criminology & Police Sci.*, 48: 12.

Wiatrowski, M. D., Griswold, D. B. & Roberts, M. K. (1981) "Social control theory and delinquency," *American sociological review*, : 525-541.

第3部　社会病理学を再構成する

第6章
デュルケム社会学を使い継ぐ
――機能主義の知識社会学の可能性と課題

赤羽 由起夫

1. はじめに

　本章の目的は，今後の社会病理学の実証研究におけるデュルケム社会学の有用性を提示することである。そのために本章では，筆者が行った機能主義の知識社会学を用いた少年犯罪報道の心理主義化の研究を紹介し，その可能性と課題を提示する。

　これまで筆者は，1990年代から2000年代までの「第4の波」[1]と呼ばれる少年犯罪の報道を対象として研究を続けてきた。この第4の波の少年犯罪報道において特徴的だったのは，犯罪少年の心が大きな注目を集めたことである。それはたとえば，「『普通の子』が突然『キレる』という現象は，いま学校や家庭で深刻な問題になっている。……その心を理解する責務は，大人の側にある」（「子どもの心の奥底には（社説）」『朝日新聞』1998年1月30日朝刊，5面）というように，心の問題として語られた。そして，その心の状態を理解するために，「長崎男児殺害　12歳は広汎性発達障害」（『読売新聞』2003年9月19日朝刊，39面，見出し）というように，「広汎性発達障害」などの精神疾患が注目されるようになった。さらに，このようにさまざまな原因論が語られたにもかかわらず理解できない心の部分については，「憎悪潜む"心の闇"」（『読売新聞』1997年6月29日朝刊，3面，見出し）と表現されることになった。いずれの語られ方も，犯罪少年の心に着目したものである。このように，心に対する社会的関心

が増大する現象は，心理主義化と呼ばれている(森，2000)。これに従えば，第4の波の少年犯罪報道は，心理主義化の最たる事例のひとつとみなせるだろう。これまでの筆者の研究の問いは，なぜ第4の波の少年犯罪が心理主義的に語られたのか，ということであった。

　この問いを解くために筆者が用いたのが，犯罪に社会を統合する機能があるというデュルケム(Durkheim, É.)の議論である(Durkheim, [1893] 1960 = 1971, [1895] 1960 = 1978)。この視点からみると，ある犯罪が社会問題化した理由は，その犯罪が社会の統合に寄与したからであると考えられるのである。筆者は，この視点を敷衍して機能主義の知識社会学として定式化した。すなわち，ある犯罪が社会問題化して犯罪報道が増加する理由は，それが社会の統合のために必要な知識だからなのである。この視点を用いると，少年犯罪報道の心理主義化も，犯罪少年の心についての知識が社会の統合に寄与したために生じた現象であると理解できるのである。

　ところで，本章で与えられた筆者の議論の役割は，社会病理学の今後の展開に焦点をあて，社会病理学を再構成することである。先述のとおり，筆者の研究は，デュルケム社会学の知見を用いて現代社会を分析したものであり，本章ではその経験をいかして，現代の社会病理学の展開にとって，デュルケム社会学という古典的な議論がどのように役立つのかを論じたい。本章の題名に「使い継ぐ」と入れた理由もここにあり，デュルケム社会学を教科書のなかの知識としてだけではなく，実証研究で使うことによって継承していきたいという思いが込められている。そのために本章では，つぎの3つの議論を経ることにより本章の目的を達成していく。

　第1に，戦後の社会病理学とその周辺におけるデュルケム社会学の受容の歴史を概観する(第2節)。これを通じて，これまでデュルケム社会学がどのように使われてきたのかを明らかにする。第2に，筆者による少年犯罪報道の心理主義化の研究の成果を紹介して，デュルケム社会学に基づいた機能主義的な知識社会学の分析手法を提示する(第3節，第4節)。これを通じて，具体的にデュルケム社会学がどのように使えるのかを明らかにする。第3に，以上の筆者の

研究を通じて明らかになった可能性と課題を示す(第5節)。これを通じて,今後の社会病理学におけるデュルケム社会学の有用性を提示する。

2. 戦後の社会病理学におけるデュルケム受容

　本節では,戦後の社会病理学とその周辺分野におけるデュルケム社会学の受容の歴史を追うことで,これまでの社会病理学におけるデュルケム社会学の使い方を明らかにする。ここでは,社会病理学とも関連が深い3つのデュルケム社会学の議論の展開について論じる。それは第1にアノミー論,第2に現代社会論,第3に機能主義である。

　まず,アノミー論についてである。欲望の無規制状態を意味するアノミー(Durkheim,［1897］1960=1985:292-344)は,1950年代から70年代にかけて,デュルケム社会学の理論的な検討課題として多く取り上げられた(寿里,1955;宮島,1968;中,1965;大村,1969,1972,1977;佐々木,1970;宇津・倉沢・折原,1960;米川,1978)。これだけアノミー論が着目された背景としては,当時はまだ影響力をもっていた社会解体論や,『社会理論と社会構造』(Merton,［1949］1957=1961)の邦訳の出版により知られるようになったマートン(Merton, R. K.)のアノミー論との関連で,理論的な比較検討が行われたことが大きいだろう。

　しかし,社会病理学の実証研究に目を向けてみれば,デュルケムのアノミー論が有効に使われたとはいいがたい。むしろ,ここで目立つのはマートンのアノミー論であり,それは文化的目標を達成するための制度的手段の不足を意味するものである(Merton,［1949］1957=1961:121-48)。とりわけ,日本におけるマートンのアノミー論の実証研究の旗手としての米川茂信の存在は大きい。たとえば,日本社会の文化的目標やアノミー状況への個人の適応様式などを量的に実証した米川(1987)や,学歴という文化的目標に対する中高生の学歴アノミーの状況やそれと非行との関連を量的に実証した米川(1995)といった研究は有名である。

　以上のように,デュルケムのアノミー論は,1950年代から70年代にかけて

の盛んな理論研究の後，実証研究ではほぼ使われないまま現在にいたっている。

つぎに，現代社会論についてである。デュルケム社会学は，現代社会の人びとの社会意識，とりわけ個人主義的な心性を記述する際に使われている。いずれの議論も，高度経済成長を経てある程度の豊かさを享受するようになった1970年代以降の日本に焦点を置いたものである。

ところで，デュルケム社会学を現代社会論として用いるための理論的な基礎のひとつとなったのが，『自殺論』(Durkheim,［1897］1960＝1985)を道徳論として読むという作業である。このような試みは，ポッジ(Poggi, G., 1972＝1986：179-97)や宮島喬(1977：193-245)が代表的である。これらの議論によると，デュルケムは，欲望への規制を弱めるという共通点からアノミーの背景に進歩主義の道徳を見出し，個人の社会への統合を弱めるという共通点から，過度に個人的自我が強調されるエゴイスム(自己本位主義)の背景に個人主義の道徳を見出している。そして，これらこそ近代社会の人びとを駆動する基本的な道徳となっているのである(Durkheim,［1897］1960＝1985：171-259)。この議論に基づいて，現代社会論では，これらの道徳の現れ方から現代社会の人びとの心性を読むことが試みられている。

たとえば，大村英昭は，豊かさを実現した日本社会において，マートンのアノミー論のように目標達成のための手段の不足を問題視した「不満のアノミー」よりも，目標喪失による不安や"あせり"のほうが大きな問題であると指摘し，それを「不安のアノミー」と名づけて，その背景にある自由の観念やエゴイスムの問題を論じた(大村,［1980］1989：32-47, 2002：35-51)。また，同じように中島道男は，1975年を起点として，高度経済成長期において無際限の欲求に苦しむ「アノミーの時代」から，物の豊かさが実現した後，個人の孤立による意味の空洞化に悩む「エゴイスムの時代」へと変化したと論じている(中島, 1997：195-217)。他にも，土井隆義は，1990年代以降の若者の個性の追求について，それが脱社会的でエゴイスティックな志向をもっており，しかもその欲望が無際限になってアノミー化するという「エゴイスムに彩られたアノ

ミー」の存在を指摘している(土井, 2003：101-29)。これらの議論は，いずれも実証研究ではないものの，デュルケムの道徳論のすぐれた応用例であるといえる。

　実証研究としては，2000年代に入ってから，近代社会において個人の人格の価値が増大することを論じた人格崇拝論(Durkheim,［1893］1960＝1971：167)を取り入れつつ，現代社会における心理主義化を分析した研究が現れている。たとえば，森真一(2000)の自助マニュアルの分析や，山田陽子(2007)の学校における心理学的技法の学習の分析が代表的なものである。これらの研究は，ゴフマン(Goffman, E.)の議論に代表される相互行為論を経由して，デュルケムの個人主義論を現代社会の分析に用いた例として注目される。すなわち，神のような神聖さをもつにいたった人格に対面する際の配慮としての「相互行為儀礼」(Goffman, 1967＝2002)を遂行するために，現代社会では心理学的な知識が必要とされるようになっているのである(森, 2000；山田, 2007)。

　以上のように，現代社会論において，デュルケム社会学の知見は，『自殺論』の道徳論としての読解や，ゴフマンの相互行為論を経由しながら，心理主義化の実証研究に引き継がれている。

　最後に，機能主義である。犯罪に機能があるという視点は，最近の犯罪社会学の教科書でも必ず紹介されているように(岡邊編, 2014：11-2；矢島・丸・山本編,［2004］2009：20)，有名な主張のひとつである。しかし逆に，実際の研究において用いられることがほとんどないため，教科書でしかみない主張であるともいえる。機能主義に関する理論的な検証としては，大村と宝月誠(1979：291-310)や徳岡秀雄(1997：24-43)が代表的なものである。また，実証研究としては，松永寛明(2001, 2008)がある。とりわけ，松永(2001)では，機能主義の立場を明示して1969年の連続射殺事件における新聞と週刊誌の記事を検証している。これによると，事件の記事の全体量やトピックは，さまざまなメディアのあいだで多様性がある一方，集団就職をめぐる被疑者の性格・経歴の報道は，さまざまなメディアのあいだでも同一性が認められるという。そこから，青少年の都市への移動という人口学的な要因と，集権化された刑罰機関による

犯罪・刑罰情報の独占によってメディア報道の同一性が確保されており，それが国民国家規模での社会統合に寄与したと考察している。

以上のように，デュルケムの機能主義は，教科書において必ず紹介される有名な主張ではあるものの，実証研究への応用は数少ない。

以上が簡単ではあるものの，戦後の社会病理学におけるデュルケム受容の概略である。ここで最後に，これらの系譜と筆者の研究との関係を説明してから次節に進みたい。筆者の研究は，現代社会論の系譜から人びとの道徳や心性を読み解く視点を引き継ぎつつ，機能主義の犯罪論を中心的な視点として分析を行った研究として位置づけられる。

3. 機能主義の知識社会学

本節と次節では，筆者がこれまで行ってきた少年犯罪報道の心理主義化の研究の成果を紹介して，デュルケム社会学に基づいた機能主義的な知識社会学の分析手法を提示する。これを通じて，具体的にデュルケム社会学がどのように使えるのかを明らかにする。まず，本節では，本論文の依拠する機能主義の知識社会学について理論的に説明する。

犯罪に関するデュルケムの議論のうち，最も機能主義に受け継がれている発想は，犯罪が「誠実な諸意識を近づけさせ，集中させる」(Durkheim, [1893] 1960＝1971：100) という犯罪の機能についてのものである。この発想を受け継いで，エリクソン (Erikson, K. T.) は，逸脱の社会問題化を，道徳的境界の更新という機能の視点から理論的にまとめている (Erikson, 1966＝2014)。エリクソンによれば，逸脱の社会問題化には，社会の道徳的境界，すなわち道徳への同調と逸脱，同調者と逸脱者を区別する道徳的基準として引かれる境界を更新する機能があるという。つまり，社会が道徳的境界を明示するためには，道徳的境界を挟んで対峙する統制執行者と逸脱者の相互作用を衆目にさらすことが最も効果的であり (Erikson, 1966＝2014：18-29)，道徳的境界が更新される際には，新しい逸脱者が登場して既存の統制執行者と対決することで，新たに道徳的境

界が明確化され，書き直されるのである(Erikson, 1966=2014：79-82；大村・宝月，1979：297-300)。現代では，このような統制者と逸脱者の対決はマス・メディア上で展開されるものであり，逸脱が急速に社会問題化するモラル・パニックが道徳的境界の更新の機能をもつという(Cohen,［1972］2002：161-7)。つまり，モラル・パニックの際にマス・メディアや人びとに共有された逸脱に関する知識が，社会の道徳的境界の更新に役立つのである。

　本章の視点は，上記の議論を発展させたものである。機能主義の知識社会学の基本的な発想は，社会を道徳的に統合されたものとみなし，人びとが共有している知識を，そのような社会の維持・存続に対する機能の視点から分析，考察するものである。本章では，言葉，道徳，社会の3つの水準を区別し，社会が道徳を，道徳が言葉を規定するという因果関係を想定している。

　正確に定義すると，つぎのとおりである。言葉とは，集合表象としての概念である。集合表象とは，集合的な思考様式であり(Durkheim,［1895］1960=1978：33)，概念はその一種である(Durkheim, 1912=1975下：350-4)。道徳とは，強制や禁止といった義務の観念と，望ましく良きものという善の観念の2つによって構成される観念である(Durkheim, 1924=1985：53-89)。社会とは，制度や構造など比較的安定的に存在する社会的要素である。ここでいう社会の範囲は全体社会であり，おおよそ国民国家と同一視される。

　あらためて確認すると，本章で紹介する実証研究の問いは，なぜ第4の波の少年犯罪が心理主義的に語られたのかを明らかにすることである。本章において，言葉，道徳，社会は具体的につぎのものを指す。言葉は，分析資料となる新聞報道における犯罪少年の心の語られ方である。道徳は，あるべき望ましい子どもの心についての人びとの観念である。これは，分析資料から道徳的境界によって区別された心に関する道徳と逸脱を析出することにより明らかになる。社会は，上記の道徳を必要とするような社会のことである。

4. 第4の波の少年犯罪における心理主義の機能

本節では，筆者の研究をもとに，第4の波の少年犯罪における心理主義の機能主義的な分析，考察の過程を提示する。ここでは，「広汎性発達障害」，「心の闇」という2つの特徴的な心の語られ方をあつかう。(1)と(2)では，これらの心の語られ方の分析から，心に関する道徳と逸脱を析出し，(3)では，その社会的背景を考察する。

(1)「広汎性発達障害」[3)4)]

「広汎性発達障害」は，「長崎男児殺害　12歳は広汎性発達障害」(『読売新聞』2003年9月19日朝刊，39面，見出し)というように，犯罪少年の抱える心の問題のひとつとして語られたものである[5)6)]。なお，「広汎性発達障害は自閉症を中心とする発達障害」であり，「生来的な脳の機能異常により，対人関係，コミュニケーション，想像力の三つの領域に障害を持」つもののことをいう(「長崎事件　アスペルガー症候群に理解を　中京大学助教授(臨床心理学)　辻井正次(私の視点)」『朝日新聞』2003年10月15日朝刊，14面)。ここでは，「広汎性発達障害」が，どのような道徳を反映した言葉なのかを分析する。ここで重要なのは，つぎの2点である。

第1に，「広汎性発達障害」が，対人関係やコミュニケーションの障害とされている点である。対人関係やコミュニケーションの問題は，第4の波の少年犯罪全体で見出されるものであり，「広汎性発達障害」は，それらの問題への人びとの道徳的関心が象徴的に反映されたものであると考えられる。たとえば，「『対人関係のつたなさ』や『仮想現実にふける性向』は，一部の少年だけの問題ではあるまい」(「少年の心の解明を待とう(社説)」『朝日新聞』2000年6月6日朝刊，2面)とか，「会話によるコミュニケーションでは，文脈理解等の不器用さが際だち，発話者の意図を理解して返答したり，自分の気持ちをうまく表現することができなかった」(「佐世保小6事件　最終審判決定(要旨)」『朝日新聞』2004年9月16日朝刊，37面)などといった犯罪少年の問題は，第4の波におい

て再三指摘されている。

　第2に,「広汎性発達障害」は,障害そのものではなく,障害による自尊心の低下と犯罪が関連づけられることが多い点である。第4の波では,自尊心のない少年が犯罪を起こすと語られるようになったが(牧野, 2006：138；山田, 2007：120-41),「広汎性発達障害」は,その代表例のひとつなのである。たとえば,「少年は障害に起因する対人関係の困難さから,幼少時から被害感情を募らせ,『刺す』という加害空想を持っていたが,少年なりに社会に適応しようとしてかえってストレスを受けるようになった」(「寝屋川教職員殺傷　少年に懲役12年　大阪地裁　障害『くむべき事情』」『読売新聞』2006年10月19日夕刊,1面)とか,「対人関係の発達障害があると,幼いころから空想癖が強い。最初は童話的でも,思春期にいじめなどに遭って劣等感が深まると,空想が殺人など残虐性を帯び,計画性も高くなる」(「17歳の落差　緊急報告(下)　人間関係つくれず,妄想から犯罪へ」『朝日新聞』2000年5月9日朝刊,30面)などといった指摘がある。[7]

　ここから考察できる心に関する道徳とは,相互行為の水準における「心の尊重」である。これは,心理主義化論のなかでもデュルケムの人格崇拝論を受け継いだ議論で指摘されている。これによると,後述する社会の個人化により,心の社会的価値が増大し,自己や他者の心を尊重する能力が個々人に要求されるようになったのである(森, 2000；山田, 2007)。「広汎性発達障害」は,このような能力の障害として社会の道徳的関心を集めたのである。

(2)「心の闇」[8]

　「心の闇」は,「憎悪潜む"心の闇"」(『読売新聞』1997年6月29年朝刊,3面,見出し)として少年犯罪報道で初登場して以来,多用されるようになった言葉である。ここでは,「心の闇」が,どのような道徳を反映した言葉なのかを分析する。ここで重要なのは,つぎの2点である。

　第1に,「心の闇」は,心の中にある理解不能で危険な状態として語られている。その理解不能性は,たとえば,「『(体重が)重い』『ぶりっ子』と中傷さ

れたことがなぜ、首を切るという行為に結びつくのか——。犯行と動機の落差。女児の"心の闇"に分け入る作業はこれからだ」(「佐世保・小6事件1週間 消えぬ『なぜ?』 犯行と動機 大きな落差」『読売新聞』2004年6月8日夕刊, 15面)というように語られた。また,「心の闇」は犯罪の原因となる危険なものとして推測されている。その内容として推測されるものは、たとえば、「人を殺せ 人を殺せ」(「僕を止めて17歳(上) メモ 深い心のやみつづる」『朝日新聞』2000年6月7日夕刊, 14面)といった殺意から、「心の闇に『行為障害』 鑑定で『性障害』も」(『読売新聞』1997年10月2日夕刊, 19面, 見出し)といった精神疾患、「思春期特有の心身の不安定さ、学習意欲の減退、たまるストレス」(「『感情制御できず犯行』 裁判官の問いに涙 重大さ、なお理解不十分」『読売新聞』1998年2月24日夕刊, 19面)などがあげられる。

　第2に,「心の闇」は、単に理解できないものではなく、理解すべきものとしても語られた。教育的文脈において大人が子どもの心を理解すべきであるという主張は、たとえば、「自分を十分表現できることばを、まだ持ち合わせていない年頃だ。その心を理解する責務は、大人の側にある」(「子どもの心の奥底には(社説)」『朝日新聞』1998年1月30日朝刊, 5面)というように多く語られた。「心の闇」は、そのような心の理解の責務を果たさなかったことを非難する文脈でしばしば語られている。それはたとえば、「『学力はトップクラスでおとなしい性格』『事件後もいつもと全く変わらぬ様子だった』。事件の予兆を感じとれなかったことに、教師らはより大きな衝撃を隠せなかった。少年が抱えていた『心の闇』に、学校や関係機関は気づかなかった」(「学校、兆候見抜けず 男児殺害で12歳補導 難しい『性癖』の扱い カウンセラー配置進むが」『毎日新聞』2003年7月10日朝刊, 3面)というものである。

　ここから考察できる心に関する道徳とは、自己変容の水準における「心の向上」である。これは、心理主義化論のなかでもセラピー文化や自己啓発の研究で指摘されている現代人の心の自己理解と自己改善の営み[9]と関連させることができる(小池, 2007；森, 2000；牧野, 2012)。ここで,「心の闇」のように、犯罪の原因となるような危険な状態でありつつも、理解できないがゆえにその改

善を拒む心の状態は,心の自己理解と自己改善という営みに最も反する逸脱的な心の状態として人びとに捉えられるのである。そして,教育的な文脈において,「心の闇」は,自己理解の能力が劣る子どもに対する大人による心の理解の問題として現れたのである。

(3) 個人化した社会[10]

以上の分析で示した心の尊重や心の向上といった心に関する道徳の社会的背景について,デュルケムの道徳論と個人化論の知見から考察する。

結論を先取りすれば,これらの道徳的な心は,デュルケムが近代社会の基底にある道徳として論じた個人主義と進歩主義の現代的な現れ方のひとつであるといえる。もちろん,デュルケムが論じた19世紀末フランスと現代の日本とは非常に異なるため,本項では,デュルケムの論じた産業社会と対比して,現代の日本社会を「個人化社会」(Bauman, 2001 = 2008)と呼び,その特徴を明確化する。

個人化とは,「社会の構成単位が個人により純化していく過程」(片桐・樫村,2011：373)のことであり,個人化社会とは,文字どおり個人化が進行した社会のことである。個人化論の知見をまとめれば,産業社会の個人と個人化社会の個人との違いは,中間集団に埋め込まれた個人と,中間集団から解き放たれた個人の違いとして区別できる。つまり,産業社会において個人は,特定の中間集団に埋め込まれて生きていた一方で,個人化社会において個人は,特定の中間集団から解き放たれ,複数の集団や個人とかかわり合いながら生きるのである(Beck, 1986 = 1998：135-309；伊藤, 2008：318)。これらの社会の違いと個人に作用する道徳の違いは,つぎのように整理できる。

産業社会の大きな特徴は,社会の進歩や発展といった「大きな物語」に基づき,生産を中心として社会が組織されている点である。そのなかで個人は,性別役割分業に基づいた職業や家族に所属し,社会的な目標や役割を内面化することで自己を形成したのである。産業社会において個人主義は,分業による多様な労働の差異によって維持され,進歩主義は,生産による社会の進歩という

「大きな物語」に結びついていた。そして，産業社会の個人は，これらの道徳を，社会の進歩を分業しながら担う個々の職業集団に埋め込まれることで内面化したのである。

　一方，個人化社会の大きな特徴は，個人が中間集団から解き放たれ，多様性・流動性の高い社会となることである。ここでいう中間集団とは，日本では高度経済成長期に拡大した日本型雇用，サラリーマン—主婦型家族，それらを前提とした学校教育であり，1990年代になってその解体が顕在化したものである（山田，2004）。このような社会のなかで個人は，空間的には多様な集団や個人と社会関係を結ぶとともに，時間的にはそれらの社会関係のあり方を流動的に変化させていくことになる。そのため，個人は，社会ではなく心に準拠した個人主義や進歩主義に基づいて行為することになる。個人化社会における個人主義は，多様な人びととの間での円滑な相互行為のために自己や他者の心に配慮する道徳として（山田，2007），個人化社会の進歩主義は，流動的な社会状況に合わせた心の成長という「小さな物語」[11]に結びついた道徳として個人に作用するのである（牧野，2012；森，2000）。そして，これらの道徳の具体的な現れ方のひとつが，現代的な個人主義としての心の尊重と，現代的な進歩主義としての心の向上なのである。

　以上のように，第4の波の少年犯罪が心理主義的に語られた社会的背景には，社会の個人化によって，心の尊重や心の向上が道徳として形成されたことがあると考えられるのである。

5. 社会病理学におけるデュルケム社会学の可能性と課題

　本節では，筆者の研究を通じて明らかになった今後の社会病理学におけるデュルケム社会学の可能性と課題について論じる。

(1) デュルケム社会学の可能性

　デュルケム社会学の大きな特徴のひとつは，社会の実在性を前面に押し出し

た研究であるという点である。すなわち,個人に対して外部的かつ拘束的で,個人的な表現物からは独立しているような社会一般にひろがる行為様式としての社会的事実(Durkheim,［1895］1960＝1978：69)を「物のように考察する」(Durkheim,［1895］1960＝1978：71)というデュルケム社会学の基本的な発想である。この点は,デュルケム社会学を使うための重要な前提となる。これを踏まえながら,社会病理学におけるデュルケム社会学の有用性を指摘するのであれば,つぎの2点があげられる。

　第1に,デュルケム社会学は,社会病理を通じて現代社会をみるという現代社会論の発想のひとつとして有用である。社会病理学は,社会病理の研究を通じて現代社会を診断する時代診断学としての側面をもっており(矢島,2011),社会病理学は,社会病理を対象としながらも,その解明を目的とする学問である必要はないのである。この点で,機能主義の発想は,犯罪から社会のありようをみる上でかなり積極的な発想であり,今でも十分な有用性をもっているといえる。また,機能主義を掲げなくとも,社会病理から人びとの道徳や心性を読むという試みは,現在でも有効だろう。

　第2に,デュルケム社会学は,言葉と社会の関係をつなぎ直す上で有用である。現在の社会病理学において,マス・メディアを対象とした研究は,社会問題の構築主義(Spector & Kitsuse, 1977＝1990)[12]の影響を多分に受けたものが主流となっている。そのため,方法論的には言葉の実在性ばかりが表に立っており,社会の実在性は後景に退いてしまった印象がある。しかし,犯罪報道の研究を,マス・メディアを通じて現代社会をみるという現代社会論として捉えるのであれば,道徳のような集合的な観念を媒介とすることで,言葉と社会の実在性をつなぐ機能主義の知識社会学の発想は,十分に有用なものであるといえるだろう。

(2) 今後の研究に向けて

　しかし,機能主義の知識社会学には,言葉と道徳と社会の関係をめぐって大きな課題がある。それは個人化と道徳の関係の問題である。なぜなら,個人化

は，人びとの価値や規範の多様化が含意されており，人びとによる道徳の共有を前提とした，いわゆる合意モデルの機能主義が成立しづらくなると考えられるからである。実際，モラル・パニック論では，現代のモラル・パニックが，同一の道徳をもった一枚岩的な社会(統制機関，マス・メディア，大衆)と単一で明確な逸脱者との対決ではなくなり，統一性を失った複数の主体(たとえば多様なメディアと視聴者)と多様で不明確な逸脱者との対決になったことが指摘されている(McRobbie & Thornton, 1995；Young, 1999＝2007：74-6)。これが本当なら，個人化の進行によって，メディアの言葉と人びとの道徳と国民国家という社会との対応関係を想定することは今後ますます困難になるし，確固たる実在性をもつ社会を前提としたデュルケム社会学の適用可能性もますます下がっていくことになる。

しかし，デュルケムに従えば，犯罪があるところには必ず社会も姿を現す。すなわち，「われわれは，それを犯罪だから非難するのではなくて，われわれがそれを非難するから犯罪なのである」(Durkheim, [1893] 1960＝1971：82)というように，「われわれ」の存在なしに犯罪は存在しえないのである。そのため，逸脱を非難する「われわれ」と，その「われわれ」が生みだす社会の実在性を捉えることさえできれば，デュルケム社会学を有効に用いることは常に可能なはずなのである。実際，モラル・パニックのように人びとが我を忘れて集合的に興奮する集合的沸騰(Durkheim, 1912＝1975 上：371-430)は，現代でもさまざまな領域でみることができる。その際，国民国家やマス・メディアという単位へのこだわりを捨てればよいだけの話なのである。

たとえば，インターネットを通じて先進各国の人びとのあいだに瞬く間に広がる人種差別や性差別への抗議などがある。デュルケムの議論を敷衍すれば，差別への抗議の広がりは，人格崇拝のグローバル化の現われとしてみることができる[13]。デュルケムは，人びとが多様化した「にもかかわらず」ではなく，「だからこそ」人格崇拝が成立すると議論している。すなわち，人間であるという以外の共通点が見出されないほど多様化した社会では，その唯一の共通点である人間の人格こそが集合的に追及されうる唯一の目標になるのである

(Durkheim, [1897] 1960=1985：425)。つまり，多様化こそが人格崇拝をうながし，人格を傷つける差別へのグローバルな抗議を可能としているのである。

また，同じくインターネットにおける現象としては，些細な逸脱行為に対して非難が集中するネット炎上もその例である。これは，先述した細分化されたモラル・パニックの例とみなすことができるだろう。鈴木謙介によれば，確固たる「共同体」が失われつつある現代社会では，「共同性」を求めた散発的な「祭り」が頻発するようになっており，ネット炎上もその一例なのである (鈴木, 2005)。この議論を敷衍すれば，個人化は，共同体を失わせつつあるかもしれないが，共同性までも失わせているわけではない。つまり，現代社会において生じているのは，社会の実在性の喪失ではなく，社会の実在性の現れ方の変化なのである。

以上を踏まえれば，今後の社会病理学の展開におけるデュルケム社会学の課題は明確である。それは，社会の実在性の現れ方の変化に応じて，デュルケム社会学を更新し，実証研究のなかで使っていくことである。この課題に取り組み続けることこそ，社会病理学において着実にデュルケム社会学を使い継ぐための道なのである。

【注】

1) この頃の少年犯罪は，戦後の少年刑法犯の検挙人員の増減から，1951年をピークとする第1の波，1964年をピークとする第2の波，1983年をピークとする第3の波に続く，第4の波の少年犯罪と呼ばれることになった。
2) 社会解体とは，共同体の社会統制力が弱体化した状態のことをいう (玉井, 2004：138)。
3) 本項の内容の詳細については，赤羽 (2012, 2016a) を参照のこと。
4) 発達障害には，広汎性発達障害だけでなく，学習障害 (LD)，注意欠陥多動性障害 (ADHD) などが含まれる (日本LD学会編, 2016：2-3)。なお現在，広汎性発達障害は，2013年のアメリカ精神医学会『精神疾患の診断・統計マニュアル』第5版 (DSM-V) での分類の変更にともない，自閉スペクトラム症 (ASD) と呼ばれるようになっている (日本LD学会編, 2016：8-9)。

5) ここで重要なのは，実際に広汎性発達障害が少年犯罪の原因であるか否かではなく，広汎性発達障害が人びとの道徳的関心を集めた点である。つまり，少年が広汎性発達障害だったからというだけではなく，広汎性発達障害が道徳的境界の更新に有用な逸脱の性質を反映した精神疾患だったからこそ人びとの注目を浴びたという点が重要なのである。
6) たとえば，豊川主婦殺害事件（2000年），長崎男児誘拐殺害事件（2003年）では，広汎性発達障害の一種であるアスペルガー症候群が少年の障害として指摘され，寝屋川教職員殺傷事件（2005年），奈良母子放火殺害事件（2006年）では広汎性発達障害が少年の障害として指摘された。
7) 降籏志郎・元長野県立こども病院勤務のコメント。
8) 本項の内容の詳細については，赤羽（2013, 2016a）を参照のこと。
9) このような自己のありようを自己再帰性と呼ぶ（Beck, Giddens & Lash, 1994 = 1997：215-6）。自己再帰性は，ベック夫妻（Beck, U. und Beck-Gernsheim, E., 1990）やギデンズ（Giddens, A., 1991 = 2005, 1992 = 1995）をもとにラッシュ（Lash, S.）が名づけた概念である。自己再帰性とは，「行為者が自己をモニターして自らの意味を再審したり，行為の帰結が行為者自らに作用する再帰性」（中西，2013：235）であり，要するに，自己が自己を観察し，自己が自己を変化させる営為の性質のことをいう。
10) 本項の内容の詳細については，赤羽（2016a, 2016b）を参照のこと。
11)「大きな物語」と「小さな物語」の対比については，片桐雅隆（2003：181-211）を参照のこと。
12) 社会問題の構築主義とは，社会問題を，あらかじめ客観的に存在する社会の状態とはみなさず，ある社会状態を問題として主張する人びとのクレイム申し立て活動によって社会的に構築されたものとみなす視点である（Spector & Kitsuse, 1977 = 1990）。
13) ベックは，デュルケムの人格崇拝論を「個人化とコスモポリタン化との結合を先取りしている」（ベック，2011：25）と評価している。

【文献】

赤羽由起夫（2012）「少年犯罪と精神疾患の関係の語られ方——戦後の新聞報道の分析を通じて」『犯罪社会学研究』37：104-18.
——（2013）「なぜ『心の闇』は語られたのか——少年犯罪報道に見る『心』の理解のアノミー」『社会学評論』64(1)：37-54.
——（2016a）『子どもの「心」と逸脱の知識社会学——少年犯罪報道におけ

る心理主義化を対象として』筑波大学博士論文
─── (2016b)「少年非行問題における『普通』——新聞記事の分析を通じて」『現代の社会病理』31：109-25.
伊藤美登里 (2008)「U. ベックの個人化論——再帰的近代における個人と社会」『社会学評論』59(2)：316-30.
宇津栄祐・倉沢進・折原浩 (1960)「逸脱行動論序説——アノミー，ディスオーガニゼーション論の展開と統合化」『社会学評論』10(1)：19-36, 117.
ウルリッヒ・ベック (2011) 伊藤美登里訳「個人化の多様性——ヨーロッパの視座と東アジアの視座」ウルリッヒ・ベック／鈴木宗徳／伊藤美登里編『リスク化する日本社会——ウルリッヒ・ベックとの対話』岩波書店：15-35.
大村英昭 (1969)「逸脱行動論の検討」『ソシオロジ』15(1)：26-52.
─── (1972)「アスピレーションとアノミー——社会的移動と逸脱行動との関連において」『社会学評論』23(1)：25-43, 114.
─── (1977)「今日のアノミー——レイヴリング論とデュルケム再評価に寄せて」『ソシオロジ』22(2)：1-32, 137.
─── ([1980] 1989)『新版 非行の社会学』世界思想社
─── (2002)『非行のリアリティ——「普通」の男子の生きづらさ』世界思想社
大村英昭・宝月誠 (1979)『逸脱の社会学——烙印の構図とアノミー』新曜社
岡邊健編 (2014)『犯罪・非行の社会学——常識をとらえなおす視座』有斐閣
片桐雅隆 (2003)『過去と記憶の社会学——自己論からの展開』世界思想社
片桐雅隆・樫村愛子 (2011)「「心理学化」社会における社会と心理学／精神分析」『社会学評論』61(4)：366-85.
小池靖 (2007)『セラピー文化の社会学——ネットワークビジネス・自己啓発・トラウマ』勁草書房
佐々木嬉代三 (1970)「アノミー論に関する批判的考察」『ソシオロジ』16(2)：109-21.
寿里茂 (1955)「社会的アノミーの問題」『社会学評論』6(1)：110-16.
鈴木謙介 (2005)『カーニヴァル化する社会』講談社
玉井眞理子 (2004)「社会解体論」松下武志・米川茂信・宝月誠編著『社会病理学講座1 社会病理学の基礎理論』学文社：137-54.
土井隆義 (2003)『〈非行少年〉の消滅——個性神話と少年犯罪』信山社
徳岡秀雄 (1997)『社会病理を考える』世界思想社
中久郎 (1965)「社会学における自殺理論の検討」『社会学評論』15(4)：30-48, 205.

中島道男（1997）『デュルケムの〈制度〉理論』恒星社厚生閣

中西眞知子（2013）「再帰性の変化と新たな展開——ラッシュの再帰性論を基軸に」『社会学評論』64(2)：224-39.

日本 LD 学会編（2016）『発達障害事典』丸善出版

牧野智和（2006）「少年犯罪報道に見る不安——『朝日新聞』報道を例にして」『教育社会学研究』78：129-46.

――――（2012）『自己啓発の時代——「自己」の文化社会学的探求』勁草書房

松永寛明（2001）「刑罰公衆の集合意識」『法社会学』54：204-19, 263.

――――（2008）『刑罰と観衆——近代日本の刑事司法と犯罪報道』昭和堂

宮島喬（1968）「現代社会とアノミー——序論的考察」『社会学評論』19(2)：42-59.

――――（1977）『デュルケム社会理論の研究』東京大学出版会

森真一（2000）『自己コントロールの檻——感情マネジメント社会の現実』講談社

矢島正見（2011）『社会病理学的想像力』学文社

矢島正見・丸秀康・山本功編著（[2004] 2009）『よくわかる犯罪社会学入門（改訂版）』学陽書房

山田昌弘（2004）『希望格差社会——「負け組」の絶望感が日本を引き裂く』筑摩書房

山田陽子（2007）『「心」をめぐる知のグローバル化と自律的個人像——「心」の聖化とマネジメント』学文社

米川茂信（1978）「社会病理学における社会構成体からのアプローチの可能性——アノミー概念の検討」『社会学評論』28(3)：47-61.

――――（1987）『社会的アノミーの研究』学文社

――――（1995）『学歴アノミーと少年非行』学文社

Bauman, Z.（2001）*The Individualized Society*, Cambridge: Polity Press.（澤井敦・菅野博史・鈴木智之訳, 2008,『個人化社会』青弓社）

Beck, U.（1986）*Risikogesellschaft: Auf demWeg in eineandereModerne*, Frankfurt am Main: Suhrkamp.（東廉・伊藤美登里訳, 1998,『危険社会——新しい近代への道』法政大学出版局）

Beck, U. und E. Beck-Gernsheim（1990）*Das ganz normale Chaos der Liebe*, Frankfurt am Main: Suhrkamp.

Beck, U., A. Giddens & S. Lash（1994）*Reflexive Modernization: Politics, Tradition, and Aesthetics in the Modern Social Order*, Cambridge: Polity Press.（松尾精文・小幡正敏・叶堂隆三訳, 1997,『再帰的近代化——近現代における政治, 伝統, 美的原理』而立書房）

Cohen, S.（[1972] 2002）*Folk Devils and Moral Panics: The Creation of the Mods and Rockers*, 3rd ed., London: Routledge.

Durkheim, É.（[1893] 1960）*De la division du travail social: étude sur l'organisation des sociétés supérieures*, 7e éd., Paris: Presses Universitaires de France.（田原音和訳, 1971,『社会分業論』青木書店）

――――（[1895] 1960）*Les régles de la méthode sociologique*, 14e éd., Paris: Presses Universitaires de France.（宮島喬訳, 1978,『社会学的方法の規準』岩波書店）

――――（[1897] 1960）*Le suicide: étude de sociologie*, nouvelle éd., Paris: Presses Universitaires de France.（宮島喬訳, 1985,『自殺論』中央公論社）

――――（1912）*Les formes élémentaires de la vie religieuse: le systèm etotémique en Australie*, Paris: Presses Universitaires de France.（古野清人訳, 1975,『宗教生活の原初形態（上・下）』岩波書店）

――――（1924）*Sociologie et philosophie*, Paris: Félix Alcan.（佐々木交賢訳, 1985,『社会学と哲学』恒星社厚生閣）

Erikson, K. T.（1966）*Wayward Puritans: A Study in the Sociology of Deviance*, New York: Wiley.（村上直之・岩田強訳, 2014,『あぶれピューリタン――逸脱の社会学』現代人文社）

Giddens, A.（1991）*Modernity and Self-Identity: Self and Society in the Late Modern Age*, Cambridge: Polity Press.（秋吉美都・安藤太郎・筒井淳也訳, 2005,『モダニティと自己アイデンティティ――後期近代における自己と社会』ハーベスト社）

――――（1992）*The Transformation of Intimacy: Sexuality, Love, and Eroticism in Modern Societies*, Cambridge: Polity Press.（松尾精文・松川昭子訳, 1995,『親密性の変容――近代社会におけるセクシュアリティ，愛情，エロティシズム』而立書房）

Goffman, E.（1967）*Interaction Ritual: Essays on Face-to-Face Behavior*, New York: Doubleday.（浅野敏夫訳, 2002,『儀礼としての相互行為〈新訳版〉――対面行動の社会学』法政大学出版局）

McRobbie, A. & S. L. Thornton（1995）"Rethinking 'Moral Panic' for Multi-mediated Social Worlds", *British Journal of Sociology*, 46（4）: 559-74.

Merton, R. K.（[1949] 1957）*Social Theory and Social Structure: Toward the Codification of Theory and Research*, Revised ed., New York: Free Press.（森東吾・金沢実・森好夫・中島竜太郎訳, 1961,『社会理論と社会構造』みすず書房）

Poggi, G.（1972）*Images of Society: Essays on the Sociological Theories of Tocqueville, Marx and Durkheim*, Stanford: Stanford University Press.（田中治男・宮島喬訳, 1986,『現代社会理論の源流――トクヴィル，マルクス，デュルケム』岩波書店）

Spector, M. B. & J. I. Kitsuse (1977) *Constructing Social Problems*, Menlo Park: Cummings.（村上直之・中河伸俊・鮎川潤・森俊太訳, 1990,『社会問題の構築——ラベリング理論をこえて』マルジュ社）

Young, J. (1999) *The Exclusive Society: Social Exclusion, Crime and Difference in Late Modernity*, London: Sage.（青木秀男・伊藤泰郎・岸政彦・村澤真保呂訳, 2007,『排除型社会——後期近代における犯罪・雇用・差異』洛北出版）

第7章
臨床社会学と「公共」の社会学
―― 「問題解決が問題であること」の指摘と
　　臨床社会学・社会病理学・批判的実在論の関係づけ

中　村　　　正

1. 本章の構成

　臨床社会学を名乗ると苦労がある。「臨床」という言葉は，社会問題を個人化する扱いであるかのような印象を与えるからである。臨床実践はパーソナルでプライベートなことを対象にするので，もちろんこうした傾向があることを認めたとしても，臨床社会学は，心理化されがちな個人の問題や苦悩をめぐって社会的な視点を確保するために重要であると筆者は考えている。言い換えると，臨床社会学はその臨床や支援の課題設定にむけて社会病理学の成果を活かす道であると思える点について第2節で検討しておきたい。
　次に，「臨床」と名がつくので人びとのメンタルヘルスの悪化を想定し対象としていることは大前提である。かなり一般化された言い方では「生きづらさ」となる。個人の生にかかわる苦悩があるのでそれをなんとかしようとして臨床の対応が必要となる。しかし臨床社会学は一人ひとりの生にふりかかる苦難を社会現象として把握し，問題の解決に向けた実践に社会学的視点を活かそうとする。微視的である「臨床」からみえるテーマ（機微＝きめ細やかなリアリティ）を臨床社会学として括り直し，そこから社会が生成，変化していく様相（機制＝そうなっていく仕組み）を記述することが臨床社会学の役割と意義であることについて第3節で検討する。
　しかし「生きづらさ」は主観的なだけではない。「生きづらさ」は社会的差

別や社会的排除の別の表現でもあるからだ。たとえばメタファーとして被傷性や可傷性と名づけてみよう。あるいは脆弱性ともいえる。例示すると，優生保護法による強制不妊手術問題やハンセン病隔離政策の当事者と家族への賠償等が司法の場でも争点となっている。当事者たちの「生きづらさ」は，単にメンタルヘルスの悪化ではすまされない歴史のトラウマや暴力そのものに由来する。その暴力的な排除を生み出す社会構造については別の記述が必要となる（たとえば構造的暴力論等）。また，当該の問題に係わる社会病理的な事実を確認していく歴史社会学的な研究は大切となる（蘭，2017）。加えてそうした政策を支えた社会意識としての優生思想や排除の意識も浮かび上がり，その全貌を理解することが要請されている（優生手術に対する謝罪を求める会，2018）。これらは一例であるが，「生きづらさ」という言い方で掬い取ることのできるのは社会問題の実存的な相であり，個人の主観的な捉え方ではない。

　また，問題解決は社会病理学会設立当初より処方として期待されてきた。その処方は，個人を対象にしているという意味では臨床的であるが，個人に帰責できない社会的なものである。ゆえに問題解決は公共政策として存在する。そしてそれが不作為であることも公共の責任となる。被傷性，可傷性あるいは脆弱性として「生きづらさ」を取り出し，社会病理のなかを生きる個人の実存的な現実を把握することが社会病理学の役割であるとしたとしても，とりわけ争点になるのは，それが犯罪や非行，逸脱行動へと展開していくことの把握である。臨床社会学としてアプローチする際には，社会的要因を加味して臨床を行うことを志向するので，こうした加害者臨床，司法臨床，非行臨床，逸脱行動臨床や治療的司法の対象者たちへの対応は困難をかかえる。これを被傷性，可傷性あるいは脆弱性という点からみると，社会的な排除と差別の結果の被害という取り出し方ができる面もあるが，そこから加害として表れる行動には個人の責任を問う局面が現代社会では必要である。臨床社会学は，①加害の背景にある「抑圧と被害」という点の理解と，②問題行動化する個人のパーソナリティ特性への対応と，③その際の責任の定立という困難な課題を扱うことになる。

さらに続いて第4節では，臨床社会学が社会病理学あるいは社会問題研究に基礎づけられるべきことを検討する。ここでは「共軛(きょうやく)関係」という言い方をしている。個人の生の苦悩と社会の病理性が投影されていることを共同性・関係性の社会学の視点から把握し直しておきたいからである。「臨床」をとおしてみえてくる出来事を社会学的な知をとおして考察することは，関係性の病理をみることに他ならず，それを「共軛関係」として位置づけ直し，社会の側の問題性をも指摘する。ラベリング理論をはじめとして社会病理学はこの点をかなり強調してきた。

そして最後に第5節で，臨床の問題をとおして社会構造に迫るための理論の検討もしておきたい。臨床社会学的な社会病理研究と批判的実在論との関係づけである（中村，2016a,b, 2005）。

2. 臨床社会学として社会病理学の成果を活かすことを考えてきた経過

(1) 鏡の背面―「生きづらさ」をどのように把握するか

「生きづらさ」として括るとメンタルヘルス的な課題に焦点があたり，臨床の知が前景化する。社会的側面に焦点をあてると社会的排除・社会的差別等の社会構造を捉える知が前景化する。たとえば，「生きづらさ」は，主観的な心情や生の状況ではあるが，行動としては多様に表れる。ひきこもり，不登校，失踪・家出，逃走・漂流，野宿生活，多重債務，セルフネグレクト，自虐・自傷，いじり，無視・ネグレクト，多様なハラスメント，ネットいじめ・リベンジ行為，社会的迷惑行為，微細な日常的差別（マイクロアグレッション），ヘイトスピーチ等が想起される。名付けにくいもの，不可視化されているものもある。実存的な表現としての「生きづらさ」の背後にあることは社会問題・社会病理そのものである（古賀・石川，2018）。

その「生きづらさ」の問題解決は，臨床的な対応ともいえるし，社会性を帯びた問題なので，公共政策としても存在している。たとえば，ひきこもりが犯罪と対になって語られると定義，処方，解決はあるバイアスを持ってしまう。

薬物依存,家庭内暴力,非行も同じ様相を呈している。とはいえ無視できない暴力行動,違法行動,そして問題行動への対応を「生きづらさ」から意味づけていかざるを得ないこともあり,加害者臨床,司法臨床,非行臨床は困難な課題を抱え込んでいることがわかる。

　加害行為や違法行動の解決に取り組む臨床社会学は,臨床のセッティングの背景にある公共政策も扱う。この公共性は人びとの共同意識に支えられている。したがっていかなる共同性が現下の処方を正当化しているのか,どのようにして問題解決の知が構成され,現場の臨床実践へと下降していくのか,あるいは共同意識を介して公共的なものへと上昇していくのかという動態を把握する視点が臨床社会学をとおして浮上する。

(2) 関係性の病理でもあること

　その共同性は,関係性とも言い換えることができる。端的に『関係性の社会病理』と題した書物があり,社会病理学会の基本的な認識としてもそうした視点が大切だと語られてきた(日本社会病理学会, 2016)。この書物で論じられている内容は,不登校,いじめ,少年非行,高齢者犯罪,ストーカー,DV,児童虐待,非正規雇用,ホームレス,自殺である。過去の学会シンポジウムでも「関係性の病理」と括られるものが多い。

　筆者自身の研究や実践においても,「関係性の社会病理」の典型として親密な関係性における暴力を対象にしてきた。一般的な暴力のすそ野は広く,けなし,侮蔑,軽蔑,蔑称・よびすて,無視・透明化,いじめ,ハラスメントを支える日常的排除(冗談,流言,噂,ステレオタイプ,配慮の欠如,排除的な態度)から,偏見と社会的差別の言葉と行為,具体的な対人暴力行為,ヘイトクライムや意図的で制度的な民族の抹殺であるジェノサイドやテロリズムへと連続していく。「憎悪の連続体」である。同じような形としては,躾と虐待,夫婦喧嘩とDV,体罰と指導,ハラスメント・いじめといじりがあり,さらにいえば愛情とストーキング,友情とホモソシアル関係と男性性の暴力の関係等の連続体があることを指摘できる。

社会病理学研究では「社会問題の自然史」という把握が重なるだろう(ウールガー，2006)。そこには関係性を病んでいく過程がある。この過程を重視するからこそ処罰だけではなく脱暴力への臨床実践の組み込み方が課題として浮上し，加害者臨床，司法臨床，非行臨床の争点となる領域を構成する。同じような論理で，紛争後の少年兵の社会復帰支援，テロ組織からの離脱教育，カルト集団からの脱洗脳支援，暴力団からの離脱支援等が独自な領域を成している。また，テロリストになっていく過程を捉え，SNSやネットを使った自己洗脳的な相互作用を重視する研究がある(ブザール，2017)。これらは社会病理学と臨床社会学が交差するからこそ可視化されるテーマ群であるといえる。

(3) 臨床と公共の社会学を関連づけることの意味

　臨床社会学が社会病理学と関係づけられるべきであるのは，個人の責任にのみ帰すことのできない様相を把握する必要があるからだ。社会病理学は個人の生活の諸困難や心情的な苦悩をとおして社会や環境がもつ問題点を浮かび上がらせてきた。しかし，現代社会は「自分病」という言い方で問題を非社会的なものへと還元させていく傾向をもつ(雨宮・萱野，2008)。自己責任が前景化しがちである。臨床実践は個人を対象にするのでそうした傾向を強化するおそれがある。心理問題に重心を置くように公共政策も組織される時代だともいえる。個人化された臨床へと矮小化されると，主流となっている社会への「適応の物語」が解決の内容となる。

　たとえば，不登校の処方は「再登校」なのか，ひきこもりの処方はその場所からの「出来・自立」なのか，薬物依存への処方は「断薬」なのか，「そんな属性なんて関係ないし気にしない，あなたはあなたのままでいい」と表明することは，差別の根拠となる特定の属性を無視することになるので，差別に向き合う姿勢ではない(齋藤，2017)等，何が解決なのかについて再考されるべき問いは数多い。しかしもちろん苦悩があるので，解決を考えなくてよいというわけでもない。問題解決の仕方が問題ともなるので，問題設定を組み換えるという作業が必要になる。そこでやり直しの物語(意味づけ)の変更を示唆する。臨

床社会学は，苦悩する諸個人とともに社会における主流となった問題解決の仕方を書き換えるための当事者との知的な協働作業となる。

したがって処方の恣意性，妥当性，必要性は再検討されるべきだ。社会病理学と臨床社会学は相補的となることで役割が発揮できる。「生きづらさ」と社会的排除が交差することで問題設定の再構成，つまり問題解決に向かう公共政策の再編を目指すこととなる。

(4) 問題解決の知と問題設定の再考のための知

この点を無視すると，臨床社会学は主流となっている社会の制度や政策を支えてしまう。臨床社会学は，臨床の知と事例研究に基づき既存の問題解決とは異なる選択肢を豊かにすることを提案すべきだろう。

たとえば，治療的司法 therapeutic jurisprudence という言い方があり，筆者も臨床社会学の見地からそれを実践し，研究してきた（治療的司法研究会, 2018）。しかしなお，「治療」という言い方には，問題の定義と解決が個人化・心理化・医療化されている印象を払拭できないでいる。たとえば薬物依存からの回復にとりくむ民間組織である「ダルク」は「リハビリテーション」という言葉を含んでいる。それは回復という意味ではあるが，医療的な印象でもある。司法とかかわる治療（脱犯罪化するために医療化されていくという意味）の領域では，強制性と自発性のバランスが大切なので，そのことを意識した言葉を開発したいものだ。

問題の処方と解決，問題の定義の組み合わせは，もっと多様な争点を含んで公共政策を構成する。たとえば，欧州を中心にして，主に薬物依存問題対策で採用されているハームリダクション政策（有害性を縮減していく政策）がある（佐藤, 2006, 2013, 松本他, 2017, 石塚, 2007）。あるいは家庭内暴力に係わるダイバージョン政策（脱暴力のグループワークやカウンセリングへの参加命令制度等）がある（中村, 2001）。さらに，これらを支える問題解決型司法への改革やそれを可能にする治療的司法の概念化と治療的共同体という資源の開発も取り組まれてきた（治療的司法研究会, 2018）。同じように性犯罪者の再犯防止策，病的

ギャンブリングや摂食障害と関連する盗癖，認知症や知的・発達障害者の触法行為への対応等の問題行動は処罰するだけでは問題解決しないので，脱問題行動のための刑事司法制度の改革，そして福祉や心理との連携という治療的司法とそれを支える公共政策をいかに構想すべきであるのかを問うている課題群である。

とりわけ親密な関係性における暴力問題への対応は複雑である。薬物問題が過剰に犯罪化されている事に比べると，司法からはネグレクトされてきた領域となっている。法は家庭に入らずという言葉もあるくらいだ。親密圏での暴力への公共的な政策化が，日本は最も遅れている。ハラスメント，DV，虐待，性犯罪等の逸脱行動も反復性を持ち，家族的背景のもとで，模倣，学習されてきた経緯や親密な関係性の偏りも加味されて，固着した行動習慣として存在している。再犯や再燃しないためには脱暴力行動の学習が必要になる。主に認知行動療法，問題解決手法，感情統制法等，学習理論をもとにした援助技法が奏功している面もある。しかしこれらを当事者に課していく適切な司法の仕組みが日本社会では構築されていない。

これらの諸課題に，社会的行為，意味構成，間主観性，関係性，相互作用等のミクロな領域を扱う社会学の概念を用いて臨床社会学は応答する。諸個人や人びとの現実から出発し，そこに社会を透視し，公共政策に提言する。学問も，臨床心理学を筆頭にしてさながら連辞符的に拡大している。そこに関与しつつも社会病理学的な関心の重要性を指定しておきたくて臨床社会学と名乗ってきた(中村, 2005)。

3. 臨床社会学は被傷性，可傷性や脆弱性を対象にする
―― 事例をとおして社会を透視し，公共を吟味する

(1) 被傷性，可傷性や脆弱性を扱うこと

こうした臨床社会学は関係性を重視する。「生きづらさ」をもつ個人は何らかの脆弱さをかかえており，それは単に個人の弱さという意味ではなく，社会的に構成されている。被傷性，可傷性ともいい，言葉としてはヴァルネラビリ

ティ vulnerability であり,脆弱性と訳されることもある。

なかには,犯罪や非行へと逸脱していく被傷性,攻撃性へと展開していく被傷性もある。加害性には被害体験もある。端的には被虐待体験のもつ暴力行動への影響である。被虐待はトラウマ的体験として個人に「生きづらさ」をつくりだす。その「生きづらさ」は,不幸というにはいい足りない程の重みを人生に負荷する。育ちの過程における被虐体験,貧困体験と屈辱感,なんらかの社会的被害等,多様である。それが怒りとなり社会への攻撃性を産みだすこともある。その怒りの諸相を感受する臨床性でありたいと思う。文学や哲学はその感受性に長けている面がある。精神医学上の PTSD という意味だけに回収されない広がりをもつ被傷性の理解を深めたいと思う(李, 2006)。被傷性は多様な顔をしている。

(2) まなざしの地獄
―犯罪・非行へといたる「被傷性」もあることをとおして社会を考える

社会学では周知のように見田宗介が「まなざしの地獄」という論文でこのことを追求した(最初は 1977 年に雑誌で発表され,その後は単行本化された)。「まなざしの地獄」論文は,1969 年,市民 4 人を射殺した連続射殺犯,19 歳の少年 N・N(永山則夫)の事件を扱っている。死刑が宣告され,1997 年に執行された。N・N が犯罪へといたる人生の経過が記されている。インタビューを受けた見田宗介は「社会とは,一人一人の人間たちが野望とか絶望とか愛とか怒りとか孤独とかを持って 1 回限りの生を生きている,その関係の絡まり合い,ひしめき合いであるはずです。切れば血の出る社会学,〈人生の社会学〉を作りたいと願っていた。1 人の人生に光を当て,その人が生きている社会の構造の中で徹底的に分析する。その最初のサンプルを提示する」と語っている。N・N の犯罪への軌跡を対象に,個人の情念をとおして社会分析がなされていく筆力は印象的だ(見田, 2017)。

臨床社会学は社会病理を背景にして違法行為,逸脱行動,問題行動へと至る個人を扱うことが多い領域である。それへの対応は,述べてきたように加害者

臨床，司法臨床，非行臨床として先鋭化し争点として存在している。しかし臨床社会学は精神医学や犯罪心理学的な対処を行うのではない。加害行動と加害者個人の物語やライフストーリーを扱いながら，逸脱へと漂流していかざるを得なかった負の要因と係わる社会的過程を描写する。それは被傷性，可傷性や脆弱性が加害へと転じていく過程ともいえる。

　N・Nの事例研究はあくまでも例示でしかない。しかしそのミクロな事例と機微から社会を透視しようとしている作業である。大きな物語を構成する微細な人びとの声をもとにしている。哲学的な課題も加味され，生老病死の根源的な問いも提起され，一人ひとりの苦悩する生に基づき（臨床的），社会が語られる（社会学的）。個別的なもの，物語的なもの，事例的なもの，記述的なもの，臨床をとおしてこうした知の地平が拓かれる。臨床哲学や臨床文学という言葉もあるくらいだから，文化表象の世界や知の根源を問う哲学は，被傷性や可傷性を掬い取ることに長けている。さながら連字符的な臨床の知の時代を示している。その一環に臨床社会学があると考えている。

(3) 桜の花びら一枚から—公害のなかの被傷性から

　臨床実践をも含んで対象化する臨床社会学は，質的な研究，フィールドワークによる記述，事例分析や研究等の方法を重視する。さらに，臨床を名乗る以上，研究し，実践する者の立ち位置にも留意している。「わたし」との関係づけをどうすべきなのかを意識しているともいえる。これらをポジショナリティ論という。その問題に関わる専門職者の反省・内省をも刺激する。「リフレクション（省察）」という。臨床社会学は，個別の対象者の人生（ナラティブや物語）を聴き，その苦悩や苦労を理解しようとする。個人の苦悩の多様性を捉える言葉もまた多様であるべきだと考える。

　たとえば石牟礼道子の「花の供養に」という文章は，切なくもあるが美しく力があるやりとりだ。その言葉は映像が浮かぶような描写である。社会問題としての水俣病の世界を描いてきた石牟礼は，坂本きよ子さんという水俣病で亡くなった女性のことを書いている。きよ子さんの母親から聞いた言葉をもとに

した次のような記述だ。

「きよ子は手も足もよじれてきて，手足が縄のようによじれて，わが身を縛っておりましたが，見るのも辛うして。それがあなた，死にました年でしたが，桜の花の散ります頃に。私がちょっと留守をしとりましたら，縁側に転げ出て，縁から落ちて，地面に這うとりましたですよ。たまがって駆け寄りましたら，かなわん指で，桜の花びらば拾おうとしよりましたです。曲がった指で地面ににじりつけて，肘ひじから血ぃ出して，『おかしゃん，はなば』ちゅうて，花びらば指すとですもんね。花もあなた，かわいそうに，地面ににじりつけられて。何の恨みも言わじゃった嫁入り前の娘が，たった一枚の桜の花びらば拾うのが，望みでした。それであなたにお願いですが，文ば，チッソの方々に，書いて下さいませんか。いや，世間の方々に。桜の時期に，花びらば一枚，きよ子のかわりに，拾うてやっては下さいませんでしょうか。花の供養に。」(石牟礼, 2017)。

こうして石牟礼道子はチッソのことを書く。水俣の言葉でその情念を描く。花びら一枚に託された一人ひとりの患者の想いに駆動されている。臨床社会学はこの種の描写を包み込むことが必要となる。臨床文学的な知性に近い。

(4) 複数の声を聴くこととその記述―被傷性は歴史のトラウマ

2015年のノーベル文学賞は「多声からなる著作はわたしたちの時代の苦悩と勇気の記念碑」であるとしてスヴェトラーナ・アレクシエーヴィチ (Svetlana Alexievich) に授与された。彼女の聞き書きの発端は「真実はひとつの心，ひとつの頭におさまらないということ。真実はなにか細かく砕かれていて，たくさんあり，世界にちらばっている。それをどうやって集めればよいのか」(スヴェトラーナ, 2016) というある評論家との対話からだったとあとがきに記されている。人びとにとってのソビエトの体験が社会主義崩壊後の資本主義社会の現実への批判や諦念や希望とともに語られている。ソビエトは崩壊し，ロシアをはじめとした諸国へと変化したが，街の人びとの声を集めてみるとそこにはソビエトが生きていて，古くなったように見える思想，知識，体験をもとに生きて

いる様子がみえてくる。それを「セカンドハンド」としてまとめている。崩壊したからこそ語りに値する，私たちの生活であったと確実にいまだからこそいえること，そうした街の人びとの声が数多く集められている。共産党の元幹部，自死した人の家族，テロの被害者，デモに参加して弾圧された学生に微細な記憶を聞き取っている。そしてその整理の仕方が巧みだ。共産主義とは何であったのかについての無数の声を聴いているようだ。

(5) パトス論から社会病理学をみてみること

その機微と機制を扱う際にパトス pathos という言葉が参考になる。パトスはギリシャ語で，欲情，怒り，恐怖，喜び，憎しみ，哀しみ，苦しみ，痛み等の，身体に係留される感情を表現する。苦しみや病気をも意味する接頭辞パトスは人間精神の能動性やエートス，理性と対比した言葉である。パトスは，受動的，感情的，情動的な面を指す。文字通りの病理学 pathology は，逸脱性，異常性だけではなく，苦しみ，病気などを意味する接頭辞 pathos に伴われて，痛み，生きづらさ，怒り，哀しさ等，つまり苦悩を表現している。何らかの苦難に伴う感情であるが，それが自らに降りかかり，ままならない，コントロールしにくい事態として感受される。そのパトスは，そこからの解放や治癒のためにもがく人間の力や姿を捉える。

さらにパトスは苦労や苦悩が個人に閉じていかずに社会へとひらかれていくべきことを示唆する。そうすると共感の前に「共苦の現実」が視野に入る。他者の苦悩への想像力が人びとのつながりをつくる。

しかし，苦悩や苦労は怒りの源になることもある。何らかの被害感情が生起し，受難として意識される場合である。苦悩は人を犯罪へと追いやることもある。パトスは破壊力をもつといえるだろう。それは自己と他者にむかう。苦労や苦悩は自らを傷つけ，逆に他者にむかう怒りとして表現されることもある。親密な関係性や訴求しあう関係性にあってはその感情が承認欲求とともに友人や家族に向かう。横溢する陰性感情が含まれる。

逆に，他者もまた同じように苦悩するパトスをもつという想像力をとおして

共苦と共感の関係性が成り立つ。すると，相互理解や共感性への回路がひらかれていく。感情は誰かに向かう。決して「私的なもの」ではない。感情を共有したり交歓したりすると人間関係が高揚する。苦難を理解することは共苦という作業をとおしてつながりをつくる事も多い。逆に怒りにまかせた他者への感情発露は暴力性を帯びる。こうして感情の公共性や共同性がみえてくる。そのために感情を言葉にしていく臨床は意味がある。心理臨床は感情を言葉にしていくことに役割があり，感情のもつ理性的側面との対話を行う。さらに法は怒りの感情を整序していく手続き的な知性として機能する。脱暴力や反暴力を社会の規範として構成するために不可欠な役割を果たしている。法は感情に向き合う（ヌスバウム, 2010）。これらは，感情が自らを傷つけ，他を害する負の力ともなりうることに根ざしたものであり，それを社会としてのまとまりのなかで落ち着けていく感情にかかわる制度だといえる。

さらに感情を言葉にする際に，共苦の共同体があれば被傷性が和らぐことがある。通例これを「治療的コミュニティ（therapeutic community）＝TC」と呼んでいる。TCはアルコホリクス・アノニマス（AA日本出版局, 2017）の取り組みに典型的なアディクション領域で開発されてきたものであり，個人の問題に還元しない臨床社会学的な特徴をもっている。

(6) ミクロ（機微）とマクロ（機制）

N・Nの犯罪に示されるように，パトスは問題行動や逸脱行動を駆動することもある。苦難，苦悩がままならない事態に陥り，貧困や被虐の社会病理的な被害的経験が加害をもたらすこともある。とくに親密な関係性や訴求しあう関係性ではそれが発現されやすい葛藤が生じやすく，容易に暴力性を帯びる。感情的な一体性が想定されているからである。

苦悩と苦難の個別性は高く，関係性の組成によって千差万別となる。これを機微（ミクロ）として捉える。さらに排除と差別にもなりうる非対称性それ自体は社会の構造にも規定される。それを機制（マクロ）として把握する。一方，社会問題論は社会構造に由来する苦難の把握に適しているが，諸個人の差異まで

は把握しない。他方，社会病理学は，情念・感情の表出や，悲哀・苦悩のあらわれを視野にいれる。個人の内奥にも関心をもつので，臨床的である。しかも個人性というよりも関係性をみる。その広がりのなかで問題をおさえる。こうしてパトスとしての社会病理の理解と解決に向かう回路を探るために臨床社会学としてミクロ（機微）からマクロ（機制）をみようとしてきた(中村, 2019)。

(7) 処方をどのように語るのか

先述したように，社会病理学会は社会病理の診断だけでなく，処方も構想することを目的としてきた(学会HPの説明にも記載してある)。処方に関して従来から社会的要請は強くあった。臨床社会学はそのことへの意識的な応答である。学会と学問の動向も変化してきた。保護観察の関係者は更生保護学会を組織した。家裁調査官や児童自立の関係者を中心に司法福祉学会が組織されている。犯罪社会学，犯罪心理学，矯正教育学，アディクションと依存についての嗜癖行動学，思春期青年期の医学と心理，子ども虐待防止学，高齢者虐待研究，自殺予防学等，社会病理にかかわる近接領域では多様な学会活動が活発である。診断と処方にそれぞれの専門性から関係している。こうした専門家集団の知的営為と差異化して社会病理・社会問題研究には何ができるのかを検討するためにも臨床社会学として社会病理学を応用していくことは有益だと考えてきた。

その処方は公共政策として存在している。社会政策，社会保障，社会福祉，公衆衛生，家族政策，刑事政策等である。公共的なものには国家の意思や権力作用がある。「問題の定義と解決」の組成のされかたやそれを支える機制について，たんに処方の再検討ではなく，それらを統合し，正統性を付与している公共について問い直すことも社会病理学研究には求められる。当事者のつくられ方，問題解決のもつ問題性，そもそも社会病理の処方とは何か，臨床実践はいかに成立するかなどを視野に入れ，公共の社会学的検討をとおして社会病理学のあり方を精査する必要がある。

(8) 社会病理のポリティクス

　その公共を支える人びとの共同意識も批判の対象となる。たとえばゲイの友人から君が好きだと告白された（カミングアウト）が，他人にそのことを曝露してしまった（アウティング）結果，自死した若者がいた（川口, 2019）。「あなたが差別というなら差別でしょう。」と相手の主観的判断に問題を投げてしまうことも共に問題に向き合わないという無責任さをはらんでいると批判されるような社会的差別のテーマは多い。「ハラスメントと感じるならハラスメントでしょう。その限りで反省や謝罪をします。」という加害者がいる。主体的にそこにある社会構造上の問題に向き合おうとしない言い方である。

　精神科医である中井久夫のいじめの論考が「いじめの政治学」と名付けられたことを想起させる（中井, 2016）。仲間関係における暴力のもつ破壊性を表現し，周囲が何を考えなければならないかをつきつけた。いじめの罪深さに気づく。

　これらは関係性のポリティクスの例である。「サイコ―ポリティクス psycho-politics」という面もある。この言葉，狭義には精神医療や精神保健をめぐる政治＝政策動向を意味するが，それだけではなくて，ミクロな対人関係のなかに宿るパワーとポリティクスのことも意味するのだと理解すると，考えるべき諸点は拡大する。たとえば，ひきこもりの政治学，不登校の政治学，子ども虐待の政治学，薬物依存の政治学，そしてトラウマの政治学と無限に続く。フェミニズムが「個人的なことは政治的なこと」と喝破してきたことと同じである。被傷性はこうしたポリティクスをとおして介入するための公共政策の関心事となる。これを社会構造と関係づけていくためには「生―政治論」「治療的統治」のようなアプローチが重要となるだろう（ローズ, 2014）。問題の定義，意味づけ，解決と政策対応，臨床化の趨勢，その実践の布置をクリアにする知的枠組みである。

(9) 社会病理のエコノミー

　さらに資本主義社会の現実が被傷性をつくりだす。過労自殺が典型だろう。

「メガマーケット化する日本のうつ病」としてこの経過を捉えた研究がある(ウォッターズ，2013)。これはアメリカの多国籍に展開する製薬会社が働き過ぎ社会の日本の高ストレス状況に目をつけ，陰影を礼賛する日本文化に根ざした悲しみの文化を映しだす抑うつの理解でなく，それを突破し，標準的な精神医療の輸出をとおして市場としての心の病が定義されてきたことを指摘した。「心の風邪」という言い方で急速に普及した様子が記述されている。社会病理のエコノミーといえるだろう。臨床化する現実を支えているわかりやすい原理であるだろう。

4. 臨床社会学は社会病理の裾野を広げていく
―― 共軛関係をとおして社会をみる

(1) マクロ問題を忘却しない臨床論のために―共軛関係をみること

　臨床社会学をとおして，個人の苦難を社会の問題へと架橋し，社会の問題性を考えるために共軛関係という言葉で考えてみたい。この共軛は共役とも表記される(英語は yoke together である)。関係性を考察する際に重要な言葉である。たとえば家族関係。子どもの問題行動が実は葛藤のある夫婦の間の問題を代位しようとする蝶番の役割を果たすという事例がわかりやすいだろう。システム論をベースにする家族療法のアプローチは当該の家族をめぐる関係性システムの全体像を理解するために，その個人だけをクライアントとして位置づけるのではなく，問題のある人 Identified Person (以下，IP)として捉え，当該システムや関係性が IP を象徴化させていると把握する。家族のシステムや関係性から問題のある人として指名された人のことである。問題となる子どもが IP に仕立て上げられていく。

　しかしその家族システムこそが「問題」であり，関係性の病理を前提とすると２つの IP が存在しているとみるべきである。関係性システム上の課題であるが「問題」は個人をとおしてあらわれる。だからその人は「生きづらい IP」として名指しされる。第１の P である。

　この考え方は同時に別の課題をも提起する。IP が指名されるところには，

それが何かの「問題」であるという定義が不可欠であり，その定義が先行して合意されていなければならない。しかしそれがいかなる意味で「問題」であるのかは論争的なことが多い。筆者はそれを Identified Person にならって，Identified Problem として考えることができる。第2のPである。それは「その問題 Identified Problem」として社会的に解決すべき主題を背負わされた人でもある。確かに論争的であるにせよ，その「問題」は何らかの必要があってそこに存在するようになったと捉えてみる。当該個人が単に不適応をおこしているというだけではない事態を把握するのが IP という把握の仕方なので，新しく名付けられた「問題」は，システムの綻びを示唆し，予兆するという特徴をもつ。しかしシステムは自己維持機能があるので，「問題」の定義をめぐるせめぎあいが生じる。その攻防をとおして，システムそれ自体の再編成にむかう実践，介入，政策，制度が必要であることが理解されていく。

(2) 名指しされた問題とは何か

　Identified Problem として名指しされた「問題」は，時代や社会とともに変動する。たとえば，不登校，ひきこもり，自傷行為，薬物・アルコール，ゲームやネットやスマホ，買い物，ギャンブル等の各種アディクション，摂食障害，子ども虐待や高齢者虐待，DV，非行，いじめ，自殺，ハラスメント等である。それらへの支援の対象，方向性などを想定しようとする際，そこでの「問題」は何かと問われると，なかなか一義的には定義できない。第1の IP が身近な家族のシステムや関係性という環境の綻びを自らの行動で表現している人であるのと同じようにこれらの「問題」もそれが起こる環境，システム，制度の不全や綻びを浮かび上がらせる。

　また，Identified Problem が定義され，名指しされるそのたびに，新しい「資格と業務」がうみだされる。最近では，学校と子どもの「問題」にかかわるスクールカウンセラー，そしてスクールソーシャルワーカー，さらに刑務所出所者の自立支援を担当する仕事などが典型だろう。地域，家族，就労支援，住宅問題にまで射程がのびている。そのたびに，問題解決型思考と実践が重要

であるとされ，対人援助の人たちは問題解決専門職者であることを期待され，「問題」の定義，認識，症状，現象と治療，対応と対策が連続的なものとして組織され，援助者とその人たちの仕事が構成されていく。「問題」の定義とともに，「症状と治療」というフレームができていく。

この思考にあっては，「問題と解決」というフレームが常識として強固に組み込まれている。本来的には，問題の解決の仕方，その問題の解決とは何か，何を解決するのか等，システム問題が問われるべきであるが，容易に「問題と解決のセットの既製品」ができあがる。Identified Problem として，「これが問題である」と名指しされると，解決のための活動や実践がわかりやすい既存の物語をもとに動き出すという具合である。

しかしその「問題」が Identified Problem であるとすると，システムや関係性の問題へと逆流させて考えるべきだといえる。以下では，この関係性を問うアプローチを共軛関係として考えていくが，その前に共軛関係という言葉に出会った経過を紹介しておきたい。

(3) 共軛関係をみること

ナラティブ・セラピーの牽引者マイケル・ホワイト (Michael White) の発言のなかに，筆者がかねてより心にとどめている言葉がある。それはベトナム退役軍人のセラピーに取り組む過程で，戦争による PTSD への対応に携わる者の立ち位置について述べた言葉である。ベトナム戦争でのトラウマ，男性セラピストのポジショナリティ，社会のあり方の相互の関係を指摘した言葉である。PTSD と診断されたベトナム退役軍人のセラピーに取り組みながら，暴力加害，男性，セラピー，そして社会のあり方を指摘した。戦争の PTSD への対応に携わるものの立ち位置について，「彼らをベトナムへ送ったのは我々であるというコミュニティの共犯性」と語っている。原書では community's complicity となっている。これにはいたく感銘を受けた。戦争に送り出してしまったことの罪責感の表明でもある (ホワイト, 2000)。「自責の念」といえば強いかもしれないが，こうした気持ちをもってトラウマ・セラピーに取り組む臨

床家はどのくらいいるのだろうかと思いを馳せた。もちろん戦争によるトラウマだけではない。心的外傷となるような出来事には，程度の差はあれ国際関係，社会問題そして政治経済が潜んでいるからである。こうした理解は治療同盟という意味にはとどまらない社会臨床論としても肝心な点だろうと考えさせられた。

　その背景事情ともかかわりながらセラピー関係を意識することが専門職者の倫理であり，心理臨床をセラピールームに閉じないポジショナリティの自覚が必要であると思う。翻訳書はこの意を汲んで「共犯関係」という言葉を用いたと想像する。この訳で，罪と責任を強調することができる。ここではもう少し広く，関係性を問う共軛関係という言葉でみえてくること，考えなければならないことをみてみる。

(4) 何が「共に」か——共軛関係のかたち

　共軛関係はレトリックとして多様な使われ方をする。ベトナム戦争を阻止できなかったとはいえ，セラピールームでトラウマ・ケアを求める帰還兵とセラピストに直接の加害と被害の関係があるわけではない。私(たち)と病む人たちや問題の渦中にある人たちに明確な境界があるのではなく，濃淡(グラデーション)や連続体(スペクトラム)があるだけだ。その同じ時代，社会，文化と意識のなかを生きているからである。だから，病むことや問題をもつことへの想像力が求められているのだと思う。あいだにある「つながり」が，共軛関係として，私(たち)と病む人たちや問題の渦中にある人を関係づける。

　ホワイトには戦争を介して罪責感としての共軛性が自覚されていた。この「つながり」を知らないと，「無知」という責任が課せられる。社会の側の問題を指摘する共軛関係という視点は，社会臨床という側面を浮かび上がらせる。このホワイトの自覚に類似した社会の問題例として人びとが体験していることは多い。たとえば，性同一性障害者特例法の身体条項(生殖機能をなくすための手術を受けなければならないという規定)の違憲性が問われ，少数意見が付され，WHOからも批判がある。これも性別違和の解消に向けた改善をすべ

き社会の側の問題である。また，刑法の性犯罪条項の変更がなされたが，なお被害者に厳しい基準があることはかわっていない。合意があったとみなされないために被害者は抵抗しなければならないのだ。これも社会の側の意識の反映という面とともにそれを支える共同意識として「私たち」もその一部を構成しており，共軛関係があるといえるだろう。

5. 臨床社会学は問題解決ではなく問題設定を変える
　　──批判的実在論に依りながら

(1) 存在論における恣意的な境界設定
　　──オントロジカル・ゲリマンダリングの指摘

　本章の関心は，臨床社会学が，心理化する問題解決だけではなく，福祉的援助による専門家主義とも距離を置き，社会構築主義を前提にしつつ，問題解決だけではなく，問題設定を再構成することをいかにして根拠づけていくのかという点にある。臨床社会学の視点から問題解決のための「公共」を問い直すこと，さらに臨床の援助実践の問い直しも重視する。端的にはパターナリズムの乗り越えである。

　このための方法と理論として批判的実在論に依りながら考えている。批判的実在論は，経験のドメイン，アクチュアルなドメイン，実在のドメインに世界が層化，構造化されたものとして社会を把握する。この世界で起こっている事柄は観察される事柄と同じでなく，そうなるメカニズムを意味する実在の顕現として3つのドメインをみる。経験のドメインは，直接または間接に経験する事柄から成り立っている。私たちがそれを経験するしないにかかわらず「出来事が生起しているアクチュアルなドメイン」とは区別される。

　構造的な概念として，ジェンダー，階級，人種的民族的なもの等が指摘されている。ここから出来事，データをとおして「経験のドメイン」が社会病理の諸現象として把握されていく。枚挙に暇が無いほどに社会病理にかかわる「経験のドメイン」がある。たとえば，津久井やまゆり園事件，ハンセン病への謝罪と補償，優生保護法強制不妊手術，性同一性障害特例法，同性婚問題，子ど

も虐待とDVの関連等，ハラスメント，ハームリダクション，ダイバージョン政策等である。これらの「経験のドメイン」は，「実在的なドメイン」を語るに相応しい概念を生成させる理論へと媒介されていくための，経験はしないが概念として把握できる「アクチュアルなドメイン」の層を成している。たとえば，構造的暴力，社会的公正，認知的不正義，治療的統治，新しい人権（個人の人権だけではなくジェンダー，障害者，マイノリティの集団に依拠した人権）等の概念としてとりだすことができる問題群がアクチュアルなドメインを構成する。これらの概念は理論的な抽出に依るものであり体験するわけではないが，「経験のドメイン」から生成する。それは「実在的なドメイン」を顕現させる。実在的なドメインは，社会構造としてのそれらのドメインを起動させるメカニズムである（ダナーマーク，2015）。

さらに，親密な関係性における暴力にかかわり暴力の偏在と遍在，機微と機制の両面から把握し，臨床社会学的な脱暴力臨床論と社会科学的な社会問題としての暴力論の統合をめざしてきた（中村，2019）。この遍在しているというアプローチは構造的暴力という概念に支えられている。ではそこには何が存在しているのか。以前からあった問題が親密な関係性における暴力であり，なんら新しい問題ではない。構造的暴力が社会の諸制度や臨床実践や知の言葉（例：ジェンダー）をとおして表層へと可視化されてきた。構造的暴力に相当する実在的なものを社会構築主義のその後の社会病理学研究はどうひきうけていくべきなのか。（中村，2016b）。

社会問題対策にかかわる社会政策は必要で，どのような定義に基づくのか，いかなる課題を優先し，どのように焦点化するのか，つまり線引きをするのかは争点であり，それが政策形成の常とはいえ，対策や政策としては恣意的なものあるいは不十分なものであると批判を受けることが多い。社会構築主義はこうした過程を「存在論における恣意的な境界設定 ontological gerrymandering」として指摘した（ウールガー＆ポーラッチ，2006：185-213）。この意味は，政権に利益になるように選挙区を勝手に改変するゲリマンダーという言葉を用いて社会問題の恣意的な定義が存在することを捉えようとしたものであり，選択的相

対主義の見地から社会問題化がはかられていく様相を把握する言葉である。存在論的囲い込みをもとにして，社会問題研究の一連の言説，政策，制度，データ，解決法等が組成され，ひとつの構築物ができあがる。それは「社会問題のポリティクス」として機能している。争点のアリーナ（主戦場）として構築されるにいたる。

そのアリーナが構成されるには，複数のアクターが参与している。社会構築主義はその社会過程に注目し，動態を記述し，批判的な議論の俎上にのせる。社会問題が社会的に認知され，定義され，発見され，臨床化され，社会実装され，成果を評価され，さらに定義が一部訂正される等のループを記述する。同様に研究活動もその社会構築の一環にあるので，研究者のポジショナリティを問うことも可能となる。社会構築主義は研究対象に言説創造に携わる研究者が含まれることを指摘する。

(2) 社会構築主義への批判を受けて

しかし，社会構築主義への批判も数多い。たとえば，その組成体が言説的に措定されるどころか実体としても機能している点が等閑に付されがちなことである。存在論的囲い込みの恣意性を穿つための構築過程の把握とは別に，それを乗りこえる別の言説的な編成体を組成する回路もまた構築主義的に自己言及せざるを得ず，そうすると終わりのない回廊に入り込む。構築主義はこうしてラビリンス（迷宮）に陥る。その間に，その言説編成体の実践と政策が実行されて社会問題対策がすすみ，社会構築過程として強化されていく。

別の批判としては，①社会構造の問題へと届かないこと，②社会的現実の変革の論理が見えづらいこと，③社会問題の解決への道程が欠如していること，④方法的な相対主義へと陥ること等の批判である。たとえば，ナラティブの臨床社会学を展開する野口祐二は「社会構成主義が相対主義の徹底をもたらし，研究者の言語ゲームに陥り，ニヒリズムへと『退却』してしまいかねないことをいかにして回避することができるのか。…相対主義は『社会問題の記述』には役立つが『解決』には役立たない。社会構成主義は『問題』の成り立ちにつ

いて傍観者的に記述する。この姿勢こそが『問題』にまつわる『当事者性』を消し去るように作用して、『研究者のゲーム』を完結させる」という（野口, 2005, 中村, 2007）。

　さらに、北田暁大「存在の金切り声」として歴史記述における構築主義の問題点を指摘する。「〈構築されざるもの〉の権利を賞揚し、その際、ホロコーストを否定する歴史修正主義批判を念頭に置き、たった一人の承認の声を耳にしてなお、過去そのものへの問いを宙づりにしておく構築主義あるいは歴史学の歴史性・政治性を解剖していくメタ・ヒストリーに留まり続けることもできない」という（北田, 2001）。

　歴史修正主義批判を展開する高橋哲哉は、「語りえぬものと記憶の非場所」という。「記憶そのものの否定、解釈そのものの否定、物語そのものの否定として生起する」（高橋, 2012）のが「歴史修正主義」であり、それは「記憶の消去という完全犯罪」や「追憶する人びとの記憶をも完全に消し去ること」となり、その結果、「語りえぬものを物語＝叙述の仕方で語ることは不可能」としてしまい、「一定の筋や起承転結をもち、一つの整合的全体として秩序づけられる通常の言説という形では語りえないこと」を生起させる。しかしそれでも「証人たちが断片的に発するいくつかの言葉が、物語＝叙述としては挫折するまさにそのことを通して、語りえぬものをかろうじて示唆している」ことになり、聴く側としてはその「証言の言葉は詩的な言語に近づく」（高橋, 2012）ということを意識すべきだという。言語による物語をとおして構成される現実という言い方とは程遠い、言葉にならない向こう側があり、それを忘却するのでもなく身体と精神の記憶として秘めておくこともあるという。つまり、語りうるものだけを聴くのではなく、その前後に語りえないものがあることへの配慮である。

　筆者なりにいえば、ホロコーストや従軍慰安婦の経験を疑うことまでをも多元的社会は放置してしまうのか、その言説を許容する相対主義に陥ることに社会構築主義はどう向き合うのかという問いとなる。

　さらに社会構築主義は言語論的転回を前提としている。臨床実践と社会構築

主義の関連について野口は「①現実は社会的に構成される．②現実は言語によって構成される。③言語は物語によって組織化される。」と整理した（野口, 2005）。言語論的転回は言語と物語と現実の関連を強く想定している。この点にかかわり樫村愛子は構築主義の限界を次のように指摘する。「構築主義理論は，人間や社会の構築性を記述したが，他方でこれまで維持されてきた人間の生きられる条件や構造が実際何であるのかは論じられず，それゆえ現在起こっている人間と社会の解体に対し，必要とされる社会の再構築を考察できない。構築主義のこの困難は言語至上主義にあり，すでにできあがった言語の共時体系から出発しているため，再構築可能性と関わる，言語構造の生成や言語と主体の結合の条件を論じられない。理論的に見れば，言語の内部からのみ記述するため『自己言及のパラドクス』という難点を抱え，これを脱パラドクス化している身体や主体等を論じられず，言語化できない身体や主体を唯物化・本質主義化することとなる。」（樫村, 2004）と。

これらの構築主義批判を重ねると，「沈黙すること，語りえないこと，語りにくいこと，忘却すること，言葉による拘束」のテーマを社会構築主義はどう扱うのか，物語化という作用は比較的まとまった意味の体系や整理された記憶を想定させるが，それらが「あやふやであること，断片化していくこと，統合されていないこと」，特にトラウマ体験を扱う臨床こそが視野に入れるべきである点をどう対象化するのか，そして社会的現実の変更にどう応答できるのかというテーマがある。別言すると，言語の外部にあるもの，実在的なものの存在，つまり制度，現実，自然（人間の死を含む）それ自体の意味づけが構築主義批判では共通に指摘されている。

また，社会の主流となっている物語の書き換えを目指すナラティブ・セラピーの実効性ともつながる。主流の物語は社会構造が期待する行為に基づき，人びとの意味構成と相互作用の仕方に入り込み，ひいては自己の方向づけをも規定する。関係性をコントロールする権力作用だといえる。主流の物語を構成する諸力は社会構造に由来する。何かが自由に構築されていくのではない。その何らかの社会的諸力は基軸性をもっている。物語は言説的な実践であるが，

その外部にある非言説的なものとの関係づけや全体をどのように統合するのかについて現代思想は多様なアプローチをしてきた。社会構築主義をめぐる諸論点もそこに収斂する。たとえば、「呼びかけを通じた主体形成、イデオロギー作用、重層的決定(アルチュセール)」、「言説と権力の規範(ノルム)形成作用、臨床医学の誕生による言説共同体(フーコー)」、「構造化の理論(ギデンス)」、「階級による統一化役割とヘゲモニー(グラムシ)」、「行為遂行的なジェンダー作用(バトラー)」等の物語を編成する社会的政治的な諸力の概念化の経過が社会科学論にはある。ポストマルクス主義の政治理論を整理したラクロウとムフはこれらの全体を「接合 articulation と言説 discourse」とまとめている(Laclau & Mouffe, 1985)。

(3) 社会構築主義のその後に―問題の再設定

こうした批判もありすでに社会構築主義はいくつかに分化していて単一のものではない。徹底して実在的なものを否定する厳格な構築主義アプローチがある。これは後に述べる言語論的転回(ナラティブターン)を重視し、言説とシンボルに限って社会構築主義を位置づける。他方で、コンテクスト派と名づけられたアプローチがある。よりマイルドな見地で、構築過程における社会問題の実在性を承認し、より現実的なアプローチである文脈派構築主義(コンテクスト派)の立場である。メンバーのクレームをこえて世界に認知されている社会問題の実在の状況をみる(平・中河, 2006)。

この2つに分化した構築主義アプローチの差異は客観的なものをどう扱うのかが論点である。日本における社会構築主義を牽引してきた平英美と中河伸俊は経験的な分析を重ねることの重要性を語っていることもあり、具体的な社会問題の社会学的研究に即した記述を追求するなかで折り合いをつけることが生産的だと筆者も考える(平・中河, 2006)。

現代日本社会でも社会問題の変容は確実に進展しており、社会構築主義の臨界までその可能性を発揮できる記述対象はたくさんある。典型はひきこもりや不登校問題である。問題を表現する言葉の変遷が顕著な領域である。不登校と

いう言葉は幾多の変遷の結果たどり着いたより包括的なものである。長期欠席・不就学，学校恐怖症，登校拒否，不登校へと定義は変容してきた。しかし共通していることは，再登校を目指している点である。行きたくても行けない事態があるのだからそうした因果において「問題の定義と解決方法」をセットにする。

それと同時に，学習を持続させる方策が講じられて，学習者としての主体が構成されていき，そのための場，機会そして資源の保障が大切だという点に着目すると，児童・生徒中心の見方ができる。換言すれば，「不登校児童・生徒」は現実の総体を把握した言葉ではなく，学習者としてみればまた別様のアプローチもできることになる。不登校経験も含めてその子らは学び続けている。そうするとまた異なる名付けがいる。不登校という言葉では語られていないことの方が多いことを当事者は語る。不登校という名付けを変更するためにもその外部からの異なる定義がもとめられている。

この「問題定義と解決方法のセット」のあり方を再検討し，問題を再設定することは関連領域の複数のシステム変更を意味する。再登校・再適応だけに収斂させない解法を社会が保持するための方策の検討である。確かに学校に行かないことは少数派であり，逸脱的である。しかしそれを問題として捉え，矯正・更生の対象とするのではなく，その逸脱性にあわせてシステムの更新を行うアプローチを採ると，選択肢の拡大，定義の再構築，制度の更新・革新へと至る。具体的には，学校だけではない学びの場の創出や持続的な学習者としての成長の保障を検討していけば，システムは寛容になり，ユニバーサルなデザインとなる。たとえば認定フリースクールの整備，個人別学習支援，ホームエデュケーションの認知と活用，学びのバウチャー制度（学習者が自由に機会と場所を選択して教育サービスを購入できる仕組み），到達度検証試験制度によるアクセス保障等を創出し，主流の学校システムに接ぎ木する。これはシステムの柔軟化となり，学習者主体の多様な学びのニーズに応答できる。

この意味では，異なる階層にあるシステムの諸連関，それを変動させていく創発的な力とは何かについての理解が必要となる。それは何がそこに実在して

いるのかという根本的な問いを取り出すことになる。筆者はこうした批判的実在論に着目する（ダナーマークほか，2015）。臨床社会学をとおして問題解決の実践に取り組み，公共社会の諸相の分析をとおして解決の政策的課題からシステムの変更を展望し，社会病理の諸相をとおして世界の実存的な構造を意識し，「生きづらさ」の経験的なドメインを記述し，アクチュアルなドメインの概念をクリアにし実在のドメインに迫るものとして批判的実在論を理解したい。

6．実在的なものの重要性

　何かを問題だと定義して当該のシステムの内部で解法を求めるだけだとそれは単なる適応や順応でしかない。臨床社会学は社会の編み直しを含んだアプローチである。それはシステムの変更を要請するので，社会臨床ともいえる。社会病理学に関連づけられた臨床社会学と，問題を解決するための公共の社会学的検討をとおして，主流となった問題の定義を語る言葉，既存の解決方法だけでは見えなくなることを視野にいれる枠組として臨床社会学があることを検討してきた。その問いの再設定を行う際に，社会構築主義を前提にした批判的実在論が重要となることを示唆してきた。しかし本格的な検討はこれからである（後続の諸章で批判的実在論を扱っているので参照のこと）。
　なお，付言しておくと，本章の問題意識は故佐々木嬉代三の社会病理学論から学んでいる。
　とくに社会的現実を把握する診断の学としての社会病理学の存在意義を語り，臨床社会学化することへの批判的見地と，社会構築主義だけにも依拠できない実在的なものの意義を強調することにおいて社会病理学は不可欠であることを力説していた見地は筆者には重要だった（佐々木，1998）。

【文献】
　雨宮処凛・萱野稔人（2008）『「生きづらさ」について──貧困，アイデンティ

ティ，ナショナリズム』光文社新書
蘭由岐子（2017）『「病いの経験」を聞き取る――ハンセン病者のライフヒストリー』生活書院
アレクシエーヴィチ, S. 著／松本妙子訳（2016）『セカンドハンドの時代――「赤い国」を生きた人びと』岩波書店
石田侑矢（2016〜2018）「問題解決型刑事司法の課題と展望――歴史的・訴訟法的観点からの一考察（1）〜（3）」『九大法学』113，114，116号
石塚伸一編（2007）『日本版ドラッグ・コート――処罰から治療へ』（龍谷大学矯正・保護研究センター叢書）日本評論社
石牟礼道子（2017）「花の文（ふみ）を――寄る辺なき魂の祈り」『中央公論』2013年1月号（『花びら供養』に所収，2017年，平凡社）
ウォッターズ, E. 著／阿部宏美訳（2013）『クレイジー・ライク・アメリカ――心の病はいかに輸出されたか』紀伊國屋書店
ウールガー, S. & D. ポーラッチ著／平英美訳（2006）「オントロジカル・ゲリマンダリング――社会問題をめぐる説明の解剖学」平英美・中河伸俊編『新版 構築主義の社会学――実在論争を超えて』世界思想社
AA日本出版局編（2017）『アルコホール・アノニマス――無名のアルコホーリクたち』AA日本出版局
樫村愛子（2004）「現代社会における構築主義の困難」『社会学評論』55巻3号
川口遼（2019）「一橋大学アウティング訴訟――大学側の不作為とは何だったのか」『世界』2019年5月号
北田暁大（2001）「〈構築されざるもの〉の権利をめぐって」上野千鶴子編『構築主義とは何か』勁草書房
古賀正義・石川良子編（2018）『ひきこもりと家族の社会学』世界思想社
齋藤直子（2017）『結婚差別の社会学』勁草書房
佐々木嬉代三（1998）『社会病理学と社会的現実』学文社
佐藤哲彦（2006）『覚醒剤の社会史――ドラッグ・ディスコース・統治技術』東信堂
――――（2013）「薬物問題に対する欧州アプローチと脱犯罪化統制の現在――ハームリダクションの動向とその含意」日本犯罪社会学会編『犯罪社会学研究』(38)：124-137.
平英美・中河伸俊（2006）「構築主義アプローチの到達点――エンピリカルな見地からの課題と展望」平英美・中河伸俊編『新版 構築主義の社会学――実在論争を超えて』世界思想社
高橋哲哉（2012）『記憶のエチカ――戦争・哲学・アウシュビィッツ』岩波書店

ダナーマーク, B., エクストローム, M., ヤコブセン, R. & J. カールソン著／佐藤春吉監訳（2015）『社会を説明する——批判的実在論による社会科学論』ナカニシヤ出版
治療的司法研究会編（2018）『治療的司法の実践』第一法規
中井久夫（2016）『いじめのある世界に生きる君たちへ——いじめられっ子だった精神科医の贈る言葉』中央公論新社
中村正（2001）『ドメスティック・バイオレンスと家族の病理』作品社
────（2005）「臨床社会学試論——社会病理学との関係において」『立命館産業社会論集』第 41 巻 1 号
────（2007a）「〈臨床〉から〈臨場〉へ——野口裕二著『ナラティヴの臨床社会学』（勁草書房，2005 年）を手がかりにして」『現代の社会病理』第 21 号，日本社会病理学会編：137-146.
────（2007b）「殴る男——親密性の変成に向けて」市野川容孝ほか編『身体をめぐるレッスン第 4 巻——交錯する身体』岩波書店
────（2016a）「暴力臨床論の展開のために——暴力の実践を導く暗黙理論への着目」『立命館文学』646 号
────（2016b）「社会問題研究における社会構築主義と批判的実在論」『立命館産業社会論集』51 巻 4 号
────（2019）「暴力の遍在と偏在——その男の暴力なのか，それとも男たちの暴力性なのか」『現代思想』vol.47（2）
日本社会病理学会監修／高原正興・矢島正見編（2016）『関係性の社会病理』学文社
ヌスバウム, M. 著／河野哲也監訳（2010）『感情と法』慶應義塾大学出版会
野口裕二（2005）『ナラティヴの臨床社会学』勁草書房
ブザール, D. 著／児玉しおり訳（2017）『家族をテロリストにしないために：イスラム系セクト感化防止センターの証言』白水社
ホワイト, M. 著／小森康永ほか訳（2000）『人生の再著述——マイケル，ナラティブ・セラピーを語る』ヘルスワーク協会：50-254.
松本俊彦・古藤吾郎・上岡陽江（2017）『ハームリダクションとは何か——薬物問題に対する，あるひとつの社会的選択』中外医学社
見田宗介（2008）『まなざしの地獄』河出書房新社
────（2017）「差別社会，若者を絶望させた」『朝日新聞』2017 年 3 月 22 日
村本邦子（2011）「治療的司法の観点から見た法と心理の協働——トロントの治療型裁判所を視察して」『法と心理』11 巻 1 号：7-13.
優生手術に対する謝罪を求める会（2018）『優生保護法が犯した罪——子どもを

もつことを奪われた人びとの証言』現代書館

ラクロウ, E. & チャンタル・M. 著／山崎カヲル・石澤武訳（1992）『ポスト・マルクス主義と政治』大村書店

李創鎬（2006）「多文化間精神医学・PTSD・トラウマ」姜尚中編『ポストコロニアリズム』作品社

ローズ, N. 著／檜垣立哉ほか訳（2014）『生そのものの政治学——二十一世紀の生物医学，権力，主体性』法政大学出版局

第8章
臨床社会学は何を語ってきたか

中 西　真

1. はじめに

　本章は，2015年，日本社会病理学会第31回大会のテーマセッション（以下，テーマセッションと表記する）の一部，「臨床と社会学」に関する内容を基にし，病理，臨床と研究の関係性という今まで社会病理学会でされた議論の文脈と密接に関連している。なお，テーマセッション全体としては「社会病理学や逸脱の社会学に寄せられた批判，社会構築主義の利点と問題点，さらに臨床社会学や他の新たな方法論は模索できないかといった論点を確認する」という主旨で開催された。

　これまで，実践現場や社会病理，社会問題の研究における近年の問題状況について，社会病理学会では，第30回大会の特別シンポジウム（進藤報告）で「『構築主義』の問題と，社会問題の広義の『心理主義化』という論点」があり，後者に対して，「『臨床社会学』形成への動向がほぼ同時期に見られた」と示された。また，社会病理学と臨床社会学の名称，内容を巡っては，同性愛，離婚等を社会病理現象として扱われることへの違和感が表明され，社会病理学は問題解決指向を謳うが，社会学と社会福祉学の間で独自性を発揮できていないと指摘される（畠中，2004）。現状では「社会問題」という語はマルクス主義で使用する意味合いが弱くなり，構築主義的な意味合いに変化したといわれる。マルクス主義との相違を示して誕生した「社会病理学」も新たな存在意義

を見出す必要性が指摘される。この状況で新たな展開の1つとして注目されてきたのが「臨床」と「社会学」の関係を意識して研究する「臨床社会学」である。

　また，筆者自身は，戦後日本の学校でどのような実践の指針・プランに基づいて指導されてきたのかについて，少年非行，暴力の背景を把握した実践を中心に，生育状況，地域，社会資源，歴史的な視点も踏まえて研究してきた。学校教育や家庭的な保育事業(京都市昼間里親による乳児保育室，昼間里親保育)[1]，児童相談所等の実践現場にかかわって活動や研究をし[2]，教師，福祉関係職員等に話を聞くことも多い。研究，実践を行う過程で葛藤が生じることもあり，研究者と実践者，当事者の立場，研究と実践の関係性等で，適切なあり方を常に模索している。特に，問題意識として，「臨床的な見立てをうまく生かすためには，一方で問題を積分化していく病理学的な道具立てが必要」，「病理学的な知識もまた，臨床的な知見によって吟味されることがなければ，机上の空論と化してしまう」(土井，2000：140)というような「実践現場と学術研究の相互作用」の重要性を感じている。

　そこで，本章では「社会病理学」との関連で展開される「臨床社会学」研究に関する内実の一端を示し，当事者と(社会学)研究者，実践現場と研究の関係を検討していく。データは，主に日本における1950年代から現在までで筆者が把握でき，題目に「臨床社会学」やそれに関連する「シカゴ学派社会学」「逸脱」等という語を含む文献，論文について焦点をあてて扱い，「臨床と社会学」に関して記述された内容を示していく。

2. 「臨床社会学」で問う必要があること

　現代の「臨床社会学」について論じる場合に問う必要があることのひとつは，源流のひとつとして示され，実証と実践が未分化であったシカゴ学派[3]では潜在していた課題，すなわち研究者と当事者の関係性，さらに臨床と社会学との関係である。たとえば，『初期シカゴ社会学派の世界』で吉原直樹・桑原

司は「『実証』と『実践』とが未分化の状態で，すなわちオーバーラップしたままに統合された〈臨床社会学〉の存在意義が改めて取り沙汰される」(吉原・桑原, 2004：115-116) と示す。これは，シカゴ学派における「臨床社会学」は，社会学と社会事業(福祉)が分化する前段階の内容とも読み取れる。

　さらに，現代では，実践現場，当事者と研究の関係における適切さが強く意識される背景があり，臨床と(社会学)研究の新たな関係性を見出す必要が生じてきたといえる。これらについては，日本でも社会病理学や臨床社会学で次第に問われるようになってきた。たとえば，宝月誠は，研究者を観察者と表記し，「観察者にとって，逸脱の社会的定義を構成する仕方は，当事者たちと違ってたったひとつということはなく，観察者は複数の可能な形式の中から選択しうる立場にある」(宝月, 1986：99) とする。また，宝月は，当事者主義の流れの中でいかに観察者の役割を復権するのかと問い，その復権には，観察者の独断による逸脱の定義を排するためにも，一定の慎重さが要求されると示す (宝月, 1986)。そして，清水新二は，研究者を専門家と表記し，専門家は「問題」のリアリティの教えを請い，対応のヒントを学び，個別具体ケースの「体験」を集積していま少し一般的な「経験」として，他者とも十分共有できるリアリティを構築していき，事象の背後に絡む専門的情報を提供しながら，当事者のリアリティ構築を相対化できる能力があるとする (清水, 2004：162)。これらは，研究者が当事者の逸脱に関する定義を出発としながらもさまざまな方法で把握し，相対化，選択して責任を果たすことができると示している[4]。さらに，土井隆義は，社会学の役割として，「現実に対して社会学が影響力を及ぼしうるとすれば，それは社会学的な営為によって産出された言説の力を通してである」(土井, 2000：141) と示す。このように，当事者と研究者はそれぞれの立場で異なる役割を果たす。研究者は，現場とのかかわりに注意して得た知見を活かし，学問的な営為によって産出された言説の力を通して現実に影響を及ぼす存在だといえる。以下では，まず，現代における「臨床社会学」の展開過程を整理し，それらの多様な視点に内在する研究者と当事者の関係性に続き，臨床と社会学との関係に関する論議をあわせて検討していきたい。

3.「臨床社会学」の主張と内実

(1)「臨床社会学」が注目される背景

「臨床社会学」と表明する研究が着目される理由の第1は，構築主義が浸透した後に何を立ち上げるのかという問いへの対応，「実践の現場で役に立たなければならないという社会学の焦燥感」であり，第2は，「『心理学化する社会』への社会学としての批判表明」，「援助実践に社会性を取り入れたものが少ない」(中根，2006：25-26)からだとされる。たとえば，学校で生じる「問題」，背景の理解とその対応について，「問題を個人の心や学校のなかに閉じこめず，社会的な広がりのなかで解決すべきだとする流れ」として，スクールソーシャルワーカーが導入されたとの指摘も実践に社会性を取り入れた一例といえる(森田，2010；中西，2018等)。さらに，臨床的関心の高まりは，人間と社会を扱いながら，その臨床的現実から離れていく傾向を見直そうという現代的要請(藤澤，2007)，社会学研究に対しては「行き過ぎた普遍化志向に対する反省として，臨床化のまなざしは確かに重要な意義をもっている」(土井，2000：140)とも主張される。そして，大村英昭は，研究者の生活態度，特権への反省として，「私たち人文系科学にたずさわる研究者の中にも，生活現場に培われる人情の機微や処世の知恵を，批判するという以上に，むしろ揶揄するに等しい言辞を吐いて得々としている人たちは少なくない。しかも，こういう人たちに限って，己れの生活態度となると，まさに"自己チュウ"。あたかもそれが研究者の特権であるかのように……」(大村，2000：iv)と示す。これらは，臨床社会学の登場した背景に，研究者の行き過ぎた普遍化志向，特権意識を持つ者がいる場合や，構築主義，心理主義が浸透し，社会学にも実践現場での有用性を求める社会において，実践現場にかかわる研究者の視点に臨床化，自省を喚起することが重要な状況を示している。

(2)「臨床社会学」の研究，時代ごとの変化

まず，日本で「臨床社会学」と題目，キーワードに含む文献，論文数につい

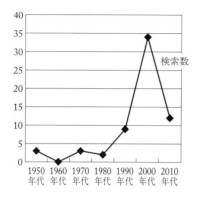

図8-1 国立国会図書館サーチ（本）による「臨床社会学」の検索数

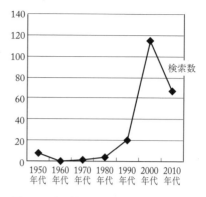

図8-2 論文検索CiNiiによる「臨床社会学」の検索数

出典：各検索サイトを使用した件数から重複分，内容を確認して筆者が作成
なお，2010年代は，2018年12月末までの検索数を対象としている。

て，年代と数を見ていく。

　上記の図8-1，図8-2を見ると，日本では「臨床社会学」というキーワードを使用した文献，論文ともに1950年代から徐々に発表され始め，1990年代に増加，とくに2000年代に急増するという傾向である。

　各年代の特徴として，「臨床社会学」の歴史をまとめた岩井阿礼は1950年代には臨床社会学を巡って「理論構成に重点をおいた立場，個別事例に臨床的にアプローチする際の臨床技術に重きをおいた立場，社会不調整に重点をおいた立場，教育を通じての働きかけを重複する立場」（岩井，2004：24）があると示す。そして，1960年代には「臨床社会学研究者は，いくつかのフィールドで試行錯誤を行なっていた」とし，1970年代は「論文が，臨床社会学が取り組むべき課題や方法について述べたアイデンティティ探索的な色彩をもっていた」，1980年代は「具体的で各論的な内容の業績が多く出された」とされる（岩井，2004：25-26）。筆者は，日本における臨床社会学の歴史に関する記述（岩井，2004；野村，2007等）を見て，2010年代以降の「臨床社会学」の研究を確認してきた。

　その結果，「臨床社会学」に関する研究について，時代の流れ，区分として，

①1950年代から1980年代，②1990年代から2000年代，③2010年代から現在，という1つの捉え方が現段階ではできると思われる。また，研究者が「臨床社会学」という言葉に込めた意味合いとして，①「実践・介入型」，②「(フィールドを重視した)社会理論・説明型」，③「ナラティヴ・アプローチ型」，④「各論的内容型」という4つに意味内容ごとに分類でき，それらが年代によって，質量ともに変化，混在，検討され，現在にいたると筆者は考えている。

まず，第1段階として，1950年代から1980年代までの実践，研究を見ると，アメリカ，シカゴ学派における状況と同じように，日本の社会学では，現在の医療福祉，精神保健福祉的な実践を含み，地域組織化活動，教育，非行，司法の実践，研究がテーマとして一体化しながら扱われていた。筆者の分類でいうと，主に①実践・介入型，②社会理論・説明型という内容が「臨床社会学」の題目で研究発表されていた。

しかし，1980年代後半，1990年代にかけて，実践・臨床現場の状況は，様変わりしてきた。今まで社会学の専門性として現場で実践する状況が，1987年には社会福祉士と介護福祉士，1997年には精神保健福祉士という国家資格が生まれ，1990年代にスクールカウンセラー制度の導入に象徴される「心の専門家」が隆盛し，専門が分化してきて，社会学の研究者が実践・臨床現場にかかわる意味がさらに問われるようになってきた。

そこで次に，第2段階として，1990年代から2000年代までで「臨床社会学」というキーワードが急増してくるのである。これは，臨床心理学，社会福祉に対して，社会学も現場にかかわり，役に立ち，臨床にも使用できるという主張をも含む，表明の1つであった。この時期に発表された，「臨床社会学」を題目に含む研究を見ると，主には①実践・介入型，②社会理論・説明型，③ナラティヴ・アプローチ型，④各論的内容型に分類できる。そして，実践・臨床現場での研究，実践の蓄積，協働し，「臨床社会学」の論議が隆盛し，方法論，理論化が検討されてきた。

さらに，第3段階として，引き続き，実践に携わる研究の蓄積，方法論，理

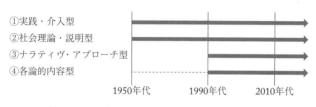

図8-3 「臨床社会学」に関する研究，時代ごとの記述，意味内容の変化

出典：図8-3は，収集した「臨床社会学」に関連する文献，論文等を基に検討し，筆者が作成

論化の検討がなされている。やはり研究の方法論，理論の明示という意味では，③ナラティヴ・アプローチ型がわかりやすく，共通項，広がりを見せていると思われる。そして，①実践・介入型，②社会理論・説明型も継続して研究発表されているが，「臨床社会学」を標榜した研究は量的に減少した感は否めない。「臨床社会学」と題目で示したうえで，臨床・実践現場のことを語り，社会学の理論，知見で説明する手法といえる④各論的内容型も増加しているように感じられる。本節の，「臨床社会学」に関する研究，時代の流れは以下，図8-3のようにまとめられる。

(3)「臨床社会学」の記述内容

日本の研究では，「臨床社会学」について，言葉に込める意味合いが論者によって微妙に異なるが，共通するのは，臨床の現場を研究対象にし，臨床家や患者に少しでも役に立つ知見の提供を目指すことであり，その魅力の1つは，マクロな社会状況とミクロな臨床場面との関係を論じられることである(野口・鈴木・伊藤・中村・西村，2015)。また，中村正は「臨床社会学は問題解決志向や実践志向を有していること，社会学的知見を活かして臨床実践の過程について吟味すること，臨床に役立つ社会学的な援助実践が提示」でき，「社会構築主義の洗礼を受けた社会学の時代に臨床社会学を名乗る以上は，社会や環境がもつ障害性を解決する見通しを同時に明示化」する必要性を主張する(中村，2005：93)。

そして，臨床社会学の理論化を試みた大村は，図8-4のように，臨床社会

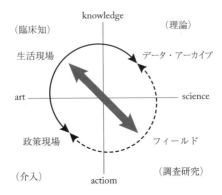

図8-4 臨床社会学の構成要素, 研究の流れ

出典：大村（2005：28）を基に，図のタイトルを少し変更して掲載

　学の構成要素を示し，「デュルケムが破線矢印で書いた三点運動に傾斜していたとすれば，シカゴ学派出自の臨床社会学は，実線で書いた三点運動に傾斜している」(大村, 2005：29)とする。また，臨床社会学の採るべき道は「デュルケム社会学のクール・マインド（ないしアウトサイダー主義による理論的見識）と，シカゴ学派以来のウォーム・ハート（ないしインサイダー主義によった共感）との間を行ったりきたりするしかない」(大村, 2005：29)とされる。

　しかし，実践現場と研究の関係性を考慮して登場した「臨床社会学」という名称は共通するものの，各々の研究者がさまざまに使用しているように見受けられる。これまで，臨床社会学の整理として，学校の臨床社会学について論じる志水宏吉は，臨床社会学の研究を「第一に，フィールドワークの伝統にそくしたモノグラフ・事例研究，第二に，医療・福祉の場などの『臨床現場』を対象とした社会学的研究，そして第三に，何らかの社会問題の解決を志向した応用社会学的研究の3つ」(志水, 2002：365)に大別する。また，臨床社会学のスタイルとして，①臨床現場を対象とし，臨床実践や臨床理論を素材としながら，その社会学的意味を探るという「対象としての臨床」と，②新しい理論と実践を通して，現場への貢献，実践への貢献を直接追求するという「方法としての臨床」が示される(野口, 2005：99-100)。

これらの分類からは「臨床社会学」という言葉を含む研究について，①実践，介入を含む「実践・介入型」，②ナラティヴ(セラピー，語り)を重視する「ナラティヴ・アプローチ型」，③社会学の知見や理論を用いたフィールドの記述を重視する「社会理論・説明型」，④「臨床社会学」を表明しながら各論の研究内容を示す「各論的内容型」[5](広義の臨床社会学)という4つの分類が浮かび上がってくる。以下では，具体的な記述を見ていく。

a　実践・介入型

　第1の「実践・介入型」では，たとえば，畠中宗一は「臨床社会学の方法には，事前評価，介入計画の作成，介入計画の実行，事後評価といった一連の介入プロセスが含まれ」，「対象は，個人臨床から産業，医療，保健，福祉，学校などの各種の集団や組織，加えて政策領域までを含む」(畠中, 2004)とする。また，畠中は，臨床社会学が「臨床」で，問題解決指向を介入プロセスによって具体化し，「社会学」は，社会構造レベルと人間関係レベルを往復する想像力を含む学際的意味を付与され，問題と規定された個人や集団の行動に着眼すると示す。さらに，臨床社会学の特徴として，①問題解決指向，②行動に関する基本的パースペクティブは「生物心理社会」，③ミクロ，メゾ，マクロレベル間の相互作用という準拠枠，④科学的ワークと臨床的ワークの弁証法という4つを示す(畠中, 2004：36)。そして，井上眞理子は「臨床社会学の方法論的特性として①文化的アプローチ，②臨床社会学者と問題当事者との対等な相互作用，③ミクロ－メゾ－マクロの三次元の相互浸透，④地域性・即時性・予防的対応の四つを挙げることができる」(井上, 2006：127)と示す。さらに，「『個人』が語る『社会的現実』の意味を読み取り，その個人やグループ・メンバーとの『対話』を繰り返しながら協働してその『問題』を『解消』する方向に向かうことを『臨床社会学的実践』だと考え」，「具体的にはどのように『アセスメント』を行い，どのように現場に『介入』していくことが被援助者にとって有用となるのか」(山本, 2010：100)という主張がある。また，「(1)当事者の視点，(2)他者との関係性，(3)現場への還元，を重視して，臨床社会学的アプロー

チを試みたい」(野村, 2007：48), 「社会福祉の援助実践から出発するというスタイルを取るが, 他のあり方があってもかまわないし, 事実臨床社会学はそれくらいの許容力を持つものである」(柳澤, 2005：75)という記述もある。

　古くは, 1950年代に臨床社会学と社会診断法について論じた村田宏雄は, 臨床社会学について「不安にある対象を治療することである」「何らか不適応状態にある者に, 援助の手をさしのべて適応へ導く人間関係を領域とするもの」(村田, 1954：316)と示す。また, 「社会診断が確実にできてこそ治療が可能となるのであるから, これこそ臨床社会学の出発点をなす領域」, 「臨床社会学の場合, 対象が人間関係及びそれと関連するものであるがゆえに, 対象を実験動物扱いにすることは, 臨床社会学からのそれ自身逸脱である」(村田, 1954：317, 321)だとされる。さらに, 立教大学(社会学及社会福祉担当)の横山定雄は「診断を試みる時, 農村社会福祉を課題とする臨床社会学にとっては, その対象や分野は甚だ広く, 臨床方法やその規準については, 今後の研究成果にまつところ大きいのであるが, 福祉ニードや生活状況をめぐって, 個人と基礎社会・個人と個人・個人と集団・集団と集団などの間における種々の社会的テンション調整の問題は特に重要な課題」(横山, 1953：76)だとする。また, 「(福祉愛)から芽生える実践意欲の尊重こそ, 臨床社会学者 clinical sociologist に要求される, 望ましい精神態度なのである」(牛窪, 1954：63-64)ともされる。1970年代には「ふたたび人間学的に方向づけられた社会学を, 今度はあらためて社会福祉学におけるソーシャル・ワークの原理的可能性への問いにおいて問題にし, それを方法論的に『臨床社会学』として概念化する」(足立, 1979：49)とされる。これらは, 社会福祉に近い枠組みで学術的, 実践的な意義を検討する内容だといえる。

b　ナラティヴ・アプローチ型

　第2の「ナラティヴ・アプローチ型」では, たとえば「『臨床社会学』は, 臨床的現象を対象とする社会学, および, 臨床的応用を目的とする社会学の両者を抱合する社会学の総称」とされ, 「臨床と呼ばれる社会的現実を研究対象

とし，研究成果の臨床的応用を目標」，「理論的立場のひとつがナラティヴ・アプローチ」(野口, 2005：3-4)だとされる。また，当事者の語りを重視しながら臨床社会学を論じる西田心平は「『個人病理モデル』ではなく，コミュニティ・アプローチを志向する臨床社会学を目指す」(西田, 2003：9)とする。

2010年代に入っても「臨床社会学」「ナラティヴ」を標榜した研究がある。たとえば，ナラティヴを重視して研究する中村英代は「摂食障害を研究対象とし，摂食障害という問題の解消・応用を目的としていることから，臨床社会学に属する」(中村, 2011：52)と示す。さらに，「臨床社会学という言葉には，単に外から見ているだけではなくて，実際にそこに参与していくというニュアンス」があるとされる(野口・鈴木・伊藤・中村・西村, 2015：9)。ライフストーリー研究法の臨床社会学的意義についてまとめた渡邉文春は「臨床社会学ではマクロな社会状況を捉えるのに，『ナラティヴ・アプローチ』がその威力を発揮する」(渡邉, 2017：34-35)とする。このように，ナラティヴ・アプローチ型は，ナラティヴ・セラピー，当事者の語りを重視して研究する内容である。

c 社会理論・説明型

第3の「社会理論・説明型」では，たとえば，清水は「社会病理学や臨床社会学の現実的貢献は，当事者や現場のスタッフとのかかわりからだけ生じるものでもなく，知識社会学的に自らの知的営為を自省し彫琢することで間接的に貢献することもある」「何らかの形でフィールドや当事者の活動，政策形成過程との接点をもたないと，学術コミュニティ内部での閉じた議論になりかねない危惧は，臨床社会学研究を心がける場合，鋭敏であることが望まれる」(清水, 2004：158)とする。また，「臨床社会学的には，心理学—心理療法への社会的欲望そのものを解体し，それをずらすことでより豊かな社会空間を，可能な形で再編していくことが急務である」(樫村, 2003：251)と示される。そして，当事者の視点に立って何らかの問題解決への志向性をもつことは，臨床社会学の最も重要な点であり，通常聞き取りにくい「臨床のことば」を聞いて社会学的考察を行い，当事者にとっての問題解決を共に考えることは，臨床社会学の必

要性のひとつとされる(藤澤, 2007)。さらに,「臨床的行為によっていくら事実の海のなかを這いずり回ったとしても,そこから産出された言説が読者に対して説得力を有していないならば,それは臨床社会学の営みとはいえない」(土井, 2000：141)とされる。そして, 2010年代にも,臨床社会学は「監視化の進展する現場の調査事例に依拠しながら検討を進めること,また現場の観察にとどまらず,それを社会学理論の解釈を通して,現代社会に関連する根深い問題として捉え直すことを表している」(朝田, 2012：16)という記述もある。

　古くは1950年代に,フロイド(Freud, S.),ラスウェル(Lasswell, H.),フロム(Fromn, E.)などの知見をいかして臨床社会学を示した加藤正泰は「臨床社会学は,社会学の方法によって集団の病理的現象を治療し,解決しようとするものであるから,最後的には教育の部門に所属する」(加藤, 1953：4)としている。また,『教育社会学研究』で牧野巽は,臨床社会学という名称を採用したのは「第一には,それらの問題は,いわば人間の心の持ち方を中心とする問題が多く,これに対して実践的解決を目指すには,臨床という言葉がかなりよくあてはまること,第二に,これらに関する実際面としては,犯罪や非行に対する処置,精神衛生の面,社会事業の面,労務管理の面,人事管理の面など,甚だ多くの面があるが,これらは共通の問題を含むことが多く,何か一つの名称で総括しておくのが便利であること」,第三には「研究法にも共通の点が多く,殊に社会学の他の方面に比して実験的方法或はこれに近いものが比較的用いやすいことなど」(牧野, 1953：82)と示す。これらから,社会理論・説明型の臨床社会学は,社会学の理論,社会調査等をいかし,当事者の視点,社会学的考察を重視する内容だといえる。このように,「臨床社会学」には,主に上記の分類があり,その明確化,テーマによる使い分け,体系化が今後の課題になる。

(4)「臨床社会学」研究の分類に関するまとめ

　テーマセッションでは「ナラティヴ・セラピーを中心とした内容,社会福祉に近い支援に依拠して学術的,実践的な意義を引き出す内容については,広義の支援や実践とみなせば,社会病理に対する直接的な対策であり,社会学の理

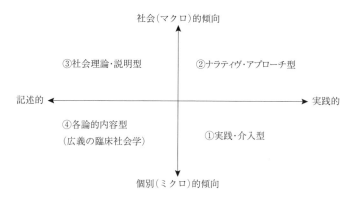

図8-5　記述的－実践的，社会的－個別的という軸，「臨床社会学」研究の分類
出典：図8-5は，収集した「臨床社会学」に関する資料を基に筆者が作成

論や調査を活用して常識的な知の枠組みを反省的にとらえる現代社会論的な内容は，社会病理現象を媒介にした社会の観察という，これまでの社会病理学の基本的な枠組みに関連する内容」だとまとめられた。

　これに加え，本章では，大村(2000)が示したサイエンス－アートという軸を活かし，記述的―実践的，社会的―個別的という軸を用いて4つの領域に分類していく。確かに，臨床社会学にかかわる研究は，テーマをミクロ(個別的)からマクロ(社会的)まで扱い，実践にかかわりながら記述をしていくという関心を持っている。ただ，「臨床社会学」の研究は，それぞれ焦点の当て方，より強い関心を持つ部分に傾向の相違があるので，その点を基に分類を試みている。

　第1の領域は，実践的で個別的な傾向の「①実践・介入型」である。第2の領域は，社会的で実践的な「②ナラティヴ・アプローチ型」である。第3の領域は，社会的で記述的な「③社会理論・説明型」である。第4の領域は，個別的で記述的な「④各論的内容型(広義の臨床社会学)」である。これらをまとめると，図8-5のようになる。

4.「臨床社会学」への意見と今後

(1)「臨床社会学」に対する指摘と課題

「臨床社会学」に対して各方面からさまざまな指摘，批判もあるが，それらをまとめると主に2つである。第1は「臨床」のあいまいさである。たとえば，畠中は，対象をミクロ，メゾ，マクロのどの水準に設定するかによって，「臨床」の意味が異なり，このことが臨床社会学における「臨床」の意味をあいまいにしていると示す(畠中，2004)。また，大村は「臨床現場に即こうとする想いが先走って，社会学理論のほうを，それに相応しく鍛えるという面でいささか欠けるところがあった，ために社会学としてのアイデンティティを保持できず拡散状態に陥っている」(大村，2000：ⅰ)とし，臨床社会学が拡散される状態に対して社会学理論を鍛えることで対応を目指す。さらに，宝月は「『臨床社会学』の中身自体は目下曖昧でかならずしも十分に展開されているというわけではないが，そのねらいは問題状況を有している人や地域・組織に社会学者が直接社会的介入を行い，当事者たちとともに問題状況を解決しようとするもの」(宝月，2006：94)とする。

第2は「臨床社会学」が批判している心理主義に，実は加担しているのではないかという指摘である。たとえば，「心理主義的な概念化と処方箋という危険性にさらされながらも，社会病理学的研究が臨床社会学へと『転回』してきたことは，構築主義的な視点を意識しつつも，臨床現場と社会学とのブリッジングを何とか再構成しようと試みてきた点で評価しうる」。しかし，「臨床性を重視するあまり，『社会』病理学という点を無自覚に放棄し，安易に心理主義へ加担するという問題もまた，浮き彫りになりつつある」。「心理主義でもなく・安易な制度・政策提言でもない『第三の道』を探る社会学的想像力を臨床現場との対話の中で紡ぎ出すことが求められている」という記述がある(崎山，2007：818)。

臨床社会学では，社会背景，周囲の人間との関係性，社会的現実を扱う，「実践と理論化の終わりのない循環運動に身をおくことが，臨床社会学を他の

社会学的実践と区別する固有のスタンス」(野口, 2005：123)だと主張される。しかし,「臨床社会学」を4つに分類したときに, そのアイデンティティを具体的に示すためには, それぞれ他の学問との相違を示す必要がある(井上・広瀬・本村, 2000 他)。第1の「実践・介入型」では, 特に臨床社会学と類似する内容と思われる社会臨床学, 社会福祉[7]等との相違を明確にし, 独自性を示すことである。第2の「ナラティヴ・アプローチ型」では, 語りやセラピーを重視するので, 特に個人だけでなく, 家庭, 地域も視野に入れて研究を行うコミュニティ心理学, 社会福祉等との相違を明確にしないと学問としてあいまいになる。第3の「社会理論・説明型」, 第4の「各論的内容型」では, 主に社会学, 社会病理学, 応用社会学[8]等との相違が問われる。しかし, 社会病理学との関係から注目されてきた臨床社会学も, 名称を変更したからといって, テーマセッションで示された「『ポスト社会構築主義』における有効な議論の不在が(一部の若手にとっての)社会病理学研究の困難の原因であるとしたら, それを乗り越えるためには, まずは『実証主義的な社会病理学か, 社会構築主義か』という二者択一の構図を見直す必要がある」という点をまぬがれるわけではない。

「臨床社会学」が実務的に当事者, 実践現場に役に立つ社会学という印象だけでなく, 方法論として確立を目指すのであれば,「臨床社会学」という名称を使用する各々の研究者がさらに検討, 定義を明確にし, 共有していく努力が求められる。このように, 臨床社会学にはさまざまな方面から指摘があり, それに真摯に応えることが求められている。

(2)「臨床社会学」の研究に対する説明, 展望

上記の, 心理主義への対応,「臨床」の意味や他の学問との相違があいまいになるという課題に対して, どのように対応していくかを具体的に説明していく[9]。第1は, 心理の視点が重視される福祉や教育, 医療, 矯正の現場, 社会で生じている出来事に密接しながら, 既存の実践, 研究の中で把握しきれていない当事者たちのニーズや直面している困難, それらへの対応方法等に着目す

ることである。「臨床社会学」の研究では，社会で注目されにくい状況ながらも当事者が重視する実践を同等にひとつの意見として取り上げてテーマとして扱うことができるという大きな意味がある。

　第2は，実践というミクロな場面の観察について，単にミクロの状況にとどめるのではなく，他の施設との連携，行財政制度や政治状況，経済動向，地域等のマクロな社会作用と関連させることで，実践状況を広い視点から理解することである。今まで，実践場面と行政，地域社会の構造，相互作用の状況をつなげて論じる研究は少なかった。しかし，問題解決志向や実践志向を持ち，社会学的な知見を活かして臨床実践の過程について吟味して臨床に着目する社会学の分野では，国の制度や都道府県，市町村の政策，予算等との関係にまで焦点を当てた実践の研究を行うことが可能である。

　第3は，第1，第2の段階で進めた研究の内容を踏まえ，「臨床の知」に恥じないように，問題状況に対して何らかの改善策を提起することである。事例をまとめ，現場に密着しながらミクロ—メゾ—マクロの視点を取り入れ，さらなる問題状況の把握，対応についての提起できる何らかの「知」を探求し続ける過程が「臨床社会学」の研究には必要である。このように，既存の分野で着目されにくい実践もひとつの研究として同等に扱い，社会学的な知見を活かし，背景を把握，分析，提言を示すことができるのは「臨床社会学」の重要な特徴である。そして，研究を継続していけばデータが蓄積でき，研究者がさまざまな視点を用いて解釈していくことを意識して言語化，体系化することで，ひとつの方法論，学問領域としてまとめていく試みの進展が望める。

5．おわりに

　「臨床と社会学」に関する研究から，「臨床社会学」と表明される内容は，「①実践・介入型」，「②ナラティヴ・アプローチ型」，「③社会理論・説明型」「④各論的内容型」という，主に4つに分類でき，他の学問との明確化が継続して課題とされる現状が確認できた。さらに，「臨床社会学」の特徴として，

実践やナラティヴだけでなく，「観察」「予期せぬ事実や例外に出会うことの意義，効用を強調」，「問題に応じて社会的対応の必要性を考え，問題構築，解決・支援の手立てを目指す」，「知識社会学的に自らの知的営為を自省し彫琢する」という側面(清水, 2004)の存在も改めて示した。具体的には，臨床と社会学に着目した分野で，社会で注目されてこなかった実践，当事者の声も1つの内容として重視して把握し，ミクロな臨床場面とマクロな社会状況，その中間であるメゾ領域の関係を論じ，方法論をまとめていく必要性が記述できた。また，実践現場とかかわる研究では，当事者の解釈を重視しながら，研究者の視点からもさまざまな解釈，研究方法を考えて相対化ができ，研究で選択した説明を行い，実践現場と研究の還元性を目指すことが望まれる。そして，何よりも重要なことは「『社会学は役に立つのか』という問いを市場社会から突きつけられて，それに応えるために必死で何か有用となることを見出そうとする姿勢自体に疑いをもつこと」(宝月, 2006：94)である。

　さらに，臨床社会学と表明するのであれば，実践と理論をつなぐ知見を積み重ねて，「臨床社会学」という名称を研究で用いる各人が方法論の検討，共有することが急務である。実践現場のデータを蓄積すると同時に，方法論のさらなる議論と共有や，実践と研究の相互理解，協働がない限り，新たな学問，名称を主張しても，社会病理，社会問題を巡る論争を乗り越える新しい方法にはならない。本章では，収集できたデータとそれに基づく記述を一定程度は示すことができたが，今後も研究を深め，事例を詳細に記述し，方法論にまとめることが課題である。

【注】
1) 京都市では昼間里親制度について，「保護者の方が，お仕事などのために，家庭で育児ができない主に3歳未満のお子さんを，昼間里親の家庭等で保育する制度」としてきた。実践内容，歴史，実践を取り巻く社会的背景，等の詳細は，中西真 2014「『家庭的な保育』としての『京都市昼間里親制度』の先駆性と独自性 ──『昼間里親保育』の誕生と発展，その歴史」『シュッツ・

生活史研究会 報告資料』,中西（2016）等を参照のこと.
2) 研究では,人びとの相互作用,家庭,保育の場,地域,歴史等を研究の対象に含め,社会的世界として捉えて分析できる,宝月誠の「社会的世界論」を参照している。調査の方法,データは,主に1948年から現在までで「昼間里親」「家庭的保育」等の用語が使われた「文献・資料」を収集し,「関係者にインタビューした内容（2013～2016年）」,「筆者が携わった昼間里親保育の経験（2006～2014年）」も用いている。今後も昼間里親とそこに通園する子ども,保護者,保育行政担当者,京都市昼間里親連絡会のメンバー等にインタビューし,さらに資料収集と分析を行い,研究を深めていく。
3) 「臨床社会学」の源流の1つは,シカゴ学派社会学とされ,たとえば,「臨床社会学」の初講義は,シカゴ大学で1928年に社会病理学の枠組みの中で行われたとされる（藤澤,2007等）。また,臨床社会学の特徴として,「対象に接近」し,「リアリティの複雑性や当事者の視点の把握」,「当事者の視点に立った問題解決や実践」という志向性,「学際的協力」,社会的考察に臨床的視野,臨床に社会的視点の取り入れ,「問題解決を社会的に共有」すると示される（藤澤,2007）。

　アメリカの臨床社会学に関する歴史は,井上・広瀬・本村（2000）,岩井（2004）,藤澤（2007）,野村（2007）等を参照のこと。今後,アメリカの臨床社会学も視野に入れた研究を行うことが本章の課題である。
4) 研究者が実践現場で陥りやすい留意点として,①実践活動の魔性（実践活動をすれば「すべきことをしている」つもりになること。研究意欲の低下は,臨床家とは異なる研究者として果たす課題と緊張を強く意識すれば防げる）,②ナルチシズム（「どれほど役に立つのか」を問われることが多い,最近の社会学,社会病理学研究者は,心理社会的状況として反動形成的に役に立ちたがる傾向をもちやすい）,③マゾヒズム（問題解決を強調するあまり現場との接点を求めて,フィールドを共にする人びとへと接近する時に示す迎合的態度の問題があり,当事者自身の成長とクライエントや運動の仲間のおかしな点をおかしいといえなくなる傾向）が示される（清水,2004：164-165）。
5) 各論,具体的な内容を記す文献として,土井正徳（1951）『病院での精神衛生』医学書院,筋ジストロフィー症の療護に関する臨床社会学的研究班編（1979）『進行性筋ジストロフィー症食餌基準』,柏熊岬二（1985）『非行の臨床社会学』垣内出版,斎藤学・波田あい子（1986）『女らしさの病い 臨床精神医学と女性論』誠信書房,山口透（1993）『社会生活と福祉』高文堂出版社,奥山敏雄（2002）『がん終末期医療における死に行く過程と傾聴に関する臨床社会学的研究』筑波大学,井口高志（2007）『認知症家族介護を生き

る」東信堂，津止正敏・斎藤真緒・桜井政成（2009）『ボランティアの臨床社会学』クリエイツかもがわ，勝又正直（2010）『ケアに学ぶ臨床社会学』医学書院，等がある。また，関連する論文も多数ある。これらの著作が臨床社会学の研究に対して行った貢献は，意味内容の詳細な検討が必要で，今後の検討課題である。

　なお，分野ごとに家族臨床社会学，学校臨床社会学，臨床教育社会学，司法臨床社会学等の名称もあるが，それらの研究もまた稿を改めて論じたい。たとえば，「臨床社会学と臨床教育社会学の研究対象を比較する」（内田，2006：274）とされるように，分野ごとに別物の学問だという捉え方もある。

6) ミクロとマクロの中間的なメゾ領域も存在し，ミクロとマクロの傾向性をその時々に変化させて行う研究も考えられる。
7) たとえば，臨床社会学の内容として，「問題解決指向への理論的基礎は，社会システム論アプローチ，人間生態学的アプローチ，ライフサイクル・アプローチ，臨床的アプローチが主要」（畠中，2004）だとされるが，これは社会福祉の分野でも同様の主張が見られる。社会福祉と臨床社会学の相違として，「一方がソーシャルワーカーの世界に限定した記述であるのに対して，他方は『介入』の領域がより広い応用社会学の分野を視野に入れている」（畠中・石沢，2000：108）等と示す試みもある。
8) 現代応用社会学の立場の１つには，社会学的知見の応用をはかった，「臨床社会学派」という区別があると示される（齋藤，2015：157）。A.W. グルドナーは，臨床社会学を応用社会学（Applied Sociology）の新領域と位置づけたともされる（井上，2015：12）。

　また，バラウォイ（Burawoy. M.）らが示す「公共社会学」との相違も「臨床社会学者が自らの価値観を明確にすることよりも問題当事者による意味づけ，価値観を尊重するという点において両者は異なっている」（井上，2015：13）とされる。
9) 筆者が行った京都市におけるユニークな「昼間里親保育」の観察，研究の事例を交えた説明は，中西（2016）を参照のこと。

【文献】

朝田佳尚（2012）「監視化とコミュニティに関する臨床社会学的研究」『京都大学博士論文』

足立叡（1979）「臨床社会学序説」『立教社会福祉研究所紀要』(2)：49-59.

井上眞理子（2006）「臨床社会学について考える」大橋良介・高橋三郎・高橋由

典編『学問の小径』世界思想社：123-137.

井上眞理子（2015）「ファミリー・バイオレンスの臨床社会学」『奈良学園大学紀要』2：11-25.

井上眞理子・広瀬卓爾・本村汎（2000）「座談会 なぜいま臨床社会学なのか」『現代のエスプリ 臨床社会学の展開』393：9-46.

岩井阿礼（2004）「臨床社会学の歴史」畠中宗一・広瀬卓爾・清水新二編『社会病理学講座 第4巻 社会病理学と臨床社会学』学文社：17-32.

牛窪浩（1954）「臨床社会学の構想と課題」『立教大学文学部社会科研究紀要 "HUMAN RELATIONS"』第2集：31-66.

内田良（2007）「支援は誰のためか」『愛知教育大学実践総合センター紀要』(10)：269-276.

大村英昭（2000）「はじめに」大村英昭編『臨床社会学を学ぶ人のために』世界思想社：ⅰ-ⅷ.

───（2005）「臨床文化の社会学」山中浩司編『臨床文化の社会学』昭和堂：27-42.

大村英昭・本村汎・井上眞理子・畠中宗一（2001）「臨床社会学の課題と展望」『現代の社会病理』(16)：19-39.

樫村愛子（2003）『「心理学化する社会」の臨床社会学』世織書房

加藤正泰（1953）『臨床社会学序説』中大出版社

齋藤吉雄（2015）『応用社会学原論』学文社

崎山治男（2007）「社会病理の診断と実践的介入のはざまで」『社会学評論』57(4)：804-820.

志水宏吉（2002）「研究 VS 実践」『東京大学大学院教育学研究科紀要』41：365-378.

清水新二（2004）「臨床社会学とフィールド研究」畠中宗一・広瀬卓爾・清水新二編『社会病理学講座 第4巻 社会病理学と臨床社会学』学文社：151-167.

土井隆義（2000）「いじめ問題をめぐる二つのまなざし」大村英昭編『臨床社会学を学ぶ人のために』世界思想社：120-143.

中西真（2016）「実践現場とかかわる研究における当事者と研究者の視点について」『現代の社会病理』(31)：127-137.

中西真（2018）「少年非行の現状と子どもたちの背景。少年非行への対応と，専門機関・専門職の役割」浦田雅夫編『知識を生かし実力をつける 子ども家庭福祉（第4版）』教育情報出版：133-136.

中根成寿（2006）『知的障害者家族の臨床社会学』明石書店

中村正（2005）「臨床社会学試論」『立命館産業社会論集』41（1）：93-109.

中村英代(2011)『摂食障害の語り〈回復〉の臨床社会学』新曜社
西田心平(2003)「寄せ場の臨床社会学的研究」『立命館大学博士論文』
野口裕二(2005)『ナラティヴの臨床社会学』勁草書房
───(2016)「臨床社会学の現在」『関西学院大学先端社会研究所紀要』(13):37-46.
野口裕二・鈴木智之・伊藤智樹・中村英代・西村ユミ(2015)「『ナラティヴの臨床社会学』座談会」『N:ナラティヴとケア』(6):5-18.
野村佳絵子(2007)「摂食障害からの回復」『龍谷大学博士論文』
畠中宗一(2004)「臨床社会学の方法」畠中宗一,広瀬卓爾,清水新二編『社会病理学講座 第4巻 社会病理学と臨床社会学』学文社:33-46.
畠中宗一・石沢晶子(2000)「社会学的実践学会の倫理綱領」『現代のエスプリ』(393):101-109.
藤澤三佳(2007)『臨床社会学の理論及び調査方法論の展開』文部科学省科学研究費補助金研究成果報告書 基盤研究(C).
宝月誠(1986)「逸脱の社会的定義をめぐる問題」『現代の社会病理』Ⅰ:76-106.
───(2006)「社会学的知の可能性」大橋良介,高橋三郎,高橋由典編『学問の小径』世界思想社:91-105.
牧野巽(1953)「臨床社会学の研究特別例会開催について」『教育社会学研究』4:81-84.
村田宏雄(1954)「第4章 臨床社会学的対策 第1節 社会診断法」戸田貞三,土井正徳編『社会病理学』朝倉書店:314-348.
森田洋司(2010)『いじめとは何か』中央公論新社
柳澤孝主(2005)「臨床社会学の課題と可能性」『いわき明星大学人文学部研究紀要』(18):75-85.
矢原隆行(1999)「臨床社会学という可能性」『ポイエーシス』(12):18-25.
山本智子(2010)「AD/HD支援の現在と『臨床社会学』の可能性」『奈良女子大学社会学論集』(17):97-114.
横山定雄(1953)「農村社会福祉と臨床社会学の試み」『立教大学文学部社会科研究紀要"HUMAN RELATIONS"』第1集:59-78.
吉原直樹・桑原司(2004)「都市社会学の原型」『初期シカゴ学派の世界』恒星社厚生閣:105-121.
渡邉文春(2017)『ライフストーリー研究法の臨床社会学的意義』パブフル

American Sociological Association(ASA), Section on Sociological Practice and

Public Sociology: http://www.asanet.org/asa-communities/sections/sociological-practice-and-public-sociology （2018 年 12 月 30 日閲覧）

Bruhn, John G. & M. Rebach (1996) *Clinical Sociology: An Agenda for Action* (Clinical Sociology – Research and Practice), Plenum Pub Corp.

Byers, B.D. (1987) "Uses of Clinical Sociology in Crisis Intervention Practice," *Clinical Sociology Review*, 5：102-118.

Fritz. J.M. (1991) "The History of Clinical Sociology," *Clinical Sociology Review* 9：15-29.

Gouldner, A. (1956) "Exploration in Applied Science," *Social Problem*, Ⅲ (3)：5-22.

The Commission on the Accreditation of Programs in Applied and Clinical Sociology (CAPACS): http://www.sociologycommission.org/ （2018 年 12 月 30 日閲覧）

第9章
社会病理学は社会問題の構築主義を受容したのか

中森弘樹

1. はじめに

　社会科学の物の見方(認識論)には，伝統的に，実証主義と解釈主義という，2つの異なる代表的な立場が存在してきた。

　実証主義では，世の中は私たちの知識からは独立して存在していて，それゆえ社会現象は研究者の目で客観的に捉えることができると考える。この前提に基づき，社会現象間の(因果)関係について記述すること，そして，理論に基づいて仮説を作り，データを用いてそれを検証することに努める(野村, 2017：15-20)。このように，データを用いて客観的に検証する必要性から，実証主義では量的なデータを用いた統計的なアプローチが採用されることも多い。[1]

　一方，解釈主義では，世の中は私たちの知識と独立して存在しているわけではなく，社会的あるいは言説的に構築されていると捉える。このような前提に立つがゆえに，解釈主義では，出来事や社会現象を人びとがどのように解釈しているのかが重要であり，それを明らかにすることが社会科学の要諦だと考える(野村, 2017：20-24)。したがって，人びとの解釈を深く理解するために，主にインタビューや言説分析といった質的なアプローチが採用される。

　たとえば，「ネットカフェ難民」という問題を研究するとしよう。実証主義の立場をとる者は，たとえば性別や家族構成や学歴など，どのような社会属性を有する者が「ネットカフェ難民」になりやすいかを，統計的に分析すること

で，そのような問題が生じている原因を明らかにしようとするだろう。一方，解釈主義の立場をとる者は，たとえば「ネットカフェ難民」という言葉がある時期にどのようにして頻繁に使用されるようになったのかを，また，そのようなラベルが人びとにとってどのような意味を持っているのかを，言説の変化や当事者の語りを分析することで，明らかにすることだろう。

　実証主義と解釈主義の立場は，出発する前提が異なるものであるがゆえに，ときに互いを批判の対象とするなど，一定の緊張感を孕んできた。そして，日本の社会病理学は，そのような実証主義と解釈主義の関係性に，とりわけ強い影響を受けてきた学問領域のひとつである。というのも，同分野では，解釈主義のラディカルな形態である社会問題の構築主義が，ある時期より有力なアプローチのひとつとして導入されたという経緯があったからだ。

　あるいは，そのような社会病理学の展開は，同分野の創始者の一人として参照されるデュルケム（Durkheim, É.）の研究において，両方の立場がすでに準備されていたことによって，運命付けられていたのかもしれない。デュルケムは，自殺の研究にあたって実証主義的な立場を採っている一方で，「われわれは，或る行為が犯罪であるからそれを非難するのではなく，それは，われわれがそれを非難するから犯罪なのである」（Durkheim, 1893＝1989：140）という彼の犯罪の定義からは，解釈主義的な視点の萌芽を認めることもできる。

　以上のような背景から，本章では，社会問題の構築主義と日本の社会病理学の関係について，特に「日本社会病理学会成立以後の社会問題の構築主義の受容」に焦点を当てて，論じることにしたい。それは，社会病理学における実証主義・解釈主義・構築主義の三者の関係を整理するうえでも，重要な作業となるだろう。

　大まかな手順は以下の通りである。まず，かつては実証主義的なアプローチが中心であった日本の社会病理学に，社会問題の構築主義アプローチがいかにして紹介されたのかを，当時（1990年代前後）の『現代の社会病理』のいくつかの論考を参照することで，確認する。次に，社会病理学会と社会問題の構築主義の関係性が，2000年代以降においてどうなっているのかを概観する。そ

して，社会病理学において実証主義と解釈主義が併存する現状を明らかにしたうえで，両方のアプローチを架橋しうる，第三のアプローチ（批判的実在論）を紹介してみることにしたい。

2. 社会問題の構築主義と社会病理学の邂逅

(1) 社会病理学会発足以前の社会病理学

　まずは，日本社会病理学会が発足する以前の，1970年代の社会病理学の状況を簡単に確認しておこう。ここでは一例として，1978年に刊行された『社会病理学入門』を取り上げてみたい。同書は，大橋薫・望月嵩・宝月誠によって編集された，当時の社会病理学の解説書である。

　同書は，社会病理学の入門書であると同時に，当時の社会病理学の状況を知るための貴重な資料として読むこともできる。特に，本章において注目すべきは，同書で宝月によって，社会病理の普遍的な定義の困難性や，社会の諸集団が何を社会病理と定義しているのかを把握する必要性がすでに指摘されている，という点である。宝月によれば，「社会病理学は，人びとが特定の行為，生活状態，集団形態に対して有している常識的な病理観ないし『定義』(definition)を出発点としなければならない。」(宝月, 1978：5) という。

　続けて宝月は，「しかし，その定義におぼれる必要はない。自らの社会学的思考を用いて，常識的に社会の病理とみなされている現象を対象化し，分析することが大切である。」(宝月, 1978：5) とも述べている。宝月は，研究の前提として解釈主義的な視座を考慮することは不可欠だが，しかし，そのようにして得られた社会病理現象の「定義」を元に，研究者が社会病理現象を一般化したり，その原因や機能を分析したりする営為にこそ，社会病理学の独自性があると主張しているのだ。

　また，同書において，松下武志は，社会病理学の基本となる「三理論」として，社会解体論・アノミー論・逸脱行動論を挙げている。松下は，この三理論のうち，逸脱行動論をもっとも新しい視座だと位置付けているが，その中でも

ラベリング論が,最新の理論のひとつとして挙げられている。同理論を代表する論者の一人とされるベッカー(Becker, H. S.)によれば,「社会集団は,これを犯せば逸脱となるような規則をもうけ,それを特定の人びとに適用し,彼らにアウトサイダーのラベルを貼ることによって,逸脱を生み出す」(Becker, 1963＝2011：8)。このような立場をとるラベリング論が,(社会病理学に初めて実践的に導入された)解釈主義アプローチの一種であることに異論はないだろう。

　これらの同書の記述を踏まえると,1970年代後半の社会病理学ではすでに,解釈主義の視座の重要性が認識されていたと見ることができる。その一方で,同書で具体的な社会病理現象が紹介される際に,解釈主義の視座が活かされている場面はほとんど見当たらない。同書の各論にあたる,Ⅱ～Ⅳ部の各章は,「犯罪」「非行」「自殺」といった各病理現象の定義の紹介や,病理現象の量的な把握,そこから生ずる社会への負担の説明,先述した三理論に基づく原因・背景の分析が内容の大半を占めている[2]。

　以上のような同書の内容を見るかぎり,当時の社会病理学では,理論的な水準では解釈主義の重要性がすでに認識されていたものの,実際に個別の現象を分析する際には実証主義的なアプローチがとられており,解釈主義的なアプローチを行うことはまだ一般的ではなかった,といえるだろう。

(2) 社会病理学会の発足当初の状況

　次に,日本社会病理学会が発足した当初の状況を見ておこう。以下では,同学会の機関誌である『現代の社会病理』に掲載された論考を資料として用いる。特にここでは,1986年から1990年代前半にかけて同誌に掲載された,社会病理学の方法論に言及した論考を分析の対象としている。

　この期間の『現代の社会病理』の諸論考からは,当時の日本の社会病理学が,内外より強い批判を受けていた痕跡を認めることができる。たとえば青木秀男(1988)は,「寄せ場」を社会病理や逸脱として捉える従来の社会病理学の研究態度は,「寄せ場」労働者に対する差別に加担してきただけであったという,厳しい批判を展開している。そのうえで,「寄せ場」の研究を,抑圧的な

「病理」の研究を乗り越え，「寄せ場」労働者の「解放」に寄与するものとして位置付けている。

また，紀葉子(1993)は，中流市民の「良識」から外れた行動を「偏畸」とし，両親のない家庭を「欠損家族」とみなすことを，当時の社会病理学に根強く残る「悪しき伝統」として批判し，それを乗り越えるために，ラベリング論の意義を捉え直すことを提案している。紀によれば，ラベリング論の残した遺産のひとつは，社会問題を研究する際に，自身の研究が一義的な価値の押し付けになっていないかを，絶えず問い続ける必要性があることを明らかにした点にあったという。[3] 加えて紀は，ラベル貼りの背景にある「象徴秩序」を分析することが可能である点に，ラベリング論の新たな可能性を見出そうとしている。

青木と紀の依っている立場は全く異なるが，両者に共通しているのは，ある現象を研究者が「病理」として一方的に診断すること，あるいは「病理」という概念自体に対する批判だといえよう。このような当時の社会病理学への疑義からは，1970年代以前に一般的であった，研究者が何らかの現象を病理とみなし，実証主義的な研究を行うスタイルが，もはや時代から取り残されつつあったという経緯を，見て取ることができる。以上の流れは，価値の相対性や差異を重視するニューアカデミズムの思想が，1980年代に日本を席巻していたという背景とも，無関係ではないだろう。

もちろん，このような批判に際して，社会病理学の内部でも自省が行われている。たとえば佐々木嬉代三(1990)は，「社会病理学」という名称への抵抗感に理解を示しつつも，非行や犯罪が何らかの意味で「よくない」「望ましくない」とされている対象であることも確かであり，「社会病理学」という名称は，そのような「われわれ」自身の価値関係性の自覚と内省を迫るという意義がある，としている。また，佐々木は，社会病理学の意義を，社会診断が可能であるという点に見ており，「社会診断学」としての性格を取り戻すことが，社会病理学の「復権」に繋がると主張している。

2. 社会問題の構築主義と社会病理学の邂逅

(3) 社会問題の構築主義の誕生

　以上のように，日本社会病理学会は，自身の根幹に関わる批判を抱えながら発足するという，波乱万丈の船出だったようだ。さて，本章において重要なのは，そのような時期を経たうえで，社会病理学会に新たに紹介されたのが，社会問題の構築主義というパースペクティブだった，という点である。

　時系列は前後してしまうが，社会問題の構築主義の端緒となったスペクター (Spector, M. B.) とキツセ (Kitsuse, J. I.) の *Constructing Social Problems* が出版されたのは，1977年のことであった。スペクターとキツセによれば，社会問題とは「なんらかの想定された状態について苦情を述べ，クレイムを申し立てる個人やグループの活動」であり，「社会問題の理論の中心的課題は，クレイム申し立て活動とそれに反応する活動の発生や性質，持続について説明することである」という (Kitsuse & Spector, 1977=1990：119)。このようにスペクターとキツセは，社会問題を客観的に存在する何らかの状態ではなく，問題を定義するクレイム申し立ての活動として捉えることで，問題の実態や原因に対する実証主義的な研究から，クレイム申し立ての分析へと社会問題の研究の焦点を移行させることを提唱した。

　以上のスペクターとキツセの発想は，社会集団が特定の人びとにアウトサイダーというラベルを貼ることで逸脱が生じるというラベリング論の視座を，さらに徹底したものだといえよう。このアプローチは，解釈主義の中でも「社会問題の構築主義」と呼ばれ，後の社会問題研究における一大潮流となるに至った。

　では，この社会問題の構築主義の視座は，日本の社会病理学に，どのように紹介されたのだろうか。『現代の社会病理』には，日本社会病理学会が発足した当初より，社会問題の構築主義に関する言及が見られる[4]。だが，社会問題の構築主義を主題とした論考が『現代の社会病理』に掲載されるのは，1991年の中河伸俊「社会問題の社会学は存在したか」と1993年の鮎川潤「『社会問題』『社会病理』への構築主義アプローチ」まで待たねばならない。鮎川 (1993) では，社会問題の構築主義アプローチは日本ではまだあまり知られてい

ない方法だと述べられている。そのような当時の状況を踏まえると，この2つの論考は，社会問題の構築主義アプローチの日本社会病理学会への紹介という点で，大きな役割を果たしたと見てよいだろう。

(4) 解釈主義の徹底としての社会問題の構築主義

ところで，中河(1991)は，『現代の社会病理』に掲載された細井洋子(1991)に対する「コメント」として掲載された論考である[5]。だから，細井(1991)と中河(1991)を比較することで，当時の社会病理学会にとって社会問題の構築主義がどのような位置にあったのかが，見えてくるのではないだろうか。

まずは，中河(1991)の論考の宛先となった，細井(1991)を概観しておこう。同論考で細井は，創成期からマートン以後に至るまでのアメリカ社会学の歴史を，その研究対象の選択という観点から整理することを試みている。さらに細井は，研究対象を規定する際に準拠する価値のタイプに応じて，科学としての社会学を二種類に分類する。ある社会的な目的の実現のために合理的な手段を追及する「即物性」としての科学と，研究者個人の原体験によって形成された「価値の束」によって規定される「即人性」が，それである。この区別を踏まえ，何が社会病理であり社会問題であるかを区別する「価値」の問題を議論するためには，研究者の「即人性」のレベルまで考える必要があると，細井は主張する。

以上の細井の論考は，何が社会病理や社会問題かを定義する際の「価値」を主題化しようとしている点では，先述した同時期の社会病理学の傾向に沿ったものだといえるだろう。それに対して，中河(1991)は社会問題の構築主義の基本的なコンセプトを紹介しつつ，細井論文の文脈にそった内在的なコメントではなく，社会問題の構築主義の視座からのコメントを試みている。

中河は，「価値」や「規範」の問題にもっと正面から取り組む必要があるという細井の主張には賛意を示しつつも，われわれ(社会問題の構築主義)の「価値」「規範」の捉え方は，細井の——そして，従来の主流の社会学の——捉え方とは異なると主張する。中河によれば，構築主義者は，「価値」や「規範」を，

人びとの行為や視野を拘束する内面化されて共有された基準としてではなく，人びとが主張や説明や説得などのコミュニケーション的活動を行うときに用いる言語的資源として理解する。だから，学問的な相互作用のなかで，「社会問題」の定義との関連で，「価値」・「規範」とそれをめぐるレトリックがどのように使用されるかを詳細に検討すべきで，社会学者の個人史的背景は第一義的問題ではないという。

　本章における実証主義と解釈主義という区分から見ると，中河の依拠する社会問題の構築主義は，典型的な解釈主義アプローチのひとつだといえよう。一方，細井（1991）もまた，何が社会問題（社会病理）かを区別するにあたり，研究者の依拠する価値観に焦点を当てるべきと主張している点で，社会問題を人びとの知識と結びつけて捉える，解釈主義の視座を部分的に採用していると見るべきだろう。ここから，社会病理を解釈主義的に捉え直そうとする細井の視座を，より徹底した解釈主義（社会問題の構築主義）の立場から批判する中河という，2つの論考の関係性が見えてくるのではないだろうか[6]。

　もっとも，中河自身も述べるように，同コメントにおける細井への批判はあくまでも構築主義という「外部」の視座から行われている。よって，両者の問題意識が存在する水準は一致していない——細井が研究者の実存を問おうとしているのに対して，中河は学問におけるコミュニケーションの過程を見る重要性を指摘している——といえる。

(5) 社会問題の構築主義はいかにして紹介されたのか

　以上の2つの論考の関係から見えてくるのは，当時の社会病理学と社会問題の構築主義との関係が，「実証主義アプローチを採用する社会病理学に，それと相反する社会問題の構築主義アプローチが導入された」という単純なものではなかった，という点である。

　これまで見てきたように，従来の社会病理学では実証主義アプローチが主流だったものの，解釈主義の視座もまた以前より存在していて，当時の日本の社会病理学では，解釈主義的な視座に基づく社会病理概念の捉え直しが行われて

いた。社会問題の構築主義は，社会問題を定義する活動それ自体を主題化する点で，そのような解釈主義を徹底させた先の延長線上にあるアプローチだったのだ。

　このような，当時の社会病理学と社会問題の構築主義との関係性については，鮎川(1993)からも読み取ることができる。鮎川によれば，社会問題の構築主義アプローチの視座は，当時の日本においても決して新しいものではなく，以前より行われてきた少年非行や犯罪報道の研究と，レリバンスや共有部分を持っていたという。

　ただし，鮎川は社会病理と社会問題の構築主義との関係について，次のようにも述べている。「すなわち，構築主義——とりわけ『厳格派』——は『社会病理』あるいは『社会病理学』を否定するものではない。構築主義は，ある現象を調べ，『それは社会病理ではない』とか，『社会病理とはいえない』とかは言わない。構築主義は，どのようにある現象が『社会病理』として構築されるのかを分析するのみである。それが，一般の人々によって構築されるものであれ，専門家によって構築されるものであれ，である」(鮎川, 1993：89-90)。

　紀(1993)がそうであったように，一般的に解釈主義的な視点に立つと，研究者が研究者視点で一方的に何らかの現象を「病理」と定義づけを行う営為は，基本的には批判の対象となる。だが，上の鮎川の整理によれば，社会問題の構築主義の立場を徹底すると——すなわち，ラディカルな解釈主義の立場に立つと——，研究者による社会病理の判定は，批判の対象というよりも，むしろそれ自体が研究の対象になる。中河の細井に対する批判もまたそうであったように，当時の社会問題の構築主義の視座は，社会病理学の問いを，いわば脱臼させるようなパースペクティブだったともいえるだろう。

　以上を踏まえて，当時の社会病理学と実証主義／解釈主義，そして社会問題の構築主義との関係について，ここでは次のようにまとめておきたい。社会病理学には，以前より実証主義と解釈主義の2つの視座が存在していて，社会問題の構築主義もまた解釈主義の範疇に属するアプローチであった。その意味では，社会問題の構築主義は，社会病理学において発展の途上にあった解釈主義

の延長線上にある，最新の視座だったといえよう。しかし同時に，社会問題の構築主義は，徹底した解釈主義の視座を採用していたため，当時の社会病理学とは問題設定の水準自体が異なっていた。社会問題の構築主義は，「何が社会病理か」を研究者視点で定義して分析する社会病理学の実証主義アプローチはもちろんのこと，その定義の相対性を重視することで実証主義アプローチの批判者となっていた社会病理学内の解釈主義アプローチを・も・相対化する立場として，紹介されたのである。

3. 社会問題の構築主義は何をもたらしてきたのか

(1) 社会問題の構築主義による事例研究

　前章では，当時の社会問題の構築主義が，日本の社会病理学に対して，最先端であり，かつ外部の理論でもあったという点を確認した。だとすれば，両者の関係の「その後」が気になるところだろう。本章では，社会病理学と社会問題の構築主義の関係がどうなったのか，その結果を見てゆくことにしたい。以下では，前章に続いて，『現代の社会病理』に掲載された論考の変遷を分析する。

　鮎川が，前章で取り上げた論考において，非常に詳細な社会問題の構築主義の解説を『現代の社会病理』の第8号で行ったのは，1993年のことであった。その次号にあたる『現代の社会病理』の第9号では，早くも構築主義アプローチを用いた事例研究の特集が組まれている。そこに掲載されていたのが，中河(1995)と杉井潤子(1995)の2本の論考である。

　まず，中河(1995)は，社会問題の構築主義の立場から，レトリック分析の手法によって，「有害コミック」問題の過程の再構成を試みている。この論考で中河は，イバラ(Ibarra, P. R.)とキツセ(Ibarra & Kitsuse, 1993=2000)が提唱した研究プログラムにおける，「社会問題のレトリックのイディオム」と「対抗レトリック」の観点に依拠し，その実用性を検証するという形を取っている。最終的に中河は，イバラとキツセによって示されたレトリックがある程度の通文

化性を持ち，日本での社会問題の分析にも適用可能であるという点を確認している。

また，杉井(1995)は，同じく構築主義的の立場から，当時の日本ではまだ社会問題として広く認知されていなかった，「老人虐待問題」の構築過程を検証している。杉井によれば，（当時の）日本の「老人虐待」へのクレイム申し立て活動は，社会問題の構築過程を示したスペクターとキツセの「社会問題の自然史モデル」(Spector & Kitsuse, 1977＝1990：224-225)における，ひとつ目の段階に属するとみなすことができる。この「老人虐待」への社会的関心がいかに喚起され，公共の論争点を創り出されつつあるのかを，杉井はベスト(Best, J.)によるクレイムの「レトリック分析モデル」(Best, 1987＝2006)を用いて分析している。

以上のように，『現代の社会病理』第9号に掲載された中河と杉井の2本の論考の意図は，日本の事例を実際に社会問題の構築主義によって分析してみせることで，日本(の社会病理学)の研究者に対して，同手法の有効性を示すことだったといえるだろう。となると，両者に続く形で，社会問題の構築主義を用いた事例研究が『現代の社会病理』で次々と発表されるというのが，その後の自然な流れであると思われる。だが，『現代の社会病理』において，社会問題の構築主義の視座を用いた論考がよく見られるようになるのは，かなり後になってからであった。

(2)「早すぎた」社会問題の構築主義？

その点について確認するために，以下では，『現代の社会病理』第10号以降に掲載された，社会問題の構築主義の視座を用いた事例研究を見てゆこう。

とはいえ，ある論文が社会問題の構築主義に基づいているかどうかの判断基準を明確に定めることは，簡単ではない。たとえば，社会問題の構築主義では，しばしば新聞などマスメディアにおける言説の時系列変化を辿ることになるが，同様の言説をデータとして用いるのは，スペクターとキツセに端を発する社会問題の構築主義だけではない。フーコー(Foucault, M.)の言説分析にな

らった研究においても，マスメディアにおける言説の経年変化を追うことが一般的な手法となっている。[7] このフーコーを源流とする言説分析も，スペクターとキツセを源流とする社会問題の構築主義と同様に，社会学では構築主義の立場に数えられているし，そのような意味での広義の構築主義というカテゴリーの元で，両者はひとつの大きなグループをなしていると見ることもできるだろう。[8]

　もっとも，本章におけるこれまでの議論の展開を踏まえると，以下では構築主義の中でも，スペクターとキツセに端を発する社会問題の構築主義に限定して，当該アプローチを用いる論考をピックアップしてゆくのが，やはり妥当だろう。具体的には，①筆者が社会問題の構築主義の立場に立っていることを表明し，クレイム申し立てによってある特定の社会問題が構築される過程を分析している事例研究，②論考の要諦となる主張を展開する際に，社会問題の構築主義の視座を援用した分析を行っている事例研究，のいずれかの条件を満たすと筆者が判断した論考を，以下では時系列に沿って挙げてゆく。

　まず，1990年代の『現代の社会病理』において，第10号以降に上記の条件を満たす事例研究は，長坂知美と鮎川の一本（長坂・鮎川，1999）のみである。長坂らは，「ブラジル人少年暴行死事件」がどのようにマスメディアで報道され，いかなる事件として構築されたのかを，新聞報道に加え，テレビ報道の分析も分析の対象とすることで明らかにしている。この1990年代の『現代の社会病理』の状況を見るに，少なくとも，社会問題の構築主義のアプローチが社会病理学において，直ちに普及したとは言い難いことがわかるだろう。

　2004年に刊行された『社会病理学の基礎理論』のなかで，社会問題の構築主義を扱った鮎川（2004）の論考は，「臨床的アプローチ」と並んで，「社会病理研究の新たな立場」という箇所に配置されている。その中で鮎川は，社会問題の構築主義が誕生してから同書の時点で四半世紀以上になるにもかかわらず，「わが国では社会構築主義があたかも新しいパースペクティブのように注目されているのは不思議な光景だ」（鮎川，2004：179）と述べている。この鮎川の指摘は，1990年代の『現代の社会病理』を見るかぎり，的を射ている。

そのような状況が『現代の社会病理』において変化してゆくのは，2000年代後半になってからである．たとえば大野裕介(2007)は，スペクターとキツセ(Spector & Kitsuse, 1977＝1990)の視座を参照して，「迷惑行為」が周囲からの指摘によって成立しうることを示したうえで，ある刑務所が設置される際に，反対運動が誘致運動へと読み替えられる過程を事例として分析している．梅田直美(2008)は，戦後日本における「育児の孤立化」の問題過程を，特にそれに対処しようとする活動が活発化した1990年代以降について，社会問題の構築主義の立場から記述・分析している．田中智仁(2009)では，2001年に発生した明石の花火大会雑踏事故が，雑踏警備業務の専門家を促すなど，社会に大きな「衝撃」を与えた経緯を説明するために，社会問題の構築主義の視座が援用されている．

　2010年代の例も見ておこう．たとえば赤羽由起夫(2012)は，2004年の佐世保同級生殺害事件と1979年の羽幌同級生殺害事件という2つの事件が，マスメディア報道でいかに語られたかを，社会問題の構築主義の視座より分析することで，学校内での児童・生徒による殺人事件がどのようにして学校の責任として語られるかを明らかにしている．佐久間正弘(2012)は，犯罪と発達障害の関連性についての新聞記事を，スペクターとキツセ(Spector & Kitsuse, 1977＝1990)の方法態度を参照する形で分析することで，それらの言説がなしてきた「切り離し手続き」と帰責のあり方を明らかにしている．

　このように，2000年代後半以降の『現代の社会病理』には，スペクターとキツセ(Spector & Kitsuse, 1977＝1990)に言及し，社会問題の構築主義の立場を参照する研究が散見されるようになる．本章の理解では，日本の社会病理学において1990年代前半に紹介された社会問題の構築主義は，当時の社会病理学にとっては最先端かつ外側に位置する理論なのであった．だとすれば，これまでみてきた推移は，1990年代の時点では社会病理学が受容することができなかった社会問題の構築主義の視座が，2000年代後半になってようやく受容されたということを意味するのだろうか．つまり，1990年代当時の社会病理学にとっては「早すぎた」社会問題の構築主義の視座に，2000年代になってか

ら社会病理学が追いついた，ということだろうか．だが，結論から述べると，そのような見方はいささか言葉足らずだというのが，筆者の見解である．

(3) コンテクストへの志向

　ところで，社会問題の構築主義の中には，代表的な2つの立場が存在する．よく知られているように，かつて社会問題の構築主義は，ウールガー(Woolgar, S.)とポラッチ(Pawluch, D.)の批判(Woolgar & Pawluch, 1985 = 2006)に端を発する，論争を経験している．ウールガーらによれば，社会問題の構築主義では，社会問題が人びとのクレイム申し立て活動によって定義されるとみなす一方で，分析の際には，研究者によって，何らかの客観的な状態がひそかに想定されている．典型的には，ある事態の件数は変わっていないのに，事態に対するクレイムは変化してきた，といった論法がそれに当たるという．このように，客観的な状態と，そうでない状態の恣意的な線引きを，ウールガーらはオントロジカル・ゲリマンダリング(OG)と呼んだ．本章の議論に当てはめると，ウールガーらのOG批判は，社会問題の構築主義が，解釈主義的な前提を徹底すると言っておきながら，実証主義的な前提を密輸入しているという指摘だと言い換えてもよいだろう．

　鮎川(1993, 2004)や田中耕一(2006)によれば，OG批判によって，社会問題の構築主義は，「厳格派」と「コンテクスト派」に分かれることになる．イバラやキツセに代表される「厳格派」は，OG批判に応えるために，研究を行う社会学者の立場とクレイムを申し立てる社会のメンバーの立場を区別したうえで，あくまでもクレイムのレトリックの変化に内在した分析を行おうとする．一方，ベストに代表される「コンテクスト派」は，何らかの「現実」――たとえば統計データなど――を分析者が外挿することを認め，それによってクレイムの真偽や原因を分析者が判断できるものとする．

　ここで，先に挙げた，2000年代以降の社会病理学における社会問題の構築主義の視座を用いた論考に対して，あえて「厳格派」と「コンテクスト派」の区別を適用するとしたら，どうなるだろうか．筆者が見るかぎり，梅田(2008)

を除く全ての論考で，クレイム申し立てを説明するような何らかのコンテクストに関する記述が存在している。その意味で，現在の日本社会病理学会で，社会問題の構築主義の視座が用いられる場合,「コンテクスト派」の立場が主流だといえるかもしれない。

　もっとも，それらの研究は,「コンテクスト派」の何らかの手続きに厳密に沿っているわけではなく，むしろ社会についての何らかの問いに応えるために，クレイムに対して「なぜ」を問うことが可能な方途を選択している，と言った方が正確だろう。社会問題の構築主義の，日本社会病理学会への紹介者の一人である鮎川は，多くの構築主義者が同意しないかもしれないという留保の上で,「社会構築主義は社会問題の一側面を考察するために有益な理論的パースペクティヴだといってもよいのではないか」(鮎川, 2004：183)と述べている。日本の社会病理学においては，実際にこのような形で，つまり有益な方法や視座のひとつとして，社会問題の構築主義が採用されるようになった——あるいは受け入れられるようになった——というのが，近年の傾向なのではないだろうか。

　だとしたら，かつて宝月(1978)や佐々木(1990)が強調した，社会を分析する観察者の視点を重要視するという社会病理学の根本的な態度は，現在でも基本的には受け継がれているといえそうだ。この場合の「社会」とは，かつては「社会病理現象を生じさせる社会」を主に指していたが，現在は「ある現象を問題や病理とみなすクレイムを生じさせる社会」も含むようになっている，ということである。

(4)「病理」に対する禁欲

　もちろん，社会病理学の根幹の部分に，社会問題の構築主義が何の影響も与えなかったというわけでは決してない。

　たとえば，矢島正見(2011)は，日本社会病理学会における「病理」という言葉の使用頻度を調べるという，興味深い研究を行っている。矢島は,『現代の社会病理』の第4号(1989年)から第25号(2010年)までに掲載された自由投稿

論文を分析したうえで，日本社会病理学会における「病理」という言葉の使用頻度は極めて少なく，また，使用の際も極めて慎重かつ禁欲的に用いられているという結論を導いている。この傾向は，上記の期間で一貫していたという。

　2節で分析したように，日本社会病理学会は，1986年に発足した当初より，「病理」概念への自己批判や捉え直しを行ってきたという経緯があった。矢島が指摘した日本社会病理学会の「病理」への禁欲的な態度も，そのような経緯の延長にあるといえる。だが，このような「病理」への禁欲をさらに促進させた要因として，社会問題の構築主義の影響を無視することはできないだろう。

　この点に関して，示唆的であるのは，主に2000年代前半における日本の社会病理学の研究動向を整理した，崎山治男（2006）である。崎山によれば，同時期の社会病理学で生じていた臨床社会学への「転回」を促したひとつの大きな要因は，1990年代から2000年代にかけて流行した構築主義的な立場との，創造的な対話にあったという。社会問題の構築主義を経た後では，旧来の社会病理学が主張してきた価値判断と介入のイデオロギー性に無自覚でいることはできないが，しかし社会問題の構築主義の立場からは，臨床の現場への即効性のある処方箋を示すことは難しい。このような状況で，社会病理学と実践を接合する新たな視座が模索された結果が，臨床社会学への「転回」だったというのが，崎山の見解である。

　ここで重要なのは，崎山のいう「創発的な対話」の時期が，本節で見てきた，日本社会病理学会に社会問題の構築主義が紹介された1990年代前半から，それが実践的によく用いられるようになる2000年代後半までの「間の」期間と，概ね一致しているということだろう。この「創発的な対話」によって，日本社会病理学会における「病理」への禁欲が——それが「善い」ことであるのかはさておき——いっそう促進されたことは，想像に難くない。また，この時期には，前述したフーコー流の言説分析や，ラベリング論の応用，医療化論など，多様な解釈主義の視座が『現代の社会病理』において用いられるようになっている。社会病理学会と社会問題の構築主義の「創発的な対話」は，臨床社会学への「転回」のみならず，社会病理学会において多様な解釈主義の視座

が採用される土壌を，形成したともいえるのではないだろうか。

4. おわりに：第三のパースペクティブへ

(1) 多様な視座が共存する意義

　本章では，日本の社会病理学と，社会問題の構築主義の関係の変遷を見てきた。その関係をまとめておくと，次のようになるだろう。社会問題の構築主義は，徹底した解釈主義に基づく視座として，1990年代前半の社会病理学にとっては，外的かつ最先端の理論として紹介された。その後，社会問題の構築主義は，2000年代後半に，社会病理学の視座のひとつとして，採用されるようになった。現状では，社会病理学において社会問題の構築主義は，社会を分析する際の選択肢のひとつになっている。この点を見ると，社会問題の構築主義が認識論の水準で，完全に受容されたとは言い難いかもしれない。その意味では，社会病理学にとって，社会問題の構築主義の視座は，未だに外部の範疇にあるといえる。とはいえ，徹底した解釈主義を採用する社会問題の構築主義と，社会病理学との「対話」は，社会病理学における解釈主義の占める領域を拡大してきた。その意味で，社会病理学への社会問題の構築主義の影響は，やはり多大だったといえよう。

　その結果，現在の社会病理学では，実証主義と解釈主義による多様な方法論が混在するアリーナが――かつてよりも小規模になった日本社会病理学会において――形成されつつあると見ることもできる。もちろん，現在の実証主義が解釈主義よりも古い研究手法だというわけではない。矢島（2011）が社会病理学における「病理への禁欲」と形容したように，社会問題の構築主義を経た社会病理学における実証主義は，かつて紀が批判した「自明的な価値判断を疑う事なく展開される実証的な研究」（紀, 1993：34）とは異なるものだからだ。

　さて，計量系の手法を用いたリジッドな実証研究から，社会問題の構築主義に至るまでの多様な視座が併存する，現在の日本の社会病理学は，学問的に豊かな知見を生み出しうる状況にある――その名称が「社会病理学」で良いのか，

という問題は依然として残るが——と筆者は考えている。

たとえば，社会病理学や犯罪社会学でしばしば言及される，主に1990年代以降の少年犯罪の凶悪化の言説は，実証主義と解釈主義の両面から研究されることで，異なる興味深い知見が提出されている。いくつか例を挙げておこう。

まず，土井隆義(2003)は，「少年犯罪が凶悪化している」という言説の流行には，その根拠となる実態が欠けているという点を指摘したうえで，その背景には，かつて非行少年たちが属していた逸脱的下位集団の衰退があると分析する。従来のように非行少年たちに逸脱の文化が共有されなくなった結果，「いきなり型」「突発型」の少年犯罪が増加し，そのような犯罪が与える「わけがわからない」という印象が，人びとを少年犯罪への不安へと駆り立てているのだという。この土井の議論は，言説の変化を指摘しつつ，その原因を犯罪行為の質の変化に求めている点で，解釈主義の視座を取り入れた実証主義的な研究だといえよう。

それに対して，少年犯罪の凶悪化としばしば一緒に語られる「心の闇」の言説を分析する鈴木智之(2013)は，先述のタイプの分析は，「心の闇」という言葉を使っているのは犯罪行為を観察する側であるにもかかわらず，その言説の背景を犯罪の行為者の側のみに求めていると批判する。そのうえで，「動機の語彙」の観点から，「心の闇」という言葉を用いる報道言説の分析を試みている。鈴木によれば，「心の闇」という言葉は，行為主体の「心」を解き明かされるべき謎として指し示しながら，「不可解なもの」として温存し続ける働きを持つという。鈴木は，少年犯罪の凶悪化の言説に対して，解釈主義的な研究を行うことで，土井とは異なる分析を行うことに成功している。一方で，同じく「心の闇」の報道言説を分析する赤羽(2013)は，デュルケムおよびマートン(Merton, R. K.)のアノミー論を参照しつつ，「心の闇」が，「この程度の『心の理解』では満足すべきでない」という規範が全面化したときに語られる言葉であると分析している。

これらの「心の闇」の言説に対する三者三様の分析は，それぞれ異なる観点から行われているものの，どれもが社会の一面を示すものだといえよう。以上

の例は，ひとつの現象（社会病理・社会問題）に対して，実証主義と解釈主義の両面から，多様な視座に基づく研究が行われることの有効性を，物語っているのではないだろうか。

(2) 批判的実在論の可能性

　ただし，そのように実証主義と解釈主義がひとつの学問領域において併存し，また多様な手法で研究が行われるにあたっては，ひとつの大きな障壁がある。それは，各研究が立脚する，認識論の相違という問題である。

　本章の冒頭で述べたように，実証主義と解釈主義は，研究を行う際のそもそもの前提を異にしていた。それを一言で述べると，実証主義は，人びとの知識から独立した客観的な実在を認めるのに対して，解釈主義はそのような実在を認めない，ということになるだろう。

　この実証主義と解釈主義の「物の見方」をめぐる相違は，実証主義と解釈主義のそれぞれの研究の知見をまとめ上げたり，あるいは一人の論者が実証主義と解釈主義の視座の両方を論考に応じて使い分けたりする際に，議論の一貫性が根本から問われることになりかねない。たとえば，同一の研究者が，ある論文では，Xという名称の問題がいかに構築されたのかを報道言説から分析しているのに，別の論文では，Xに関与している人びとの属性を集計することで，Xの原因となっている変数を分析しているとしよう。この場合に，彼／彼女らは，「あなたにとってXは実在する現象なのか，それとも報道による構築の産物なのか」という問いに晒されることになりかねない。また，OG論争も，社会問題の構築主義において，その教義通りに解釈主義の視座が貫徹されているかどうかが問われたことにより，生じた問題だったといえよう。

　よって，実証主義と解釈主義によるそれぞれの研究手法を，十全に「使い分ける」ためには，双方の研究手法の前提となる，新たな認識論が求められることになる。そこで，本章では最後に，そのような可能性を秘める視座として，「批判的実在論（Critical Realism）」の立場を挙げておきたい。

　批判的実在論は，科学哲学者のバスカー（Bhaskar, R.）の超越論的存在論に端

を発する視座で，日本でも現在，人文・社会科学への応用可能性が注目されている。では，批判的実在論は，世界が人間の意識あるいは知識から独立して存在しているのか，という例の問いに対して，どのように答えるのだろうか。批判的実在論の社会科学への応用可能性を解説するダナーマーク(Danermark, B.)らによれば，批判的実在論では，「人間の意識から独立している外的世界が存在していると同時に，実在についての社会的に規定された私たちの知識を包含するある次元が存在している」(Danermark et al., 2002＝2015：11)と考えるという。

　「人間の意識から独立している外的世界が存在している」という部分が，人びとの知識から独立した客観的な実在を認めることを意味するという点は，問題ないだろう。このことは，批判的実在論が，「批判的」という留保が付いているものの，広い意味での実在論の範疇にあることを私たちに告げている。だが，その後に続く，「実在についての社会的に規定された私たちの知識を包含するある次元が存在している」とは，どういうことだろうか。

　ダナーマークら(Danermark et al., 2002＝2015)によれば，批判的実在論の要諦は，科学が研究の対象とする実在は，階層化されていて，その深い階層は直接的な観測によっては接近不可能だとされている点にある。実在が直接には観測できない深い階層を持つのは，科学の営みが成立するための不可欠な条件である。もし存在しているものすべてが露わになっているのであれば，科学の必要性など存在しないからだ。よって，先ほどの「実在についての社会的に規定された私たちの知識を包含するある次元」も，実在を構成する階層のひとつということになる。

　しかし，実在が階層化されているという認識論は，たとえばジェンダーが全て生物学的な差異によって説明可能であるという，素朴な還元主義——より深い階層の実在が，他の階層を規定するという思考——に陥ってしまわないだろうか。この点に関して，ダナーマークら(Danermark et al., 2002＝2015：96-103)が強調するのは，実在の各階層は全て実在的であり，かつ創発的な力を有しているという点である。この考え方に従えば，ジェンダーの差異は，生物学的な

階層と社会的な階層のそれぞれにおいて創発されたメカニズムが混在した結果として，生じていることになる。その際には，一方の階層が別の階層に対してより根源的であったり，社会的な階層が実在的ではなかったりするわけではない。

　以上のような批判的実在論の視座に基づくと，実証主義的な研究は，私たちが直接的には経験できない，より深い実在の階層で生じているメカニズムへと，科学的な手法によってアプローチする研究として説明されるだろう。また，解釈主義的な研究は，ある実在における，社会的に規定された知識の階層が有する，他の階層に還元されない創発的なメカニズムを明らかにしたり，同階層と他の階層との関係性を明らかにしたりする研究として，説明されうる。この場合，実証主義的な研究も，解釈主義的な研究も，共に（異なる階層の）実在を対象とした研究として，捉えることができるのだ。

　このように，批判的実在論は，実証主義的な研究と解釈主義的な研究の双方を，同時に基礎付ける可能性を有している。また，実在を階層として捉える批判的実在論は，現象の背後に存在する「社会」について問うことを――社会問題の構築主義との「対話」を経てもなお――続けてきた，社会病理学と好相性だと見ることもできそうだ。そのような，社会病理学における批判的実在論の可能性については，本書の10章と11章にて，より詳細に論じられることになるだろう。

【注】
1) 本章では，ある研究が「実証主義的」であることと，「実証的」であることを区別して論じている。「実証的な」研究とは，科学的な方法で収集されたデータに基づく研究を指すという意味で使用している。たとえば，後述する社会問題の構築主義は，明らかに解釈主義の視座に属するが，同時に極めて「実証的な」研究手法でもある。逆に，本章の用法では，機能主義は実証主義の視座の範疇に属するが，機能主義による研究の中には，「実証的ではない」手法によってなされた研究も含まれるだろう。

2) 同書は，Ⅰ「社会病理の基礎理論」，Ⅱ「行動の病理」，Ⅲ「集団生活の病理」，Ⅳ「社会生活の病理」，Ⅴ「社会病理への対策」の五部構成となっている。
3) 1970年代の時点において，日本の社会病理学では「新しい理論」とされていたラベリング論だが，紀（1993）によれば，社会病理学に対する批判者として登場したラベリング論は，自らもまた，実証主義の立場からの批判を浴びることになった。とはいえ，ラベリング論がもたらした解釈主義的な視座が，社会病理学の批判的検討と自省に大きく寄与したことは，少なくとも確かであろう。
4) たとえば宝月（1986）は，逸脱の定義の当事者主義――「社会生活を営む当事者の観点に立って，彼らの視点から何が逸脱とみなされているのかを把握しようとする立場」（宝月，1986：76）――の中でも，特にラディカルな立場として，キツセとスペクターの構築主義（構成主義）について言及している。
5) 当時の『現代の社会病理』では，主な論考に対して，やや短めの論考が「コメント」として一緒に誌面に掲載されるという構成だった。この「コメント」の執筆は，当時まだ若手であった会員が担当することが多く，主の論考に対して新しい視座を提供する，という場合も見られた。中河（1991）も，そのような「コメント」として執筆された論考のひとつである。
6) ここで，構築主義が，従前のアプローチよりも，さらに徹底した解釈主義の立場をとっていたという点について，補足しておこう。たとえばベッカーは，ラベリング理論の視座を説明する際に，「逸脱とは，行動それ自体に属する性質ではなく，ある行為の当事者とそれに反応する人びととの間の相互作用に属する性質なのである」（Becker, 1963＝2011：13）と述べる一方で，「当該行為が逸脱であるか否かは，ある程度まで行為の性質（つまりその行為が規則を破ったか否か）により，またある程度まで，他の人びとがどのように応じるかという点による」（Becker, 1963＝2011：12）とも述べている。このベッカーによる逸脱の説明は，田中（2006）が指摘するように，彼の立場がそれほど徹底したものではなく，（実証主義と解釈主義の）折衷的なものであったことを示している。一方で，構築主義を提唱したキツセとスペクターは，「われわれの社会問題の定義を採るなら，社会学者は，クレイムを申し立て，またそれに反応する参加者の視点抜きに，社会問題について考えることはできない。つまり，われわれの定義は，社会学者に，『外部から』クレイムの申し立てとそうでないものとの区別ができるような基準を提供しない」（Kitsuse & Spector, 1977＝1990：124）と述べている。このように，社会問題を定義する際に，行為の性質を判定する社会学者の視点を介さない構築主義

が，先述したベッカーの立場よりも，より徹底した解釈主義の立場をとっていたことは明らかであろう。
7) 社会問題の構築主義が，クレイム申し立てによって，いかに社会問題が提起され推移したかに注目するのに対して，フーコーにならった言説分析の手法をとる研究では，同時代の言説が有する共通性や権力性に着目する傾向がある。このようなフーコー流の言説分析の詳細については，赤川学（2006）を参照のこと。
8) この広義の意味での構築主義には，ジェンダー論において本質主義と対置される構築主義や，バーガー（Berger, P.）とルックマン（Luckmann, T.）の研究の系譜に連なる社会構成主義も含まれると見てよいだろう。

【文献】

青木秀男（1988）「『寄せ場』研究の諸問題――『病理』から『解放』へ」『現代の社会病理』2：118-139.
赤川学（2006）『構築主義を再構築する』勁草書房
赤羽由起夫（2012）「学校内での子どもの殺人と学校の『責任』――二つの同級生殺害事件を比較して」『現代の社会病理』27：57-74.
―――（2013）「なぜ『心の闇』は語られたのか――少年犯罪報道に見る『心』の理解のアノミー」『社会学評論』64（1）：37-54.
鮎川潤（1993）「『社会問題』『社会病理』への構築主義アプローチ」『現代の社会病理』8：65-99.
―――（2004）「社会構築主義アプローチ」松下武志・米川茂信・宝月誠編『社会病理学講座1 社会病理学の基礎理論』学文社, 179-196.
梅田直美（2008）「『育児の孤立化』問題の形成過程――1990年以降を中心に」『現代の社会病理』23：109-124.
大野裕介（2007）「『迷惑』とは何か――『迷惑施設』をめぐる運動を通して」『現代の社会病理』22：135-154.
紀葉子（1993）「社会的相互作用論の立場から見た社会病理――レイベリング理論を中心に」『現代の社会病理』8：29-64.
崎山治男（2006）「分野別研究動向（社会病理）――社会病理の診断と実践的介入のはざまで」『社会学評論』57（4）：804-820.
佐久間正弘（2012）「『犯罪と発達障害の関連性』についての言説の検討――新聞による報道の検討を中心に」『現代の社会病理』27：113-126.
佐々木嬉代三（1990）「社会病理学の復権は可能か」『現代の社会病理』5：29-52.

杉井潤子（1995）「『老人虐待』への構築主義的アプローチの適用」『現代の社会病理』9：151-182.

鈴木智之（2013）『「心の闇」と動機の語彙——犯罪報道の1990年代』青弓社

田中耕一（2006）「構築主義論争の帰結——記述主義の呪縛を解くために」平英美・中河伸俊編『新装版 構築主義の社会学』世界思想社, 214-238.

田中智仁（2009）「雑踏事故およびその対策の専門化をめぐる問題——雑踏警備業務の社会学」『現代の社会病理』24：99-116.

土井隆義（2003）『〈非行少年〉の消滅——個性神話と少年犯罪』信山社出版

中河伸俊（1991）「社会問題の社会学は存在したか」『現代の社会病理』6：48-57.

――――（1995）「『有害マンガ』と社会問題のレトリック——道徳的ディスコースの事例研究」『現代の社会病理』9：117-150.

長坂知美・鮎川潤（1999）「マス・メディアによる来日外国人被害者の構築——『ブラジル人少年暴行死事件』を通じて」『現代の社会病理』14：51-62.

野村康（2017）『社会科学の考え方——認識論，リサーチ・デザイン，手法』名古屋大学出版会

宝月誠（1978）「社会病理とは何か」大橋薫・望月嵩・宝月誠編『社会病理学入門』学文社, 2-12.

――――（1986）「逸脱の社会的定義をめぐる問題——当事者主義から観察者の役割の復権」『現代の社会病理』1：76-106.

細井洋子（1991）「アメリカ社会における社会病理（社会問題）研究の歩み」『現代の社会病理』6：13-38.

松下武志（1978）「社会病理へのアプローチ（1）——社会解体論・アノミー論・逸脱行動論」大橋薫・望月嵩・宝月誠編『社会病理学入門』学文社, 23-35.

矢島正見（2011）『社会病理学的想像力——「社会問題の社会学」論考』学文社

Becker, H. S.（1963）*Outsiders：Studies in the Sociology of Deviance*, The Free Press of Glencoe.（村上直之訳, 2011,『完訳 アウトサイダーズ——ラベリング理論再考』現代人文社）

Best, J.（1987）"Rhetoric in Claims-Making," *Social Problems*, 34（2）：101-121.（足立重和訳, 2006,「クレイム申し立てのなかのレトリック」平英美・中河伸俊編『新装版 構築主義の社会学』世界思想社）

Danermark, B., Ekström, M., Jakobsen, L. & J. Ch. Karlsson（2002）*Explaining Society：Critical Realism in the Social Science*, London：Routledge.（佐藤春吉監訳, 2015,『社会を説明する——批判的実在論による社会科学論』ナカニシヤ出版）

Durkheim, É.（1893）*De la division du travail*, Paris：Alcan.（井伊玄太郎訳, 1989,

『社会分業論（上）』講談社）

Ibarra, P. R. & J. I. Kitsuse（1993）"Vernacular Constituents of Moral Discourse," James. A. Holstein & Gale Miller eds., *Reconsidering Social Constructionism*, New York：Aldine de Gruyter, 25-58.（中河伸俊訳．2000,「道徳的ディスコースの日常言語的な構成要素」平英美・中河伸俊編『構築主義の社会学』世界思想社：46-104）

Spector, M. B. & J. I. Kitsuse,（1977）*Constructing Social Problems*, Menlo Park, CA：Cummings Publishing Company.（村上直之・中河伸俊・鮎川潤・森俊太訳, 1990,『社会問題の構築——ラベリング理論をこえて』マルジュ社）

Woolgar, S. & D. Pawluch（1985）Ontological Gerrymandering：The Anatomy of Social Problem Explanations, *Social Problem*, 32（2）：214-227.（平英美訳, 2006,「オントロジカル・ゲリマンダリング——社会問題をめぐる説明の解剖学」平英美・中河伸俊『構築主義の社会学——実在論争を超えて』世界思想社：184-213）

第10章
批判的実在論の可能性

竹中 祐二

1. はじめに

　社会病理学がひとつの学問体系あるいは学問領域として成立するためには固有の研究領域や研究対象が必要だと矢島正見は述べる(矢島, 2011：ⅱ)。ある領域が他の領域に取り込まれることなく、その領域性を明確に主張しようとする際には、近接／隣接領域との比較という手段を通して、その境界線や、自らの固有性を際立たせようとする戦略が採られることが少なくない。社会病理学の場合には、その比較対象はかつての社会問題論(や逸脱行動論)であることが多かったし、おそらく今もそうであろう。日本社会病理学会の設立当初は、機関誌『現代の社会病理』の中でも、社会病理学の固有性とは何かといった、本質的な問いをめぐる議論が繰り広げられていた。たとえば、社会問題が「社会体制の変化があっても発生する」ものとして理解されるのに対して(磯村, 1986：19)、同じような対象を「社会病理」と称する際には、ある社会において「当の事象がなぜ病理あるいは病理的なのかと問い直させる規範的な問題提起が内在的に含意されている」という理解が前提とされるものだとの主張がある(中, 1986：27)。また米川茂信は、ある具体的な現象、その背景にある「社会的ありよう」、そして「社会的ありようから病的な現象や状況が発生する過程的状況」の三者を総体的に捉える学問として、社会問題論や逸脱行動論ではなく「社会病理学」という名称を用いることの積極的な意義について述べている(米

川, 1992：29-30）。ここには，他でもない「社会学」の一領域として社会病理学を位置付けようとする，位置付けるべきとする志向性が見て取れる。

　しかし，1990年代後半からの社会病理学研究は，単に「問題現象」の記述のみに専念している傾向がみられるのではないかという指摘がある（山本, 2000：2）。これに対して矢島は，社会病理学会員には一貫して，「従来，社会病理学に対して批判的に言われてきた，社会一般が病理とみなしている現象をアプリオリに病理とみなしたり，病理とする現象の当事者を病理とみなすような安易な論文は一つとしてない」姿勢が確認されるという反論を試みているが，同時に「学としての独自性を発揮するため」に求められる「対象としての固有性」と「方法論としての固有性」を明確に切り出すことができない，「社会病理学」という学問のあいまいさも指摘している（矢島, 2005：102-103）。

　矢島はさらに，「社会病理学がなくても，社会学があれば社会の病理・問題は研究し得る」とするスタンスを紹介するが（矢島, 2005：103），最近では，むしろ社会学とは「社会問題」についての学問なのだ，という考え方もみられる（稲葉・筒井・北田・岸, 2018：227）。この主張だけを切り取って社会学界の趨勢を代表するものとは決していわないが，非常に示唆に富む主張でもある。それは，社会学に対する現代的・同時代的な理解のされ方のひとつとしてあることは間違いないからだ。何より，「社会」をいかに理解するかという態度を明確にしない限り，「社会」との関わりから（研究対象としての）「社会病理現象」を措定することはできないことを端的に示している点も非常に重要であろう。

　ところで，社会学の黎明期において，「ジンメルやヴェーバーに限らず，多くの社会学者」にとっては「社会学の対象世界が客観的に実在していることは，疑いえない当たり前の事実」として理解されていた（盛山, 2013：44）。ただ，デュルケム（Durkheim, É.）のみが[1]「単に個人が実在しているということによって，社会学の対象であるような社会的世界が成立するとは考え」ず，「社会的事実」が「客観的に物のように実在していること」が，「社会学をして客観的科学の正当な一員たらしめる」と考えていた（盛山, 2013：42-43）。このことから，「社会とは何か」という問いを立てる前に，そもそも「社会」なるも

のが存在するのかという問いに対する自らの態度を表明することが，本来的には社会（病理）学者には求められるといえるだろう。とりわけ，「個人化」や「医療化」という概念によって社会病理現象が理解されることの多い今日では[2]，このような態度を改めて問い直す重要性は高いと考える。社会病理現象の原因・責任を個人に内在するものとして理解するということは，社会の中で当該現象の問題性・病理性が自明視されていることを意味し，したがって上述のような「安易」な社会病理学研究に陥りかねない危険性が高まるからである。そして，問題性への自明視は，自己責任論をより一層強化するという悪循環をも招きかねない。

　さて，デュルケムは，「外部的に拘束的で，一般的で，個人からは独立している」点に，社会的事実の客観性を理解しようとしていた[3]（盛山，2013：48-49）。これに対して，ヴェーバー（Weber, M.）は理念型という概念を採用することで，社会科学における「客観性」を担保することを目指すと共に，社会学の「対象である社会現象が『理想や価値判断』を含んだものである」ことを自覚し，「『価値自由』のテーゼ」を主張した（盛山，2013：77-84）。こうした「主観／客観」をどう理解し，どう乗り越えるべきかという葛藤は，社会（病理）学において，今では実証主義的アプローチと社会構築主義的アプローチという主として方法論上の対立という形をとって顕在化している。後者のような社会病理現象の「プロセス」の「記述」に重きを置く立場には，「社会病理学的研究を『後退』させるもの」との評価がある（崎山，2007：817）。記述的にならざるを得ない研究状況については，病理判定の根拠が規範等によって担保されていた時代は対象の措定が容易だったが，近年みられる私事化の広がりがそれを困難にしているためであるという分析がなされている（畠中，2004：4）。ただし，実証的に客観的科学としての社会学を確立しようとしたデュルケムの社会学主義の中には社会構築主義的な視点が内包されていたのであるからと，両者は矛盾することなく社会（病理）学の中に成り立ち得ることを目指そうとする主張もみられる（山本，2005）。

　ここまでの議論を踏まえて整理すると，社会病理学者には，より丁寧に言い

換えると，「社会病理学」という固有の領域があるとして，その領域にコミットする研究を行っていると自認・自称する限りにおいては，その研究活動(や成果)の中で，以下についての自らの立場を明示することが求められているといえるだろう。

---

① 「病理性」に対する(規範的)定義
　　(何をもって「社会病理」であるとするのか
　　　／当該研究における対象がどうして「社会病理現象」であるといえるのか)
② 当該研究対象に対する「社会」との関わり
　　(社会学としての社会病理学)
③ 当該研究対象に対する問いへの科学的妥当性
　　(自らの主張に対する論理性・客観性)

　しかしながら，上記三点にバランス良く応えることの難しさから，多くの研究者が安易な研究に陥らぬよう，またあるいは自らその価値を矮小化することのないよう，葛藤してきた事実がある。本章の狙いは，そうした研究状況を克服するためのヒントを探ることにある。

2. 批判的実在論とは何か

　前節では，社会病理学が抱える研究上の課題や困難さについて概観してきた。そして，そもそもひとつの研究領域として認められる必要性があることについても述べた。つまりは，社会病理学が，そして社会学自体が(社会)科学としてあるべき姿を問い直す作業が求められるということである。そのためにまず，何をもって(社会)科学的であるといえるのかに関する議論を確認する必要がある。そのためには，社会学の範疇を超えたメタレベルでの捉え直しが必要である。そこで本節では科学哲学に，そして科学哲学の領域でも特に近年注目を集めつつある，「批判的実在論」を切り口として検討していきたい。

(1) 科学哲学と科学的実在論

　科学哲学が意味するものは必ずしも一義的ではないが，大意としては「科学について哲学すること」と「科学的に哲学すること」の2つに区別され，現在では後者の意味で用いられることはほとんどなく，そして「科学とは何か」に答えることが科学哲学の主要な課題とされる(内井, 1995：3-4)。科学哲学という領域があり，今なお研究の対象となり続けているということは，「科学とは何か」に対する完全な解答がまだ確立されていないことを物語っている。たとえば心理学における超能力研究を，また医学におけるホメオパシー(homeopathy・同種療法)を見てわかるように，一定程度の人数と影響力を誇る研究者コミュニティが構成されることなどにより，その研究対象が科学であるのか，それとも「疑似科学」にすぎないのかという決着を，「絶対的な真理」によってつけることは困難である(伊勢田, 2003)。ただし，何らかの「線引き」を行うことが困難(あるいは不可能)であるからといって，それによって科学と疑似科学(非科学)とは決して区別され得ないことは意味しない(伊勢田, 2003；戸田山, 2015)。

　したがって，科学であるために，研究活動を通してどこまで明らかにすることが可能か，裏を返せばどこまでしか明らかにならないのか，という態度をめぐるスタンスの違いが，科学哲学における諸論点を生み出してきたといえよう。たとえばまず，主張の論理的妥当性における演繹法と帰納法の対立がある。演繹法とは「普遍的命題から個別的命題を論理的に導き出す方法」であるが，数学や論理学といった形式科学とは異なり，普遍的命題を定立するのに論証によってのみ果たすことはできない(野家, 2015：114-116)。他方，帰納法とは個別の事例を積み上げて普遍的命題を導出する論証であるが，「前提と結論の間には有限から無限への推論という『機能的飛躍』が存在する」という限界を持つ(野家, 2015：114-116)。そのため，多くの科学者は，演繹法と帰納法の欠点を補いつつ，帰納法によって得られる結論の信頼性をいかに高めるかということに腐心してきた。つまり，有限回の実験によって一般法則という無限性を示そうとする論理的飛躍をいかに解決するか，という観点から，因果連関の

蓋然性をどのように理解するか，といった考え方が生み出されていったのである(野家，2015：118-121)。そのひとつとして，経験的・客観的データを駆使して，確率論に基づく統計的な検証という手法が導入されていった。

　しかし，ここにも「超えられない壁」はある。どこまでいっても，「観察されたもの」は「観察されたもの」にすぎないのだ。絶対的な真理があるとして，それを何らかの科学的な手法によって確認できるにせよ，「操作的定義」による置き換えを必要とするように，真理を示す命題と観察可能な対象についての命題とは明確に区別されなければならない(戸田山，2015：25-26)。この区別は，科学の目的をどのように理解するのかという先に述べたような本質的な議論に繋がっている。すなわち，科学とは絶対的な真理に近付くための営みであるのか，それとも観察された範囲でのみ知見を得るものにすぎないのかという根本的な態度の違いに繋がっているということである。これと相まって，帰納的推論や統計的検証のような確からしさの精度をめぐる態度にも違いが現れる。

　そして，観察された範囲でのみ知見を得るか否かの問題は，科学哲学における重要な論点であ(り続けてい)る「科学的実在論」についての論争をもたらす。簡単にいえば，これは，「目には見えないけれども科学によって『ある』と仮定されているものは一体ほんとうに『ある』のだろうか」，「それとも『ある』ように見えるだけなんだろうか」という，「『目に見えないものの実在』に関する論争」[4]のことである(伊勢田，2003：122)。科学哲学は，その歴史的な経緯からも，いわゆる自然科学領域における問題について議論されることが多い。ここまでの議論において自然科学と社会科学の異同について特に言及してこなかったが(重要な区別については後述する)，およそ科学であろうとする限り，社会科学においても科学的実在論は問題となるし，社会唯名論と社会実在論の対立はまさにその代表例であろう(伊勢田，2003：122)。

　言うまでもなく科学的実在論(と反実在論)にもさまざまなバリエーションがあるが(伊勢田，2003；戸田山，2015)，反実在論が，実在論の立場における科学的言明を「ないもの」として明確に否定することを必ずしも意味しない。たと

えば構成的経験主義を唱えたファン＝フラーセン(van Fraassen, B. C.)は，「目に見えない物は実在しないという積極的な主張」をしている訳ではなく，「そういうものが実在するかどうかについて(個々の科学者はともかく)集団的営みとしての科学は関知しない」というスタンスを主張している(伊勢田, 2003：122)。だからといって，社会学者が反実在論の立場に対して積極的にコミットすることは，本来あり得べきことではない。なぜなら，社会学者を自認することは，より正確には「社会学」という研究領域にコミットすることは，他ならぬ「社会」の実在性を肯定していることを全ての大前提とすることになるからである。そうすると，社会構築主義の立場から，社会病理現象とは特定の人間の解釈・理解にすぎないと切り捨てることはできないということになろう。

(2) 批判的実在論の基本的コンセプト

野村康は，「私たちの知識の対象が(私たちとは独立して)そこに存在するのかしないのか，という問い」への立場は，大きく2つに分けられると述べている(野村, 2017：13-22)。一方の立場が「私たちの知識や考えは，強固な疑いのない真実という基礎の上に組み立てられている」と考える「基礎づけ主義(foundationalism)」であり，この立場からは主として「データを用いてそれを検証・実証すること」に「努めるべき」であると述べている(野村, 2017：13-22)。それに対し，「問題となる社会的事象が存在するかどうかは，私たちの解釈による」とする立場を「反基礎づけ主義(anti-foundationalism)」と呼び，「言説や文脈を重視して各主体がどう解釈しているかを把握すること」を目的とする「解釈主義」的な手法を採ると説明する(野村, 2017：13-22)。なお，基礎づけ主義／反基礎づけ主義のどちらの立場に依拠するかという「存在論」は，「その場その場で変えられるものではなく，また併用できるものでもない」ことを強調している(野村, 2017：11)。

つまり，社会構築主義といえども，社会学の内部に留まって何らかの研究を行う限りにおいては，個人に外在するものとしての社会の実在を前提とするのであるから，基礎づけ主義に立つものと考えるべきである。「クレイム申し

立て」を通して，少なくともその人(びと)にとっての病理性が何かしらの「社会」との関わりの中で認められる以上は「社会病理現象」は実在しているといえる(この文脈において，方法論的個人主義の考え方が親和的である)。そして，その研究成果が何らかのデータによって科学的に主張されようとする限り，良きにつけ悪しきにつけ，いわゆる質的研究の一手法という位置付けに留まるものといえよう。したがって，社会構築主義的研究は社会病理学と対立するひとつの領域としてではなく，むしろ社会病理学の一方法論として理解するべきであろう。

　確かに，厳格さの程度によって社会構築主義にもさまざまなバリエーションはあるが，総じてその研究成果が実際の「社会」との関わりを持たないようなものが多く，現実と乖離した言葉遊びに留まりかねないという中村正の批判がある(中村, 2016：195-196)。中村は，特に親密圏の問題として，特定の関係および関係性の中でのみ生じる暴力が表面化しづらいことの危険性を指摘している(中村, 2016：199-204)。この点からしても，社会構築主義の立場では，ある者にとっては当てはまることがある者にとっては当てはまらないこともある，という事実をもって，病理性が認められる現象を解釈主義の名の下に切って捨てることの危険性にまで発展し得るといえるだろう。観察者の恣意性が問われるにせよ，「社会」病理現象である限り，もっといえば当事者の認識にすらよらず，その実在性を見逃すことの危険性が大きいからこそ，「規範的な問題提起」と「科学的な方法論」の両立が社会病理学者には求められる。

　これに関わって野村は，「存在論レベルでは基礎づけ主義に立ちながらも，認識論レベルでは解釈主義にやや近づいた立場」として，かつ「単純に実証主義者と解釈主義者のアプローチを折衷しているわけではない」ものとして，「批判的実在論」(critical realism)の重要性に触れている(野村, 2017：24-29)。つまりは，「目に見えない」ものの実在性を前提に，主観・客観のいずれをも重視する立場である。この指摘こそが，社会(病理)学における主観と客観，実証主義的アプローチと社会構築主義的アプローチの「対立」を克服する新たな視点として批判的実在論に着目する所以である[6]。

科学的実在論と反実在論の論争において，観察対象を規定するためにはデータを介した実証的な接近が求められることになるから，経験的理解を伴わない実在をいかに説明するのかという問いに対して，形而上学的な説明を免れ得ない，すなわち科学的な説明がなされない，という致命的な欠点を有している。反実在論の立場は，これを論拠に法則や現象を観察することの重要性を述べるが，ここにも大いなる矛盾を孕んでいる。私たちが経験的・実証的に理解しようとする観察対象の背後には，その法則を説明し得る普遍的メカニズムが存在しているということを前提にしている。つまり，データを介してたとえば運動法則を実証しようとするとき，その具体的なメカニズムを説明しようとしているようでありながら，実はその背後にメカニズムといった普遍性があると思っていなければそうした営みはなすことはできない。しかし，経験主義的な認識論は，「何が存在しているか」という問題を，「何を経験的に，あるいは実証的に知り得るのか」という問題にすり替えてしまうのである。これを「認識論的誤謬」(epistemic fallacy) という (Danermark et al., [1997] 2002：21 = 2015：33-34)。実在とは本来私たちの認識とは独立して理解し得るものであるが，認識論のフィルターを通して実在を矮小化してしまうのである。そのためバスカー (Bhaskar, R.) は，こうした認識論と実在論を両立することができるような，「超越論的実在論」を打ち立てることの重要性を主張したのである (Bhaskar, 1978：24-26 = 2009：21-23)。

　言い換えると，科学は，人間の活動に依存してなされる知識や観察を通して何らかの発見がなされるべきであると同時に，自然界の因果的な構造や物事は，人間が認識しているかあるいは認識可能かどうかという問題からは独立して存在し，また何らかの作用をなしているということが成り立たなければならないことを意味している[7] (Bhaskar, 1978：21-24 = 2009：15-20)。このためにバスカーは，実際に発生する，また人間によって経験あるいは観察される個別具体的な現象・出来事とは別に，人間が認識しているかあるいは認識可能かどうかという問題からは独立した「実在的な構造」や「メカニズム」が存在すると考える必要があると述べる (Bhaskar, 1978：17 = 2009：8)。観察や実験を通じて

得られる知見は，それ自体が法則を経験的に裏付けるものであったとしても，決して法則そのものではあり得ない(Bhaskar, 1978：34＝2009：34)。そうすると，何らかの現象・事象がいつも連続して現れていようとも，それは何らかの因果法則が働いていることの十分条件でも必要条件でもない，ということになる(Bhaskar, 1978：25＝2009：22)。科学的実在論を含む従来の立場からは，科学的な営みが人間から独立した完全なる実験室において行われることは不可能であるから，観察や実験を通して仮説どおりの結果が得られたか否かが，法則の妥当性の可否や実在性の有無に直接関わることとなる。しかしバスカーの主張によると，個別具体的な現象・出来事が，理論的な前提条件を満たすときに常に発生しなくとも，科学的法則の妥当性は決して損なわれないことになる。こうした個別具体的な現象・出来事と背後にある「メカニズム」との区別が超越論的実在論の特徴のひとつである。先に述べた誤謬は，「実験室という特殊ケースを一般的ケースと勘違いしてしまったところにある」のであり，かつ「因果法則に実在論的根拠を与え」るものとして提唱されるのが「メカニズムという概念」である(中澤, 2016：99)。

　またバスカーは，現象・出来事とメカニズムの区別が成立する条件として，実在的世界を「経験の領域」(Domain of Empirical)，「現実の領域」(Domain of Actual)，「実在の領域」(Domain of Real)の3つに明確に区別して理解することが重要だと主張する(Bhaskar, 1978：13＝2009：3)。この領域の三分法も，超越論的実在論の特徴のひとつである。「経験の領域」とは，「何らかの感覚器官を通して観察された」という点で「人間が経験する事柄から成り立っている」ものを意味する(中澤, 2016：98)。「現実の領域」とは，「人間が経験(観察)するかしないかにかかわらず，出来事が生起している位相」を意味する(中澤, 2016：98)。そして，「実在の領域」とは，「様々な出来事を生み出しているメカニズムの位相」を意味する(中澤, 2016：98)。さらに，3つの領域は，図10-1で示すとおりに階層的に理解することができ，「現実の領域」は「経験の領域」を包含し，「実在の領域」は「現実の領域」を包含する(伊賀, 2012：37-38)。

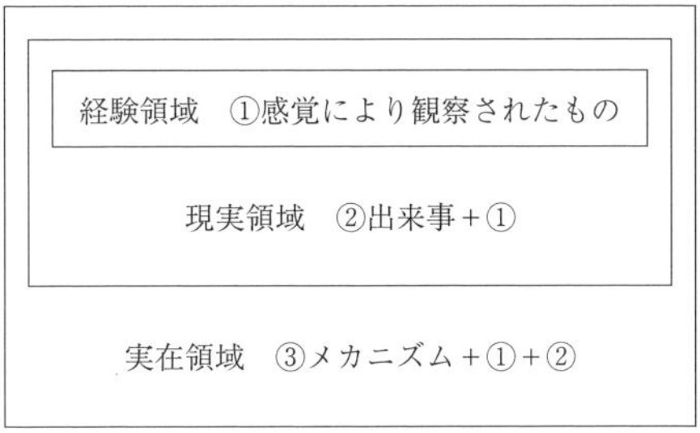

```
┌─────────────────────────────────────┐
│  経験領域  ①感覚により観察されたもの  │
│                                     │
│  現実領域  ②出来事＋①               │
│                                     │
│  実在領域  ③メカニズム＋①＋②       │
└─────────────────────────────────────┘
```

図10-1　実在の三段階

出典：伊賀（2012：38）

(3) 社会科学における批判的実在論の考え方

　バスカーの構想した超越論的実在論は，批判的実在論のルーツとして位置付けられている。ここでいう「批判的」という語の意味内容は多岐に渡っているが，総じて従来の議論を否定すること・乗り越えることを含意するものとなっているとともに，より直接的には，科学一般における存在論の構想たる超越論的実在論の構想を社会科学領域に適用させようとする試みである「批判的自然主義」(critical naturalism)に由来するものとして説明することができる(Danermark et al.,〔1997〕2002：198-201＝2015：295-300)。つまり，「超越論的実在論」と「批判的自然主義」が一体化して「批判的実在論」というひとつの概念が確立されたということである。このことから，前項で述べた内容を踏まえて，批判的実在論は，観察対象の背後に，また観察され得ない，あるいは発現しなかった現象の背後にある「法則」や「メカニズム」が「実在」する位相を想定するという意味での科学的実在論の一形態である点に大きな特徴を有するということを(Danermark et al.,〔1997〕2002：21＝2015：35)，改めて確認しておきたい。

　バスカーは，社会科学が自然科学と同一の原理に従うのは，両者が共に科学であるからだという従来の自然主義による単純な理解を超えて，自然科学と異なる社会科学の固有性を認めた上で，それに伴う論理的な課題を乗り越えるという意味で「批判的」に「自然主義」を打ち立てることを試みた(Bhaskar,

1998：1-24＝2006：1-25)。従来は，自然科学ですら，「実験室」のような何らかの科学的法則に基づいて現象が生起するのを阻害するような外的要因の一切が統制された「閉じた系」(closed systems)を想定するという誤解のもとに進められてきたが，社会科学は特に，観察や考察の対象となる事象・現象が顕在化するのは，一定不変の経験的規則が存在しない「開いた系」(open systems)においてのみである，という点でより一層の制約を受ける(Bhaskar, 1998：45＝2006：51)。したがって，社会そのものやそこでみられる諸現象や社会活動は人間の認識や概念に依存するという性質(transitive)をもつという点で実在性が否定される，社会唯名論的な理解には一定の説得力がある。しかしバスカーは詳細な検討からこれを否定する。そして，社会は人間の諸活動の影響を受けて変動するという動態的なものとして捉え[8]，それゆえ創発的な特性を有しつつ，社会を個人に，また個人を社会に還元して理解することはできないような，異なる実在性のレベルで個人に外在するものとして社会は理解されるべきであるから，自然科学と社会科学の双方に共通する科学的基盤としての新たな自然主義が構想されることを主張するのである(Bhaskar, 1998：33-44＝2006：38-50)。

　さて，繰り返し述べることではあるが，批判的実在論はその名の通りに実在論であり，認識に先立ってある実在というものを規定するから，実在を捉えるために科学は経験的な実証を求めることとなる。(社会)科学において，「ある経験的現象・出来事が一般的に起こりうることを明らかにすることが一般化であ」り，「個別的なものから一般的なものを引き出すために，経験論では帰納および演繹といった推論形式を用いる」が，批判的実在論においては「一般性とは存在領域での一般性のことであ」り，「ある対象がそのようなものとして存在する為の普遍的な必要条件，その対象の隠された本質が一般性である」と考える(伊賀, 2012：38-39)。したがって，批判的実在論とは，「具体的で表層的なものから基底的で深層にある構成要素，構造，そしてメカニズムなど，表層的な現象を生み出す一般的な仕組みを抽出し分離すること」による「一般化」を目指すものだとして説明されるのである(伊賀, 2012：38)。

　一般化を導くための科学的方法は帰納法と演繹法に収斂され，基本的に科学

的な方法論はいずれかに分類される。しかし，批判的実在論の立場からは複層的にある実在の位相を乗り越えて法則やメカニズムを解明する作業が必要になる。そこで，帰納法と演繹法に加えて，「アブダクション」(abduction)と「リトロダクション」(retroduction)の2つを含めた4つが重要な推論の形式であるとされ，批判的実在論はこれら4つの様式を文脈に応じて使い分け，記述していくことが求められている(Danermark et al.,［1997］2002：73-78＝2015：114-122)。既に確認してきたように，帰納とは「諸観察から全体に関する普遍的に妥当な結論を導く」ことを，演繹とは「所与の前提から妥当な結論を論理的に導く」ことを意味するが，「アブダクション」とは「概念的な分析枠組もしくは一連の諸観念の内部で，個別現象を解釈し，再文脈化する」ことを，「リトロダクション」とは「具体的な現象を記述・分析することから，ある現象をそのようにさせている基本条件を再構築する」ことをそれぞれ意味する(Danermark et al.,［1997］2002＝2015：124)。後二者について，もう少し説明を加えておこう。アブダクションとは，経験的に捉えられる事実・事例を記述し直し，再構築することで，「背後に潜む普遍性を備えた構造」を捉えようとするための営みであるといえる。誤解を恐れず単純化すると，「社会とは何か」という問いに答えようとするための推論形式はアブダクションである。それに対して，リトロダクションとは，経験的に捉えられる事実・事例を記述し直し，再構築することで，それらの「内的関係性」といった「一般的法則」を推定しようとする営みであるといえよう。リトロダクションについても単純化すると，経験的に観察される範囲を超えて社会学理論を打ち立てるための推論形式だといえよう。これらの「経験領域で観察されたことから直接観察することはできない」が，人間の認識とは離れて「実在する社会関係や構造を推定する思考操作法」を持ち出すことも，批判的実在論の特徴のひとつである(伊賀, 2012：42)。

3. 批判的実在論の応用可能性

　前節では，批判的実在論について，社会科学・社会学・社会病理学との関わりについても意識しながら，超越論的実在論と批判的自然主義という2つの側面から概観した。そして，批判的実在論が持つ特徴についても確認した。その3つの特徴をおさらいしておこう。ひとつ目に，個別具体的な現象・出来事について，それが一定不変のものとしていついかなる場合においても発生せずとも，それらの現象・出来事を生起させる構造やメカニズムが実在する，という考えである(その意味で，何らかの傾向があるという言い方がなされる)。2つ目に，ひとつ目の特徴と相まって，実在的世界は「経験の領域」，「現実の領域」，「実在の領域」の3つに分けることができ，構造やメカニズムを理解するためにある「実在の領域」の想定こそが批判的実在論の枢要だという考えである。そして3つ目には，複層的な異なる位相の実在的世界を飛び越えて論理的推論をなす形式として，従来からある帰納法・演繹法に加えて「アブダクション」と「リトロダクション」の2つを重視するということがある。

(1)「貧困」と「犯罪」の関係をめぐる社会病理学的アプローチ

　さて，批判的実在論は科学哲学におけるひとつの立場として，それ自体が研究・考察の対象となっている。ただし，当たり前の話ではあるが，そうした真理の探究のための客体となることだけを目的としない。本章で批判的実在論に着目したのは，とりもなおさず，社会病理学がいかにしてあるべきか，そしてあるべき姿のもとにいかなる研究が可能であるかを考える手がかりにするためである。そこで本節では，批判的実在論をどのようにして社会病理学的研究に応用することができるかを考えていくこととする。なお，その作業を通じて，批判的実在論のコンセプトがより具体的にわかりやすく理解されるようになることも狙いのひとつとする。

　そこで取り上げるのは，「貧困」と「犯罪」の関係についてである。既に述べたように，病理性判定をめぐる規範的な問いを回避する安易な姿勢に陥らな

いように慎重であるべきことは求められるが，両者は伝統的に「社会病理学」(的)研究の対象とされてきたし，また両者の関係についても伝統的に考察の対象とされてきたことは特段の説明を必要としないだろう。その事実のみをもってしても，考察の対象に値すると十分にいえるだろう。しかし，このこと以上に大きな，重要な理由がある。両者はそれぞれに重要な論点であり，かつ「『貧困は犯罪の温床』といわれるように」両者の関係性が認められるからこそ，長い歴史の中で幾度となく研究が繰り広げられてきたにもかかわらず，「関連のメカニズムはいまだじゅうぶんに解明されていないというのが現状」だからである(津島, 2010：8-9)。

　もっとも，解明されていないからこそ伝統的に考察の対象とされ続けているともいえる訳だが，仮に両者に関係が「ない」のであれば，メカニズムを解明しようとする営みはまったく無意味である。本節の検討によって，「ある」のか「ない」のかを結論付けることは，紙幅の都合によらず困難なものであろう。もし「ある」ことを本当に前提にして良いのならば，それはいかなる形で説明されるのだろうか。「ある」のか「ない」のかわからない物事に対して「ある」ことを前提にメカニズムを解明しようとする姿勢は，まさに批判的実在論に基づく応用研究そのものである。さらに，メカニズムを解明するための視点を拡張するには，異なる位相の実在世界を複層的に想定する批判的実在論の応用がうってつけであろう。これらが「貧困」と「犯罪」の関係を素材とする主たる理由である。これらの研究成果については津島昌寛(2010)による整理が詳しく，以下ではそこでの記述に沿って論を進める。なお，本節の検討も，津島が述べるように「貧困は犯罪を引き起こすのか」という問いに焦点化して行うこととする[9]。

　「貧困はつねにその社会の特定の価値判断が反映されている」ものであるという理由から，津島ははじめに，貧困とそれに類する概念を整理する作業を行っている(津島, 2010：9)。周知のとおり，貧困は「絶対的貧困」と「相対的貧困」に区別され，それぞれが犯罪をもたらすと考える理由付けにも違いをもたらす点で区別は重要なものとなるが，日本をはじめとする先進諸国では一般

的には相対的貧困概念に基づく研究が展開されている(津島, 2010：9)。また，「富や所得を基準とした社会の一部(または集団)の生活水準」である貧困だけではなく，「社会全体の富や所得の分配状況もしくは貧困層と富裕層との物質的水準の隔たりの程度」を意味する「経済的不平等」の影響を考えねばならないと指摘し(津島, 2010：10)，社会学的に犯罪行動を理解するにあたっては，行為主体の社会的布置と，社会全体の構造とを区別する必要があることを論じている。さらに，「富や所得など経済的資源の不足や不均衡な配分」を示す貧困や社会的不平等とは別に，それらから派生して，かつ大きな問題をもたらすものとしての，「個人や集団の社会関係の不十分さ」を問題とみる「社会的排除」についても言及している(津島, 2010：10)。社会的排除は「時間的・空間的なひろがり」をもって理解しなければならず，それゆえ「犯罪発生にたいして，多角的・総合的に接近する必要がある」ことを示すものであると評価される(津島, 2010：10)。

　そして津島は，「なぜ貧困が犯罪につながるのか，当たり前におもえるが，実のところよくわかっていないのではないか」という研究状況を踏まえて，図10-2に示す以下の(1)〜(4)の4つに先行研究を類型化して整理している(津島, 2010：11-15)。

(1)貧困それ自体が直接犯罪を引き起こす(直接的因果関係)

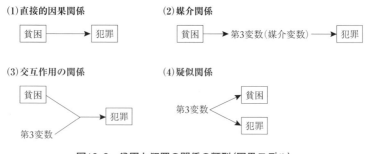

図10-2　貧困と犯罪の関係の類型(因果モデル)

出典：津島 (2010：11)

(2) 貧困が他の要因を介して犯罪を引き起こす(媒介関係)
(3) 特定条件が重なるときに，貧困が犯罪を引き起こす(交互作用の関係)
(4) 貧困と犯罪との間に因果関係が存在するかのようにみえる(疑似関係)

(2)「貧困」と「犯罪」の関係理解に向けた批判的実在論の応用

　それでは，貧困が犯罪をもたらすという関係をうまく説明できる場合とそうでない場合があるのはなぜだろうか。ダナーマークらは，批判的実在論に基づいた説明的研究を実践するための六段階のモデルを「ガイドライン」として示しているが，図10-3 はその内容を筆者が独自に再構成したものである。このモデルによると，各研究は具体的(段階1)→抽象的(段階2～段階5)→具体的(段階6)という性質の各段階を移動しながら行われるものである(Danermark et al., [1997] 2002：109-110＝2015：167-168)。図10-3 で描かれた縦線は，具体と抽象の境界を示している。

　段階1では研究対象にしようとする出来事や状況を具体的に「記述」する段階であり(Danermark et al., [1997] 2002：109＝2015：167)，本項の関心に基づくと，犯罪という現象を統計データ，事例等を通じて記述するという作業にあたるだろう。ここから，犯罪という現象をもたらす要因とは何かを遡って考えていく作業が展開されていくこととなる。

　段階2は何らかの因果関係をもたらすと考えられる構成要素に分解する段階であり，一般的に「科学的分析」といわれるものは通常この段階を指すものとして理解される(Danermark et al., [1997] 2002：109-111＝2015：167-168)。例として津島は(貧困と関わって)犯罪をもたらす要因として犯罪を通じて得られる利益そのものへの欲望，ストレス，恨みなどを持ち出して先行研究を解釈している(津島, 2010：11-5)。

　段階3は，構造や関係についての理論的・仮説的な枠組みから，段階2で見出された要素や側面とは異なる点について解釈する，また再記述することが求められる段階である(Danermark et al., [1997] 2002：110＝2015：167)。つまり，段階2で抽出した構成要素をもたらす要因は何かということを，アブダク

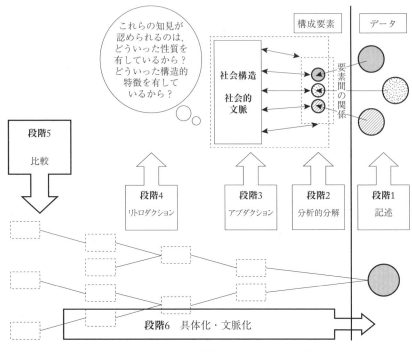

図10-3 批判的実在論に基づいた説明的研究の諸段階
出典：Danermark et al.,（[1997] 2002：109-110=2015：167-168を再構成）

ションによって明らかにしていこうという段階である。ここで研究対象となる現象は，いくつかの因果的なメカニズムの結果として記述される（Danermark et al.,［1997］2002：112＝2015：169）。図10-2で示したいくつかの可能性のうち，(2)と(3)は矛盾するものではなく，むしろ(2)や(3)のようなさまざまな因果的メカニズムを繰り返し考えていく作業が段階3なのである。(1)のような「貧困と犯罪の直接的な関係については，比較的早い時期の実証研究から，それを否定的に見る傾向にある」(傍点ママ)ことが指摘されているが(津島，2010：11)，(2)や(3)と並列的に理解されるべき，「見かけ上の直接的な関係」と捉えるのが良いだろう。なぜならば，段階3は「現実領域」の問題であって，因果的構成要素は特定の条件・文脈によって観察されたりされなかったりするから

である。犯罪という従属変数に影響を与える独立変数として性別，職業，学歴その他数多くのものが先行研究上では想定されているが，それらが複合的に関わり合っていることについて考えていく作業が段階3であり，このことからも「見かけ上の直接的な関係」にすぎないことがわかるだろう。

段階4は，段階3において注目された構造や関係について，それを構成する本質的要素は何なのか，そうした関係が成り立つのはなぜか，構造や関係がそうあるためにはいかなる性質が存在していなければならないか，ということを探索することが求められる段階である(Danermark et al., [1997] 2002：21＝2015：33-34, 167)。既述のとおり，リトロダクションとは経験的に観察される範囲を超えて，背後にある一般的法則を明らかにしようとする営みである。つまり，特定の条件・文脈によって観察されたりされなかったりすることはあるにせよ，貧困として観察される現象・状況が，犯罪という現象を生成するメカニズムについて考えていく作業が段階4であり，その点で段階3と密接に関わっているものと理解される(Danermark et al., [1997] 2002：109-112＝2015：167-170)。段階4は「実在領域」の問題である。貧困と犯罪はいずれも社会病理現象であり，社会(構造)の影響により生じるものである。つまり，図10-2における(4)のような状況において，第三変数は貧困と犯罪の双方に影響するものというよりも，むしろ異なる実在の位相にあるからこそ双方に影響するものとして位置付けることが可能であるから，同じレベルの実在的位相における単純な疑似関係という評価によって切り捨てるのは適切ではないだろう。

段階5は，段階3と段階4の作業を通じて記述されたいくつかのメカニズムや構造的特徴について，相対的な説明力を比較・検討し，評価をしていくことが求められる段階である(Danermark et al., [1997] 2002：110＝2015：167)。このことからの帰結としては，犯罪を生起させる諸要因やその背後にある構造とメカニズムを想定するいくつかの理論が併存することを意味する。つまり，端的に述べると，貧困が犯罪を引き起こすと考える諸説明と，貧困以外のさまざまな要素が犯罪を引き起こすと考える諸説明は決して競合するものではない，ということになる。

段階6では，段階5までで発見されたメカニズムが，現実の領域において具体的に，またどのように顕在化するのか／しないのかを検討する作業が想定されている(Danermark et al.,［1997］2002：112＝2015：170)。抽象的な概念を再び具体的な現象に当てはめて考える作業は非常に重要なものである。貧困が犯罪をもたらすという関係をうまく説明できないのはどういった場合であるかを改めて考えてみると，まず，説明変数／被説明変数間のプロセス・メカニズム理解に不具合がある可能性が考えられる。だからこそ段階1から段階6の間を，抽象と具体を，異なる実在の位相を行ったり来たりしながら研究を精緻化させることが必要なのである。バスカーも述べるように社会は「開いた系」であり，動態的かつ創発的なものであるから，研究対象それ自体が経年的に変化することも忘れてはならない。ギデンズ(Giddens, A.)は，現代社会は「私たちが，自分たちの暮らす周囲の状況についてつねに考えたり，省察する必要がある」という「社会的再帰性」が増大していると述べている(Giddens, 2006＝2009：138)。したがって，批判的実在論の視座に立った研究活動は，今日その重要性をより一層高めているといえるだろう。

　そして，もうひとつの理由には説明変数／被説明変数そのものに不具合がある可能性が考えられる。量的調査では調査者の設定したカテゴリーの範囲でしか回答が得られないという限界もある(稲葉・筒井・北田・岸, 2018：165)。さらに，操作的定義による変数化は量的調査の前提作業として必要不可欠なものであるが，これは質的な作業であって，調査者の主観的な判断が混入することは避けられない(稲葉・筒井・北田・岸, 2018：162-164)。ただし，先述のとおり，検定の結果，観察可能な対象間の関係が示されなかったとしても，それが実在的な位相での真理を示すメカニズムを否定するものでは決してない。批判的実在論を通して，「経験の領域」－「現実の領域」－「実在の領域」という異なる位相を行きつ戻りつするという視点と正当性を手に入れることで，社会病理現象を，そして社会のありようそれ自体を，より良く説明する理解に近付くことができるのである。

4. おわりに

　本章では，社会学としての社会病理学がいかにしてその領域性を保つことができるのかという問題について，科学哲学たる批判的実在論を切り口として検討してきた。その結果，主として客観的科学のありようと関わる論点について触れることとなったが，社会病理学に対する批判として，つまり社会病理学が抱える課題のひとつとして，臨床・介入との接合が挙げられる。崎山治男は，日本社会病理学会が「その成立当初から意図してきた臨床現場への判断と介入という要素をあえて排除していくこと」を通して，「臨床現場には一定の説得性しかもたず，即効性のある（ように見える）処方箋を提示し得ないことへの違和感をもたら」していることの問題性を指摘している（崎山, 2007：807）。前節までの検討に基づいて，限られた紙幅であるが，この論点においても少し触れておくこととしよう。

　前節では，社会病理現象のひとつとして犯罪に着目したが，本節でも犯罪をめぐる研究動向，すなわち（社会病理学の近接領域たる）犯罪社会学について概観する。日本の犯罪社会学は今も昔も，多くをアメリカにおける犯罪社会学研究の成果に負っている。そのアメリカの研究動向は「定量分析を主流とする」特徴が指摘される（朴, 2017：iv）。こうした量的研究の成果について，岡邊健は，ファーリントン（Farrington, D. P.）を中心に展開されるリスクファクター（risk factor）論に依拠することで実践への貢献を果たしていると評価している（岡邊, 2013：9-10）。リスクファクター論とは，「厳密な因果関係がわからないとしても，リスクファクターを見つけることができれば，刑事政策における実践的な含意を引き出すことは可能だと考える」ものであり，そのため「犯罪や非行を引き起こす原因やメカニズムの探究は，重視されない」という特徴を有している（岡邊, 2013：10）。

　リスクファクター論は，その実在性に対する判断を回避することで，研究成果が実践現場に貢献を果たし得ると考える立場だといえるが，旧来の理解に留まれば，科学的に関係を立証できなければ，犯罪という結果，およびそれに対

する原因と両者の関係についての実在性は認められないということになる。したがって，リスクファクター論という方法論的立場によってもなお，介入と結果は「偶然の産物」という位置付けに留めざるを得なくなる。それに対して，批判的実在論を導入することによって，今はまだ「厳密な因果関係がわからない」としても，永続的な研究者の営みを通して，「犯罪や非行を引き起こす原因やメカニズムの探究」を堂々と両立させ得るのである。

　計量分析によるリスクファクター論は，現象としての犯罪を何らかのデータに置き換えることで展開される。佐藤哲彦は，今日の犯罪社会学がこのように「犯罪それ自体は客体として前提とされ」ることを特徴としていることを指摘するが，「犯罪学さえもその対象に含めた，犯罪を通して社会について思考する営為」である「『犯罪の社会学』と呼べる領域が，『犯罪社会学』の周囲に広がっている」ことも合わせて指摘している（佐藤, 2012：297）。そして，この「犯罪の社会学」は「こんにちとくに，犯罪化や脱犯罪学をめぐる諸研究においてみられるもの」として説明されている（佐藤, 2012：297）。

　犯罪化／脱犯罪化をめぐる議論とはまさに，何をもって「社会病理」であるとするのか，そして当該研究における対象がどうして「社会病理現象」であると言えるのかに関わる問題であり，そこにこそ社会学としての社会病理学の重要性が見出されるということを示している。社会学としての犯罪社会学をも考察の対象とする「犯罪の社会学」はメタ社会学とも言い得るものであるから，社会学・社会科学をメタ的に捉え直す科学哲学の重要性はここからも導かれる。佐藤の用語法にならうと，本章の検討は社会病理学をも考察の対象とする「社会病理の社会学」と表すことができるだろう。その意味では，社会学としての社会病理学という領域を一歩先に進めるための議論の，少なくとも扉を開くことができたのではないだろうか。

【注】

1) デュルケムのように,「社会」なるものが自然的な事物のように存在すること,それについて検討することの重要性を「明確に自覚していた社会学者は,どういうわけか,デュルケムのほかには見あたらない」とされている(盛山, 2013：42-43)。
2) 佐々木嬉代三は,近代化の所産として不可避のものとして「個人化」を理解しながら,人びとが抱える生きづらさを「自己責任の原理」で対処しなければならない時代であるとして今日のありようを描きつつ,また心理・医療の枠組みで問題解決に当たろうとする立場にも理解を示しつつ,「病理の社会性に注目」することの重要性を述べている(佐々木, 2006)。
3) ただし,これは「『客観的だ』という風に『主観的』に思っている」にすぎないことを盛山は指摘している(盛山, 2013：49)。
4) 自然科学領域においても,たとえば地球の自転軸や物質の重心のようなものは,計算の便宜上設定しているのか,何らかの観察によって実在性が認められるのかということも科学的実在論をめぐる論点のひとつであり,「何について実在性を主張するか」や「どのような局面で実在論を主張するか」といった視点によって,科学的実在論は詳細に分類される(戸田山, 2015：4-6)。なお,後述するが,本章の主題である「批判的実在論」は,物質的な対象としての実在性についてではなく,観察され得ない,あるいは発現しなかった現象の背後にある法則やメカニズムについての実在性について論じるものである。
5) 野村は,構築主義が「一理論として扱う」こともあることをもって,構築主義と反基礎づけ主義は異なるものであると明確に区別している(野村, 2017：14)。
6) 批判的実在論のルーツは19世紀後半にまでさかのぼることができるが,バスカーの著作を中心に1970年代頃から「理論的に体系化されて認識論の中に,あるいは社会科学の各ディシプリンの中に位置付けられ」てきており,日本では1990年代初頭から紹介されるようになった(野村, 2017：24-25)。
7) バスカーは,人間による認識や意識の影響を受けることなく,独立してその実在が認められるようなものを"intransitive"なものとして,また人間による認識によって初めてその実在が認められるようなものを"transitive"なものとして説明している(Bhaskar, 1978：17)。なお,それぞれの語に対する日本語訳は定まっておらず,前者は自存的／自動的,後者は意存的／他動的といった語が充てられている(Bhaskar, 1978＝2009, Danermark et al., [1997] 2002＝2015)。

8) バスカーは，社会唯名論的に社会を単なる個人（や集団）の集積体として捉えるのではなく，さまざまな社会関係の総体であって，それゆえ社会を構成する個人（や集団）自体が社会（関係）の影響を受け，かつ経時的な変化を伴うものであるという，「転態モデル」(transformational model) という考え方を採っている（Bhaskar, 1998：25-26 = 2006：29-30）。
9) 津島（2010）は，犯罪の多発が地域社会に影響を及ぼし，それが故に貧困をもたらすという可能性などを例に挙げつつ，両者の双方向性に着目することの重要性について言及しているが，本節も津島（2010）の関心と同様に，理念型としての因果モデルに論点を限定し，試論的検討を行いたい。

【文献】

伊賀光屋（2012）「批判的実在論の方法論──アブダクションを用いた構造的説明」新潟大学教育学部編『新潟大学教育学部研究紀要　人文・社会科学編』5(1)：37-48.

伊勢田哲治（2003）『疑似科学と科学の哲学』名古屋大学出版会

磯村英一（1986）「社会問題としての同和問題と社会問題」日本社会病理学会編『現代の社会病理』1：19.

稲葉振一郎・筒井淳也・北田暁大・岸政彦（2018）『社会学はどこから来てどこへ行くのか』有斐閣

内井惣七（1995）『科学哲学入門』世界思想社

岡邊健（2013）『現代日本の少年非行　その発生要因と関連要因に関する実証的研究』現代人文社

崎山治男（2007）「分野別研究動向（社会病理）──社会病理の診断と実践的介入のはざまで」日本社会学会編『社会学評論』57(4)：804-820.

佐々木嬉代三（2006）「現代という時代の病理について」山元公平・高原正興・佐々木嬉代三編著『社会病理のリアリティ』学文社, 1-12.

佐藤哲彦（2012）「テーマ別研究動向（犯罪）『逸脱の社会学』死後における犯罪の研究」日本社会学会編『社会学評論』63(2)：290-301.

戸田山和久（2015）『科学的実在論を擁護する』名古屋大学出版会

津島昌寛（2010）「貧困と犯罪に関する考察──両者の間に因果関係はあるのか?」日本犯罪社会学会編『犯罪社会学研究』35：8-20.

中久郎（1986）「社会学理論のなかの『病理』理論」日本社会病理学会編『現代の社会病理』1：25-45.

中村正（2016）「社会問題研究における社会構築主義と批判的実在論」立命館大

学産業社会学会編『立命館産業社会論集』51（4）：191-211.
中澤平（2016）「メカニズムの発見およびその同定基準について——バスカーの科学哲学を足がかりとして」立命館大学産業社会学会編『立命館産業社会論集』51（4）：95-114.
野家啓一（2015）『科学哲学への招待』筑摩書房
野村康（2017）『社会科学の考え方　認識論，リサーチ・デザイン，手法』名古屋大学出版会
朴元奎（2017）『比較犯罪学研究序説』成文堂
畠中宗一（2004）「社会病理学への臨床社会学の貢献」畠中宗一・清水新二・広瀬卓爾編著『社会病理学講座第④巻　社会病理学と臨床社会学——臨床と社会学的研究のブリッジング』学文社，1-14.
盛山和夫（2013）『社会学の方法的立場　客観性とはなにか』東京大学出版会
矢島正見（2005）「日本社会病理学会の社会病理学」日本社会病理学会編『現代の社会病理』20：93-106.
――――（2011）『社会病理学的想像力』学文社
山本功（2005）「（書評）土井隆義著『〈非行少年〉の消滅』」日本社会病理学会編『現代の社会病理』20：125-127.
山本努（2000）「社会病理学・社会問題研究の『これまで』と『これから』」日本社会病理学会編『現代の社会病理』15：1-5.
米川茂信（1992）「社会病理観の再検討——社会病理学に内在的な視点から」日本社会病理学会編『現代の社会病理』7：23-45.

Bhaskar, R.（1978）*A Realist Theory of Science*, Harvester Press.（式部信訳，2009,『科学と実在論——超越論的実在論と経験主義批判』法政大学出版局）
――――（1998）*The Possibility of Naturalism*（*third edition*）, Routledge.（式部信訳，2006,『自然主義の可能性——現代社会科学批判』晃洋書房）
Danermark, B., Jakobse, L., Ekstrom, M. & J. C. Karlsson（[1997] 2002）*Explaining Society*, Routledge.（佐藤春吉監訳. 2015,『社会を説明する』ナカニシヤ出版）
Giddens, A.（2006）*Sociology*（*fifth edition*）, Polity Press.（松尾精文・西岡八郎・藤井達也・小幡正敏・立松隆介・内田健訳, 2009,『社会学　第五版』而立書房）

第11章
社会病理学における意味論と事例研究の可能性

朝田佳尚

1. はじめに

　少々迂遠だが，意味の重要性について理解を促すために，基本的な話からはじめよう。人間が構成する社会的世界の分析にとって，意味は最も重要なものである。というのも，社会的世界は事物からなる自然的世界と異なり，意味にもとづく理解が存立根拠となるからだ。意味がなければ社会も人間もない。そう言ってもいい。

　具体例を手がかりに少し考えてみよう。有名な話だが，世界には空にかかる虹を7色とみなさない文化がある。注意しなければならないのは，この文化圏の人間にとって，虹は事実として7色には見えないということだ。彼らにとって虹は実際に7色以外としてこれまでも存在しており，説得を試みれば，なぜあなたは7色に区別したがるのかと問い直されるかもしれない。この事例が示すのは，事物としては同じ対象を，私たちは社会的世界ごとに別様な存在として理解するということだ。

　もう少し身近な事例も考えられるだろう。たとえば，都市に住む若者が農村を訪れ，なにげない風景にハートマークを見つけ出すことがある。それはその地域に住む人びとには存在しなかったものだ。地域の住民にとって，それは日常に溶け込んだ，ただの岩の重なりだからだ。だが，そうして事実化された意味は，ときに大勢の人びとを動かす力となり，行政や制度といった公的なもの

にまで変更を促すことがある。ここで示したハートマークを自然に宿る神などと読み替えれば，意味にもとづく社会のうねりは，もう少し普遍的な現象として理解することもできる。

　これらの事例は，いずれも事物からある部分を切り取って私たちが対象を理解していること，またそうした切り取り方が文化や理解の枠組みによって異なることを示す。冒頭に戻って繰り返せば，私たちが生活を送る日常の世界は，単純な事物の世界ではなく，実のところ多様な意味を前提として成立した社会的世界なのだ。むしろ，そもそも事物というものが存在すること，私たちが人間という存在であること，社会を想像するということは，意味によってはじめて可能となる。

　こうした社会的世界における意味の重要性に着目する研究は，広く意味論と呼ばれ，とくに人びとが日常で意味を用い，また流通させる様子を接写するために事例研究と結びつき，社会学にとって中心的な方法のひとつに数えられてきた。それは社会病理学にとっても同じである。

　しかし，こうした意味論にもとづく事例研究が批判されることも少なくない。とくに，この立場にとって重要な批判は，意味論にもとづく事例研究が現場の詳細な記述にとどまっており，社会病理の発生メカニズムの析出や社会病理を手がかりとした社会の観察にとって有効な分析手法や知見を提供しているのかというものだろう。

　本章は，こうした論点に関わる新しい立場として，前2章と同様に批判的実在論に着目する。ただし，最初に注意を促しておきたいのだが，批判的実在論にあまり期待しすぎてはいけない。批判的実在論は比較的新しい方法論であるかもしれないが，今のところ定型的な事例分析のプログラムをもっておらず，興味深い知見を継続的に産出する段階にはないように思えるからだ。むしろ現状においては，これまでに取り組まれてきた社会学の標準的な分析を実施する際に，あるいは言説にのみ依拠する分析から離れる際に，ある程度整理された方法論的な基盤を提供できるという程度に考えておくべきだろう。その研究から導き出された結論が興味深く，また広く妥当なものと認められるか（批判的

実在論の用語でいえば，いかにすれば分析がアブダクションやリトロダクションと認められるのか）という点については，これから地道に議論しなければならない（Danermark et al., [1997] 2002＝2015：158）。

しかし，この方法論は意味の分析をしながら，その場において直接的には言及されないものをどのように分析に組み入れるのかという論点に関しては有効な立場となりうる。つまり，批判的実在論を採用すれば，解釈主義的な立場から遠く離れることなく，経験や構造といった複数の位相を考慮に入れながら，事例研究を進めるためのひとつの方向性を見出すことができそうだ。本論はあくまで社会病理学の範囲においてだが，こうした理解を前2章と共有しながら，意味論と事例研究の可能性についていくらか検討を進めたい。

2. 社会病理学における意味論と事例研究の展開

(1) 理論・学説史研究と探索的調査研究

本書の趣旨のひとつは社会病理学の足跡をたどることにあるが，あらためて社会病理学会の機関誌を再読すると，意味論に関連する事例研究が豊富に展開されてきたとまではいえないことがわかる。確かに，学会発足のころから意味論に関する研究は継続して認められるし，挑戦的な論考も認められる。だが，そのなかで主流を占める内容はおおよそ以下のような3つの類型であり，意味論と事例を結びつけながら，実効性のある分析手法を用意する研究はそれほど多くはない。実際に機関誌を振り返りながらこのことを確認してみよう。

まず学会の発足からしばらくは，意味論に関する理論的，学説史的な研究が中心となった。ラベリング論の隆盛と衰退をアメリカの社会的文脈に位置づける徳岡秀雄の論文や（徳岡，1987：25），同じようにアメリカにおける逸脱研究の展開からラベリング論に突き付けられた課題と，それでもなお残る意義を検討する紀葉子の論文はその典型例だろう（紀，1993：45）。あるいは，鮎川潤が構築主義を評価・批判した論文や（鮎川，1993：89），現象学を応用する方途を示した阪井敏郎の論文に関しても（阪井，1993：127），分析の方針や問題点を紹

介することが議論の主旨となっている。それらは，確かに現代においてあらためて事例の分析手法を構想する際に重要な示唆を与えるかもしれないが，いずれも理論の内容やその前提を見定めるものであり，具体的な事例分析を提示する研究ではなかった。

それに対して，2000年代に入ると，人びとの語りに着目する事例研究が次々と提示され，現在に至るまでそれは継続している。こうした研究は，その内容からすれば，特定の分析手法に依拠するというよりは，これまで十分に解明されていない領域に関する探索的な調査や既存の理論の再検証を目指すものだと考えられる。摂食障害の語りの共通性とその社会的背景を見出そうとする圓田浩二や（圓田, 2001：47），公園野宿者に対する排除のまなざしを住民の語りから読み取る堤圭史郎（堤, 2001：83），あるいは暴力団加入の要因を語りの共通性から析出する広末登の研究をここに含めてもいいだろう（広末, 2013：68）。

社会病理学には，現時点において十分に言及できない違和感や苦しみを明るみに出そうとする部分があるが，これらの事例研究はまさにそうした論点に応じようとする。当事者1名に接触することすら多大な労力と経験を要するために，大規模な調査では把握が難しく，これまで十分に明らかになっていない現象や語りを，可能なところから記述し，さらには既存の理論の再検討を目指す。そうした分析は社会病理学にとって伝統的なものであり，今後も探索的な調査研究においては，同様の事例研究が積み重ねられるだろう。

ただし，それは意味論にもとづく事例の分析かと問われれば，少々異なると言わざるをえない。たとえ語りや相互行為を活写したとしても，探索的な事例研究はかならずしも意味論にもとづいた分析を志向しているわけではないからだ。むしろ，分析によっては語りや事例の質的な特徴にそれほど注目せず，数量的に把握しようとすることもあり，そうした場合は解釈主義というよりもある種の実証主義的な立場に親和的だとみなすこともできる。間違えてほしくはないのだが，探索的な事例研究には疑いなく大きな学術的価値がある。それでも，こうした事例研究には，方法論的な立場や分析の手法に関する議論が十分

に展開されない傾向性がやはりある。

(2) 構築主義と言説分析による事例研究

　むしろ，現代における意味論と事例を結びつける研究の代表例は，やはり社会問題の構築主義や言説分析だろう。先述の鮎川の論文に加えて，1994年には中河伸俊が「有害マンガ」論争を題材に，社会問題において使用されるレトリックの類型を紹介した(中河, 1994：126)。また，同年には研究者が用いる高齢者虐待概念の差異を検討した杉井潤子の事例研究が機関誌に掲載され，関連する分析の口火を切った(杉井, 1994：154)。2000年代に入るとマスメディアの言説を題材とした構築主義や言説分析が急速に増加し，機関誌のなかでもひとつの主流をなすようになった。「育児の孤立化」概念が「児童虐待」との関係性のなかでいかに変容して広がったのかを分析した梅田直美や(梅田, 2008：115)，55年間にわたって女性の飲酒観がいかに変容したのかを検討する小野田美都江は(小野田, 2012：107)，そうした分析の一例だ。

　周知の通り，近年普及している種類の構築主義や言説分析は，「クレイム申し立て」にはじまる言説の競合や妥協を「自然史モデル」として記述する方針や，その競合や妥協をレトリックの類型論から検討するという分析，あるいは特定の概念の歴史的な変遷をたどり，その意味の差異や日常生活との相互作用を読み取るというように，分析の手法が比較的明瞭だという特長がある。また，従来に比べれば言説の内部に依拠しなければならないという方法論的な縛りは薄れている部分もあり，近年では時系列的な言説の変化を社会構造の変化と照らし合わせて把握する論文も確認できるようになった。そのために，言説とその外部を柔軟に組み合わせることも可能になっている。第9章において示されたように，社会病理学のなかで構築主義や言説分析に依拠する研究は，解釈主義に偏った方法論的立場からは少し距離をとっているということだろう[1]。もちろん，それは分析の手法としては多様性があり，有用な部分があると評価することができる。

　ただし，そのことは同時に方法論における一貫性の揺らぎと評価することも

できる。言説や表象を過剰に重視しないとはいえ、やはりそれらが分析の中心であることに変わりはないために、一般化・弾力化した構築主義や言説分析は、解釈主義を離れてどこに方法論的な立場を置くのか、また構造や経験という位相とどのように、どのくらい切り結ぶのかが判然としないという課題に直面するように思われる。とくに、社会病理学が現時点において十分に言及できない違和感や苦しみを探索的に明らかにしようとする傾向性をもつならば、この点は大きな課題となる。もちろん、表象された構造や経験は何の問題もなく分析の対象になるのだが、それでも「鉄の檻」のように一般的には不可視だが人びとを巻き込んで離さない構造的なメカニズム（Weber,［1920］1963＝［1954］1989：365)、あるいは声をあげていいのか当事者にもわからない抑圧感に言及しようとすれば、言説にもとづく分析がそれに対して何をなしうるのかが問われることになる。

　興味深いことに、構築主義の積極的な推進者である中河は、機関誌のなかで関連する論点に触れている。中河は、制度のエスノグラフィーを紹介した論文において、当事者の経験を出発点に言説や支配と結びつける分析手法を明らかにし、それが社会学にとっては非常に有用なものになりうると評価する。もちろん、構築主義やエスノメソドロジーからすれば疑問点があるということはそれなりの紙幅を割いて指摘しているのだが、それでも社会病理学や臨床社会学に対して、言説外の位相を分析に組み入れる研究がすでにあるのだから、積極的に取り入れてはどうかと宿題を出しているようにも読み取れる（中河, 2010：48）。もちろん、ここでの中河の論旨は、社会病理学や臨床社会学に対し、あまりぼんやりとせず、すでに海外で広く着手されている多様な分析手法を積極的に受容した方がよいと論す点にある。しかし同時に、構築主義や言説分析の普及に目を奪われることなく、広く社会学の研究状況を見渡せば、言説という位相だけではなく、構造や経験という別の位相と切り結ぶ分析がすでに様々な形で着手されていることを、中河は教示しているとも考えられる[2]。

　そして、こうした別の位相との関連性を模索する際に、批判的実在論は重要な手がかりを提供しうる。第10章において示されたように、批判的実在論は

複数の位相の差異をあらかじめ分析に組み込んだ方法論だからだ。言説を重視しすぎることなく多元的な位相の関連性を問うような研究が広がるのならば，その方法論にふさわしいのは批判的実在論なのかもしれない。

ただし，そうした多元的な位相をどのように記述し，分析するのかという点に関して，批判的実在論はまだまだ不透明な部分が大きい。国際批判的実在論学会(IACR)には20年の歴史があるが，やはりみずからの方法論的な基盤の整理に労力を費やしてきた印象は否めない。とはいえ，そうしたなかで妥当な分析手法を模索しようとする動向があることも確かだ。そこで，次節では批判的実在論を題名に冠する論文をいくつか取り上げ，その分析の骨子を検討してみたい。

3. 批判的実在論における事例研究

(1) 他の方法論との差異と層化システム

本節では，批判的実在論に立脚して事例を実験的に扱った3つの論文を取り上げる。3つの論文は，社会病理という論点にいくらか呼応しているとみなすこともできるが，ここではそれほどその点にはこだわらず，分析の骨子を確認することに注力してみよう。

1つ目は，批判的実在論の提唱者であるバスカー(Bhaskar, R.)とその普及につとめるダナーマーク(Danermark, B.)の共著論文であり障害の多層的な理解の意義を論じる「Metatheory, Interdisciplinarity and Disability Research: A Critical Realist Perspective」(Bhaskar & Danermark, 2006)，2つ目は，南アフリカのHIV患者が語りと裏腹に行為する姿を解釈するディコトウ(Decoteau, C.L.)の「The AART of Ethnography: A Critical Realist Explanatory Research Model」(Decoteau, 2016)，最後の3つ目は，オーストラリアとニュージーランドの救急ボランティアが待遇に対する不満を飲み込むメカニズムを論じたスターリング(Stirling, C.)とブル(Bull, R.)の「Collective Agency for Service Volunteers: A Critical Realist Study of Identity Representation」(Stirling & Bull, 2011)である。

それぞれの内容は次のようなものだ。

　まず，バスカーとダナーマークの論文の前半は，他の分析方法と批判的実在論との比較にあてられるが，その結論を簡単に述べれば，既存の方法はいずれも還元論に陥っていたということになる[3]。よく知られたことだが，過去の障害研究においては，人間の生物学的・神経学的な側面に目を向ける医療モデルが中心的な位置を占めており，障害は治療すべき欠損・病理と診断されていた。そのために，当事者や家族はその治療・改善あるいは隠蔽を目標とするように促され，苦しみながらもそれを克服する責任主体として動員されてきた。しかし，しだいにそうしたモデルに対する異議が申し立てられるようになり，むしろ障害があっても障壁とならないような環境づくり，すなわち社会の側の変更が求められるようになった。こうした経緯をふまえれば，医療モデルが還元論だったという議論には納得をしやすいだろう。医療モデルは障害の除去にのみ焦点を合わせることで，他の論点から障害を理解する回路を閉じてしまったからだ。だが，バスカーとダナーマークによれば，同じことはノーマライゼーションを推奨した社会モデルや，その後に続く障害研究の構築主義にも起きている。というのも，社会モデルは環境的障壁の除去という社会―経済的な論点に特化し，また構築主義は言説による日常の障害理解の構成という社会―文化的な論点に注力することで，結果的に他の要因を分析から除外してしまうからだ(Bhaskar & Danermark, 2006：281)[4]。

　そのために，バスカーとダナーマークは障害を複数の位相からなる層化システム(laminated system)とみなすことを推奨する(Ibid：288)。ここでいう位相とは，医療モデルなどの各方法が切り開いてきた分析の視座に対応しており，それらはいずれかに還元されるものではなく，むしろ対象をめぐるいくつもの独立した層をなしていると把握される。そして，こうした位相の独立性とそれらを越境的に理解することを前提にした方法論として批判的実在論が提示されることになる。批判的実在論は私たちの理解とは無関係に実在する構造的なメカニズムの把握を目標とするが，それぞれの分析はこうしたメカニズムの全体像を確認することができない。というのも，構造的なメカニズムは，それぞれの

位相の文脈に応じて多様な現れ方をし，位相間で連続性があるように見えることも，逆にある位相ではその影響が認められないようにも見えるからだ。そうであるからこそ，批判的実在論のような多角的な分析を志向する方法論を採用する意義があるというのである。

　このように対象を層化システムとみなすことの意義は，たとえば支援者が障害をもつ当事者に対応する際に明らかになる。そのことを例示するために，論文の後半において，バスカーとダナーマークは摂食障害をもつ女性の事例を取り上げる。そこでは，当初は医療機関によって拒食症だと診断されながら，一向に回復の気配が認められない女性が，心理的，社会的な観点からも分析を加えられた結果，拒食症と類似するがまったく別のメカニズムからなる障害だと捉え直されたというのである。従来ならば，このような複雑な側面をもつ障害は，いずれかの分析の位相によって強引に定義され，それにもとづく対応が個別にとられてきた。それにより，むしろ症状を悪化させるような対応がとられてしまうおそれがあった。たとえば，医療が不適切な投薬や過剰な治療を行ったり，カウンセリングが依存や社会関係の放置による状態の悪化を引き起こす，あるいは社会的支援がむしろ一面的な包摂や主体性の剥奪を促したりする，といった対応である。だが，批判的実在論に依拠した分析によって，それぞれの位相における障害の現れを超えたメカニズムが把握されたために，支援者は女性にとって最も適切な対応を考慮することができるようになった。だからこそ，バスカーとダナーマークは，このような方法論的立場を，たんなる折衷主義ではなく，統合された多元主義と呼ぶことができると評価する。

(2) 他の分析手法との差異と3つの位相にもとづく事例の解釈

　ディコトウの論文もまた，前半が批判的実在論と他の分析手法との比較，後半が事例研究への試行という構成をとる[5]。題名にあげられたAARTとは，アブダクション，アブストラクション，リトロダクション，テスティングの頭文字を並べたものであり，ディコトウが推奨する批判的実在論にもとづいた分析の手順を素描したものである。同時に，それはHIVの治療法の名称でもある。

題名に二重の意味が含まれているのは，対象が南アフリカにおけるHIV患者をめぐる行為の複層性であることに加え，それを批判的実在論で解き明かそうとするためだ。

論文の冒頭において，ディコトウは南アフリカにおけるフィールドワークの結果にもとづき，人びとが感染を知ったときに，その言葉と行為の間に矛盾がうまれるような事例があると指摘する。HIVの治療には西洋医学こそが役に立つと述べながら，実際には伝統療法の医院に通いつめる事例や，伝統療法のことを強く信じていると言明する患者が，よく西洋医学の病院に通っている事例があるとディコトウは述べ，このように言葉と行為が矛盾する事例については，ひとつの分析に還元する以上に，南アフリカの現実を多層的に捉える分析が意義をもつのではないかと論じる。

他の分析手法との比較に関しては，バスカーとダナーマークの論文と同様に，いずれも単一の立場では見落とす論点ができてしまうという整理をディコトウも行っている。たとえば，グラウンディッド・セオリーは，複数の事例の差異をまとめながら，そこに共通する意味を読み取ることで，身体的に危機的な病状があらわれたときは病院を選択するが，日常のコミュニケーションにおいては文化的な規範をくみとって発言するといった行為の解釈を確かに可能にする。しかし，なぜこの社会において病院や伝統療法がそうした意味や地位を与えられているのかという歴史的，文脈的な要因に関しては，グラウンディッド・セオリーでは十分に考慮できないとディコトウは評価する。これとは対照的に，拡大事例法は，少数事例をその文脈となる構造的な要因と結びつけて理解することができるが，逆にそうした構造的な要因を重視することで事例の詳細を捨象し，決定論的な分析に陥ることがある。さらに，プラグマティズムに関しては，アブダクションという重要な概念を提示しているが，分析それ自体は事例における意味やコミュニケーションの位相に焦点を合わせる傾向があり，構造や行為に対しては十分な配慮が認められないとディコトウは指摘する（Decoteau, 2016a：60-68）。

それに対して，批判的実在論は複数の位相がHIV患者に与える影響を関連

づけながら考察を行うことができる。ディコトウは批判的実在論の実在，現実，経験という位相の区別を，南アフリカの3つの層化した現実と読み替える。その3つとは，歴史的な位相，歴史的な位相を象徴化した公的な言説やアイデンティティの位相，最後が身体や日常のふるまいの位相であり，これをふまえて自らが提示した問いにディコトウは，論文の後半でひとつの解釈を与える。

まず，ディコトウはHIVの治療のために揺れ動く人びとのふるまいを理解するために，南アフリカにおいて治療という場がどのように構成されてきたかを問い，それを明らかにするためには歴史的な背景に目を配る必要があると述べる。[6] 歴史的に見れば，南アフリカにおける治療のあり方は二分化しており，地域に根付いた固有の伝統療法と，植民地支配によってもたらされた西洋医学がそれにあたる。アパルトヘイト期までは，こうした分化が人種的な分断ともある程度一致しており，基本的には伝統療法がアフリカ人に，西洋医学が白人に受容されていた。ただし，そのなかでも西洋医学の影響をうけて伝統療法が多元化したことには留意しておかなければならない。南アフリカに流入した西洋医学はその圧倒的な権威によって治療の場を占拠しようとしたが，伝統療法はそれに対応し，西洋医学を排除しない多元的な治療を提供したのである。それにより，伝統療法を受容するアフリカ人は，それを信じながら，同時に病院にも通うような身体を備えることになった。ただし，白人が受容する高価で一元的な西洋医学とアフリカ人が受容する安価で多元的な伝統療法という分断は，その治療の正統性を維持するために互いを差異づけることもあり，人びとのアイデンティティと複雑に絡み合うことになった。

これに加えて，ディコトウは民主化とそれに続く新自由主義的な経済政策の導入が，南アフリカの治療の場にさらなる境界線を作り出したと指摘する。民主化政権による新自由主義的経済政策の導入は，与党であるアフリカ民族会議に対する人びとの失望を生み，市民生活を守ることを目標とする新たな社会運動が次々と形成された。そのうちのひとつに，抗レトロウイルス薬の普及を目的とする運動も含まれ，それを契機に政府による患者の救済が強く求められるようになった。しかし，社会的な格差のさらなる拡大にともなって，これまで

以上に低所得層にHIV患者が集中すると，財政的余裕のない（と主張する）政権は，社会運動側の要求とはまったく異なる政策，すなわち伝統療法を制度のうちに取り込んで安価な治療を実現することを目指した。こうした政策によって，西洋医学と伝統療法はこれまでの人種間の対立だけではなく，政権と運動の間の政治的な対立を象徴するものとみなされるようになった。

　ディコトウによれば，こうした構造的，言説的な現実が，治療に向かう人びとの言葉と行為の矛盾を形成する。公的には自らの立場を表明するために，南アフリカの人びとは象徴的な意味で病院か伝統療法のどちらかを選択するのだが，同時に歴史的に構成された身体や関係性としては，多元的な伝統療法を今でも受容しているのだ。社会運動家は西洋医学を強く支持するが，日常的には費用やアクセスの点で受診しやすい伝統療法に頼ることが多々ある。政権与党の支持者は以前から信頼する伝統療法の意義を強調するが，多元的な回復を是認する伝統療法は人びとが病院に向かうことを引き止めない。このように，ディコトウは外在的な基準や人びとの語りにのみ依拠すれば，一面的に理解してしまう南アフリカの人びとの「矛盾した」ふるまいを，現実の多層性という観点からときほぐす。それはまた医療の実証的な効力だけでも説明ができないものだ。むしろ，構造的，言説的な要因と人びとの選択を同時に考慮することで，一見矛盾とも嘘とも受けとることのできるふるまいが実にシステマティックなものだったと理解できる。もちろん，こうしたふるまいは常に人びとにとっては自己の選択として開かれており，日常のふるまいを通して構造や言説を再生産することも，それらを離齬させることで少しずつ多層的な現実を塗り替えることもある。その意味で，南アフリカにおける治療の場は開放システムとして分析することが望ましいということになる（Decoteau, 2016a：74-77）。

（3）3つの位相の相互作用にもとづく事例の分析

　スターリングとブルは，これまでの2つの論文とは異なり，論文の前半で理論的な位置づけをすることなく，冒頭から事例を取り上げて批判的実在論を試行する。2人が取り上げる対象は救急ボランティアである。オーストラリアや

ニュージーランドでは，広大な土地に均質な公共サービスを行き渡らせることが困難であるために，救急にもボランティアが多数関わり，不可欠な役割を果たしている。ところが，その貢献や公益性の大きさが認められるにもかかわらず，ボランティアはあくまで正規の職員とは異なる「二次的な労働市場」のなかに位置づけられており，継続的に不利な条件下に置かれている(Stirling & Bull, 2011：196)。だが，奇妙なことに，これまでの公的な言説においてはボランティアたちの不満はまったく表象されてこなかった。いったいなぜこうしたことが起きるのだろうか。

　この問いを明らかにするために，スターリングとブルは批判的実在論にもとづく事例分析を行う。その際に基本的な枠組みとなるのが，批判的実在論における3つの位相の区別であり，ここではそれが広大な土地や人材・資源の不足という構造的な条件，ボランティアが分有する集合的なアイデンティティ，ボランティアおよび管理者の行為(agency)と読み替えられる。

　とくに分析において重視されるのはボランティアがもつ2種類の集合的なアイデンティティであり，ひとつが倫理的なアイデンティティ，もうひとつが職業的なアイデンティティである。前者はコミュニティ，援助，支援といった言葉によって表され，後者は担当，業務，仕事によって表されるアイデンティティである。ボランティアはこれら両者をあわせもつが，他の位相との相互作用のなかで前者が優位に立つことにより，個人の不利な立場が正当化され，またそれが他の救急隊からの不満の表明を抑え込むことにつながっている。

　前者の優越は，まず管理者層が繰り返しそれを強調することで可能になっている。その端的な例が年次報告書をはじめとする公的な文書であり，そこでは地域に寄与できる誇りという枠組みが前景化され，また称賛の対象となっている。ボランティア自身もまた，こうした理解を踏襲しており，ときに労働条件に対する不満を飲み込む理由として使用している。そのために，職業的なアイデンティティは主に私的なぼやきや仲間と不平を言い合うためにのみ表明され，公的な場面ではやはり倫理的なアイデンティティが表象されてしまう。こうしたアイデンティティの固定化とそれによる集合的な運動の不成立は，ボラ

ンティアが広大な土地の郊外において展開されているという地理的な条件や人材・資源の不足という構造的な条件によっても支えられている。構造的な条件を変えがたい以上，地位の向上を求めれば，救急活動そのものが立ち行かなくなり，市民生活に甚大な被害が出るとボランティアたちは理解してしまっているからだ。同時に，こうした構造的な条件は，救急組織を広い国土に点在させることにつながっており，ボランティアの集合行動を成立させないという作用も及ぼしている。

　このように，スターリングとブルは，ボランティアの集合的アイデンティティという位相に管理者の動向と構造的な条件を関連づけ，ボランティアの不利な労働条件の隠蔽が可能になっていること，またボランティアが状況を変える主体性を発揮できないような理解が広がっていることを明らかにする。スターリングとブルによれば，従来のボランティアをめぐる研究は，コミュニティを巻き込んで進展する新自由主義や，コミュニティ的な価値による自治の推進という対立する議論を中心に進んできたが，むしろ批判的実在論に依拠することで，ボランティアの現実をめぐるダイナミクスを描出できたのである。

(4) 批判的実在論による事例分析の課題

　以上の3つの論文から，批判的実在論による事例研究が複数の位相を関連づける分析を志向していることは明らかだろう。ここで取り上げなかった論文をふまえても，経験の位相を行為や主体性，現実の位相をアイデンティティも含む言説や象徴，実在の位相を構造的な条件と読み替えていることはある程度共通している。また，その関連のさせ方に関しては，事例によって重視する位相や記述の順番はいくらか異なるが，基本的な枠組みとしては，行為と言説の相互作用を確認するとともに，その両者に影響を及ぼす構造的な要因を検討するという手順が採用されている。あらためて述べるまでもなく，こうした位相の区別と手順は社会学の基本的な分析の枠組みと親和性があるだろうし，むしろこれまで暗黙裡に実施されてきたことを，ひとつの手続きとして整理している点に批判的実在論の意義があるとも考えられる。

ただし，こうした分析に疑問がないわけではない。もちろん，批判的実在論が試行の途上にあり，経験，現実，実在の位相をどのように扱うのかを検討している段階だとしても，バスカーの原初の理論枠組みからすれば（Bhaskar, 1975 ＝ 2009：67），実在の位相にいわゆる社会構造的な条件を簡単に代入してしまうことには違和感も残る。実在の位相は，経験的，現実的な位相によっては把握しきれない，生成変化する構造的なメカニズムの領域であるはずであり，歴史的あるいは地理的な条件という具体性の高いものというよりは，もう少し措定することが難しい形式の作動のようなものを指すとも考えられるからだ。たとえば，発見される前のジェンダーのような区別をそれにあたるものと理解してもかまわないだろう。それは，経験の位相において確認できる社会現象を根底において規定するものだが，だからといって簡単には対象を同定できず，常に生成変化するために，現実の位相においては必ず断片的にしか把握ができない。実際に，先述したバスカーとダナーマークの論文においては，実在の位相の取り扱いは非常に慎重であり，構造的メカニズムは障害を分析する各位相の外部に位置づけられていた。

　もちろん，構造的な条件を実在の位相の一部として代入するという手法も誤りとは言えない。構造的な条件を，とある時点の行為や言説の位相において，直接的に把握することができないものと捉えるならば，確かにそれは形式的なメカニズムとして捉えることもできるだろう。実際に，ダナーマークたちの著作においても，実在の位相の一部を構成するものとして家族構造や労働生活の構造が例示されていた（Danermark, et al.,［1997］2002 ＝ 2015：169）。それは分析者にとっては既知のものかもしれないが，日常の行為者にとっては必ずしもそうではない。また，ジェンダーのようなメカニズムはたやすく発見されるものではないのだから，一般的な事例研究において構造的メカニズムを措定しようとすれば，どうしても既知の概念や条件となってしまうことも理解できる。具体的な分析においては，それがなければ当該の行為と言説が成り立たないと推論できる「内的な関係性」を提示できれば（Danermark, et al.,［1997］2002 ＝ 2015：73），既知の概念であっても分析には有用となるかもしれない。

このあたりの揺れは，今後批判的実在論がどのような分析手法を作るのか，あるいはアブダクションの鋭さをどれだけ担保できるのかといった論点に関わるだろうが，それも含めてこの方法論の課題だろう。

　また，こうした揺れは，研究手法が未確定であることを表すとともに，現状の分析が有効な成果を生み出す手法として整理できるのかという疑問をともなう。複数の位相を前提とした分析は，確かに対象に対する多層的な観察を可能にするが，同時にそれぞれの分析の精度を下げていると判断されるかもしれない。たとえば，ディコトウの論文においては，グラウンディッド・セオリーが構造的な視点をもたないと指摘されていたが，グラウンディッド・セオリーからは，ディコトウが示した構造的な要因が行為の分析にとってどれほど有効なのか，あるいはそもそもその影響をどのように証明するのかと問われることになるだろう。もし，構造的な要因を組み入れた方が相互行為の分析の幅を広げ，有効な結論を導き出せるのならば問題はない。しかし，現在の批判的実在論が提示する分析の成果は，他の研究手法でも導き出せたという批判が投げかけられる可能性もある。この点からしても，批判的実在論の分析手法はこれからさらに検討されねばならないのだろう。

　しかし，それでもここまでに概説してきた分析は，それぞれに興味深い論点と一定の手続きをそなえていることも確かだ。批判的実在論は多層的な分析を志向するが，それが切り開く地平は意味論をさらに拡張的に展開するための舞台として意義のあるものになるのではないだろうか。

4. おわりに

　本章は分析の際に複数の位相を検討する方法論として批判的実在論に着目してきた。それは社会病理学の研究が言説とそれ以外の位相との関連性を考慮に入れようとしている状況においては，ひとつの有効な立場になりうる。しかし，その立場を採用したとしても，そのうえにいかなる分析手法を載せればよいのかという点に関しては，現時点では未確定であり，今後の研究に開かれて

いる部分も大きい。

　ただし，すでに本論は社会病理学の機関誌を振り返り，また批判的実在論の論文を検討しながら，この点に関してもいくらか検討を加えてきた。私的な経験にもとづいて言説の布置をたどり，社会的な支配の様相にたどりつくという制度のエスノグラフィーの研究手法はもちろん重要な示唆を与えるし，事例から構造に遡行する拡大事例法も同じように研究手法として採用できる可能性があるだろう。もちろん，そもそもバスカーとダナーマークの論文が，方法論的な縛りの「弱い構築主義に対して，批判的実在論者が反対することはない」と述べるように，批判的実在論の方は勝手に構築主義に親近感を抱いているし(Bhaskar & Danermark, 2006 : 283)，同様の「縛りの弱さ」を採用するようなエスノメソドロジーの立場があるならば，それとの接続を検討できるかもしれない。逸脱研究の財産のなかでは，象徴的相互作用論の社会的世界論を再構成する宝月誠の分析手法も大いに摂取されるべきである(宝月, 2005 : 3-10)。また，批判的実在論は複数の位相とそれを分析する手法の多様性を認めており，驚くべきことに，これらの研究手法を組み合わせてもよいということになる。筆者には一定の基本的な枠組みは必要にも思えるが，それでも本章の第2節において触れた現象学，さらには統計分析なども研究手法の一部に組み込んでもよいとバスカーやダナーマークならば考えるだろうし，確かにそうした立場から創造的な分析手法が生み出される可能性もある(Bhaskar & Danermark, 2006 : 293 ; 中谷 2019)。

　そして，こうした分析を実行に移す際に，社会病理はひとつの興味深い対象になるのではないだろうか。第2章において示されたように，社会病理という概念には，これまで一方的に付与された過剰な意味があったが，それは現代においてもはや自明なものではなくなりつつある。社会病理という概念の内実は，一般的に考えられているよりも多義的だ。確かに，対策の必要性という名のもとに，当事者を規範のなかに押し込めるような社会病理概念もありうる。だが，社会病理学会がこの概念の説明にあたってデュルケム(Durkheim, É.)を参照してきたことからもわかるように(Durkheim, [1895] 1960＝[1978] 2000 :

4. おわりに

134；米川 2004：3-5，13-14），社会がある対象をいかに病理とみなすようになったかを見定めることも社会病理の概念には含まれている。あるいは，いまだ経験として言及することもできない感覚を構造的な支配と結びつける社会病理概念もある。必要であれば，それらを社会問題や社会的排除などと呼んでもよい。また，あえて個人的な位相につながる社会的孤立や，その反対語である回復，あるいはそれを支える社会的な連携にも社会病理の概念は射程をのばすことができる。おそらく，もはや社会病理という概念そのものに秩序維持のために人びとや研究を動員するような引力は残されていない。方法論としては未確定な部分も多い批判的実在論に注目が集まりはじめているとすれば，それは見定めにくい社会的排除を自分なりに論じたいという研究がこの分野に増えていることを表しているからではないだろうか。

【注】
1) もちろん，実証主義と解釈主義の関係が一筋縄ではないことには留意しなければならない（中河，2011：82-83）。この点については反省しながら今後さらに丁寧に検討を進めたい。
2) 日本において広く取り組まれている意味論にもとづく事例分析といえば，エスノメソドロジーも大いに該当するが，残念ながらこれまでの社会病理学会の機関誌において，この分析手法を明示して書かれた研究論文は掲載されていない。ただし，それこそスミス（Smith, D.）の論文が，Kに関わる人びとがどのようにKを「精神病」と位置づけるのかという過程にだけ分析の焦点を合わせながら，それが逆説的にKの声にならない声や抑圧的な意味を反復させる支配的な関係性を描出していると理解できるように（Smith, 1978＝1987：158），とくに初期のエスノメソドロジーにとっては，そうした不可視の規則の権力性を描出することは重要な論題だったようにも解釈できる。もちろん，研究手法が特定の機関誌に結びつく必要はまったくないが，困難を抱える当事者もまた日常の一部だとすれば，エスノメソドロジー的な手法が機関誌に導入され，社会病理や社会的排除との関係がもう少し進展することがあってもいいのかもしれない。
3) ただし，バスカーとダナーマークの論文の本文においては，比較する方法論

的立場を理論的観点とメタ理論に分けていることは留意してほしい。ここでいう理論的観点とは，障害研究の系譜をふまえたものであり，障害の医療モデル，社会モデル，言語・文化モデル，そして相対的相互作用主義（批判的実在論）として区別されている（Bhaskar & Danermark, 2006：278, 280-281）。それに対して，メタ理論はむしろ哲学的な区別であり，実在論・経験論，社会構築主義，新カント派，解釈学が列挙されている（Bhaskar & Danermark, 2006：279, 282-287）。

4) 念のためにここでの区別を補足しておけば，社会—経済的な論点とは物質的な環境の整備を重視し，また社会—文化的な論点とは人びとの理解や語りに焦点を合わせる議論を表すと考えられる。

それらが還元論だという指摘は，たとえば，環境の整備に特化すれば，むしろそうした空間から距離をとってしまう人びとの多様な思いや，現在のような障害への理解がいかに構成されたのかという問いを見落とすことにつながるからだろう。障害理解の構成に焦点を合わせることはその逆になるだろうし，さらにどちらの論点も，障害からの医療的な回復を目指す当事者の思いを損なうおそれがある，などと理解できるだろう。

5) 同様の構成は他の事例研究の論文においても確認できた。たとえば，ファイアズ（Fiaz, N.）の「Constructivism meets Critical Realism：Explaining Pakistan's State Practice in the Aftermath of 9/11」においては（Fiaz, 2012），前半において近年の国際関係論が言説の分析に依拠してきたことが説明され，それとは異なる多層的な分析として批判的実在論が示される。後半は9/11以後のパキスタンにおけるアメリカ追従とその後の批判がいかにアメリカの覇権，パキスタン国内の歴史的・言説的な布置，大統領の動向の3層が絡まり合った結果であるかを検討している。

あるいはイーストン（Easton, G.）の「Critical Realism in Case Study Research」という経営学の論文においても（Easton, 2010），前半が批判的実在論の解説であり，後半が取引先との関係が悪化した会社において，最終的にそれがどのように解決することになったかが論じられている。

分野を越境した批判的実在論の広がりにも驚かされるが，同時にいずれの論文の前半にも方法論の説明が付されていることから，批判的実在論が各分野においても目新しいものであることがよく表されている。

6) 「治療の領域」は原文では the field of healing であり，ブルデュー（Bourdieu, P.）に言及していることを考慮すれば，治療の界と訳した方が適切かもしれない。だが，ここではディコトウの議論の紹介にとどめるために，こうした論点を組み込まなかった。ディコトウは他にも象徴闘争や再生産という概念

も使用しており，批判的実在論とブルデュー理論との親和性を強調している。ブルデューの行為論もまた社会的排除に関する分析手法の検討のために重要な手がかりとなる可能性がある（Decoteau 2016b：316）。

【文献】

鮎川潤（1993）「『社会問題』『社会病理』への構築主義アプローチ」『現代の社会病理』8：65-100.

梅田直美（2008）「『育児の孤立化』問題の形成過程――1990年以降を中心に」『現代の社会病理』23：109-124.

小野田美都江（2012）「女性の飲酒観の変容――女性読者投稿欄の分析を通じて」『現代の社会病理』27：93-112.

紀葉子（1993）「社会的相互作用論の立場から見た社会病理」『現代の社会病理』8：29-64.

阪井敏郎（1993）「社会病理の現象学的解明」『現代の社会病理』8：101-139.

杉井潤子（1994）「『老人虐待』への構築主義的アプローチの適応」『現代の社会病理』9：151-182.

堤圭史郎（2001）「都市住民の野宿生活者『問題』に対する態度――長居公園仮設一時避難所建設反対運動を事例に」『現代の社会病理』16：77-90.

徳岡秀雄（1987）「米国におけるラベリング論の展開とその政策への応用」『現代の社会病理』2：16-43.

中河伸俊（1994）「『有害マンガ』と社会問題のレトリック――道徳的ディスコースの事例研究」『現代の社会病理』9：117-150.

―――（2010）「ドロシー・スミスの制度のエスノグラフィーと臨床社会学」『現代の社会病理』25：41-56.

―――（2011）「方法論のすすめ，もしくは先が見えたゴマメの歯ぎしり」『ソシオロジ』56（1）：81-84.

中谷勇哉（2019）「ネット右翼言説拡散の『回路』」第35回日本社会病理学会大会ラウンドテーブル報告原稿

広末登（2013）「犯罪的病理集団加入要因の予備的研究――暴力団加入経験者に対する半構造化面接調査から」『現代の社会病理』28：59-76.

宝月誠（2005）「序説――社会的世界とコントロール」宝月誠・進藤雄三編『社会的コントロールの現在――新たな社会的世界の構築をめざして』世界思想社

圓田浩二（2001）「嗜癖としての摂食障害――セルフ・コントロールと強迫する社会」『現代の社会病理』16：41-54

米川茂信（2004）「序章　現代社会と社会病理学：現代社会病理学の展開」松下武志・米川茂信・宝月誠編著『社会病理学講座1　社会病理学の基礎理論』学文社

Bhaskar, R.（1975）*A Realist Theory of Science*, Verso.（式部信訳, 2009,『科学と実在論』法政大学出版局）

Bhaskar,R. & B. Danermark（2006）"Metatheory, Interdisciplinarity and Disability Research: A Critical Realist Perspective," *Scandinavian Journal of Disability Research*, 8（4）：278-297.

Danermark, B., Ekstrom, M., Jakobsen, L. & J. Ch. Karlsson（[1997] 2002）*Explaining Society: Critical Realism in the Social Sciences*, Routledge.（佐藤春吉監訳, 2015,『社会を説明する　批判的実在論による社会科学論』ナカニシヤ出版）

Decoteau, C. L.（2016a）"The AART of Ethnography: A Critical Realist Explanatory Research Model," *Journal for the Theory of Social Behavior*, 47（1）：58-82.

─────（2016b）"The Reflexive Habitus: Critical Realist and Bourdieusian Social Action," *European Journal of Social Theory*, 19（3）：303-321.

Durkheim, É.（[1895] 1960）*Les Régles de la Méthode Sociologique*, F. Alcan.（宮島喬訳,［1978］2000,『社会学的方法の基準』岩波文庫）

Easton, G.（2010）"Critical Realism in Case Study Research," *Industrial Marketing Management*, 39：118-128.

Fiaz, N.（2012）"Constructivism meets Critical Realism: Explaining Pakistan's State Practice in the Aftermath of 9/11," *European Journal of International Relations*, 20（2）：491-515.

Smith, D.（1978）K is mentally Ill: The Anatomy of a Factual Account, *Sociology*, 12（1）：23-53.（山田富秋・好井裕明・山崎敬一編訳, 1987,『エスノメソドロジー──社会学的思考の解体』せりか書房）

Stirling, C. & R. Bull（2011）"Collective Agency for Service Volunteers: A Critical Realist Study of Identity Representation," *Administration & Society*, 43（2）：193-215.

Weber, M.（[1920] 1963）"Die Protestantische Ethik und der《Geist》des Kapitalismus," *Gesammelte Aufsätze zur Religionssoziologie*, Bd. 1, Mohr.（大塚久雄訳,［1954］1989,『プロテスタンティズムの倫理と資本主義の精神』岩波文庫）

あ と が き

　編者から執筆者を代表して「あとがき」を書くように依頼があった。本書の基盤となった研究会に継続的に関わってきたこと，また本書の作成の段階においていくらかの助言を与えてきたことから，本書の最後は長年この領域で研究してきた者の言葉で締めたいとのことである。学会の発展を祈願しながら，社会病理学がそなえる視角や意義について少しだけ触れてみたい。

1．研究における時代の流れとしての過去・現在・未来

　「歌は世につれ，世は歌につれ」という言葉がある。社会病理学や犯罪社会学の理論も，時代によって随分と変わってきた。

　本書の論述からみても，第4章の社会解体論が日本で台頭したころには，春日八郎が「お富さん」を，フランク永井が「有楽町で逢いましょう」を歌っていた。第10章の批判的実在論が日本で台頭したころは，すでにAKB48の時代だったのではないだろうか。随分と世の中変わったが，過去と現在は別物ではない。過去からの継続が現在である。現在は過去の蓄積によってつくられている。そして過去から現在への蓄積の延長が未来である。

　したがって，ひとつの学問（本書ではもちろん社会病理学）を時代の流れの中で，過去から現在へと検証していき，そこから未来を展望するということは，学問の全体的な把握にとって必要不可欠のことである。「温故知新」は当然のことであり，以前の研究（理論・アプローチ・考察・各種の知見）から新たな研究の発想や方向性を見出すことは極めて大事なことであるが，それだけでなく，さらに今一歩深めて，以前の研究を支えていた時代を認識することから，現在の研究を支えている時代を認識するという研究姿勢の時代的流れにも配慮していただきたい。さすれば，より過去と現在を比較し得るからである。

　そこで最後の「あとがき」として，こうした認識を再度確認しておきたい。

2. 時代と背後仮説

　グールドナー(Gouldner, A. W.)によれば，社会学理論は2つの区別できる要素を含んでいるという[1]。ひとつの要素は「明示的に定式化された仮説で，それを〈公準〉とよぶことができよう」(Gouldner, 1970＝1974：36)。今ひとつは，「自明のこととして仮定されず，明示もされぬ第二の一連の仮説が同時に含まれていて，私はこうした仮説を〈背後仮説〉(background assumptions)と名づけたい」(Gouldner, 1970＝1974：36)。この「背後仮説」は，「明確に定式化されぬままに，理論家の留意の背後にとどまって」おり，「理論づくりの作業のいわば〈陰の協力者〉である」(Gouldner, 1970＝1974：36)とグールドナーは述べる。以下，引用を続ける。

　「背後仮説はまた，理論を受け取る人びとの反応に影響を与えることで，理論の社会的運命に影響を及ぼす。というのは，理論はある程度まで，その内部に埋め込まれている背後仮説のゆえに容認されたり，あるいは拒否されたりするからである。社会理論はとりわけ，その背後仮説を共有し，それに好意を示す人びとによって，よりいっそう容認されやすい。」(Gouldner, 1970＝1974：37)。

　「私のいいたいことは，社会学者は現に(点は原著者)背後仮説を用い，その影響を受けているということである。これは社会学者自身が研究し，確認できる経験的問題なのである。」(Gouldner, 1970＝1974：40)。

　理論の中には，その背後に隠れた理論に影響を与える背後仮説が存在するという。その背後仮説が理論を支えているのである。また，背後仮説を共有する人たちにその理論は受け入れられる，という。そして，そうであるならば，全ての研究者は自己の背後仮説に鋭敏でなくてはならない，自己の背後仮説を検証しなくてはならない，ということである。

　つまり，時代状況の流れに合致した理論(もしくは「視点」「見解」「認識」)は，その時代に受け入れられる。こうして，流行の理論，流行のイデオロギー，流行の正義，流行の概念を時代がつくるということだ。当然，社会病理学も時代の要請を背景として成立し，発展してきた学問である。それゆえに，

社会病理学を時代の流れの中で検証していかなくてはならない。「足跡をたどる」ということには，このような意図が含まれているのである。

3. 逸脱現象研究の時代性―犯罪社会学理論から

犯罪社会学諸理論は欧米からの輸入であるが，ある理論が日本で「盛況」であった時期とは，その時期にこそ日本の時代がその犯罪社会学理論を歓迎していた時期であったのである。こうして見てみると，犯罪社会学諸理論は大きく2つの時期に分かれる。

(1) 1980年前後以前の犯罪社会学理論の時代性

①アノミー論

この時代の犯罪社会学理論は，「社会の犠牲者としての犯罪者」という想定で，理論の基本が組み立てられている。犯罪社会学理論のなかでその典型はマートン(Merton, R. K.)のアノミー論であり，犯罪理論としては緊張理論群が相当する。

犯罪社会学理論の背景となった時代性としては，抑圧者(強者)は資本家・大企業経営者・資産家・高級官僚であり，被抑圧者(弱者)は低階層者・貧困層という観念が共有されていた。そして犯罪者や非行少年は被抑圧者(弱者)から出現するという図式で語られる。つまり，犯罪者・非行少年は「社会の犠牲者(貧困の犠牲者，解体家庭の犠牲者)」でありえた。この典型の犯罪者としては，永山則夫(広域連続射殺事件)を挙げることができる。

また，「学校教育からのおちこぼれ⇒非行」という非行理解も「学歴社会・競争主義社会・学校教育の犠牲者」という図式で非行少年を捉えている。

②非行サブカルチャー論

社会の中心文化はアメリカでは白人中流家庭の文化であり，日本では都市中流サラリーマン(多数化しつつあるホワイトカラー)層の文化である。こうした文化に馴染めない層の人たちが犯罪者・非行少年になる，という観念も当時成

立していた。犯罪社会学理論でのこの典型は非行サブカルチャー論である。

　日本において，この理論で理解できる現象としては集団就職少年たちであろう。「金の卵」ともてはやされて，地方から出てきて大都会で就職。そこで遭遇するのは豊かになり出した都市中流文化であり，経済的文化的豊かさを「もてる者たち」のなかに放り出された「もてない者」である自己の自覚化であり，「相対的貧困」もしくは「相対的剥奪」の状況のなかでの葛藤である。ここでも犯罪者・非行少年は社会・文化の犠牲者として描かれている。地域間格差の犠牲者でもある。

　③ラベリング論
　この時代の最後の犯罪社会学理論はラベリング論である。ここには，司法・権力側からレッテルを貼られた「アンダードッグ（負け犬）」としての犯罪者像がある。ただし，ここでは「貧困」「低階層」「家族解体」という視点からの「犠牲者像」はすでに希薄化し，「権力」と「国家」が全面に出てきており，権力と国家（法を創る側，法を執行する側・法を司る側）の犠牲者という観念で語られることになる。また，それだけでなく，人種差別の犠牲者という一面も強調される。これがこの理論を台頭させ・流行らせた一大要素であった。人種（主に黒人）問題が大問題であった当時のアメリカ社会に実に適合していたのである。

　こうして，社会・経済・文化構造次元での犠牲者から，法・政治・人種次元での犠牲者という語りで，犠牲者としての犯罪者観・非行少年観は幕を閉じるのである。

(2) 1980年前後以降の犯罪社会学理論の時代性
　①コントロール論
　「コントロール欠如故の犯罪者・非行少年」という犯罪者観・非行少年観が，この時代に形成されていく。犯罪社会学でのその典型理論はハーシ（Hirschi, T.）の絆（ボンド）理論であり，犯罪理論群ではコントロール（統制）理論群がこ

れに相当する。

　絆理論の前提は，社会化されずに生育すれば誰でも犯罪者になる，というものである。いわゆる「人間性悪説」である。「社会化」されてこそ「犯罪をしない人間」となるのである。つまり，大げさに言えば，「犯罪者とは社会化不足者，自己管理能力欠如者，野生のままのヒト」ということになる。

　こうした犯罪者を生み出す社会背景としては，「愛着」「投資」「巻き込み」「規範観念」があるが，これらはアノミー論の社会背景ないしは1980年前後以前の社会背景とは異質で，関係性（愛着，巻き込み）や自助努力（投資）や社会化（規範意識）という次元での社会背景が全面に押し出されている。家庭・学校・近隣・仲間集団というメゾ次元で犯罪・非行を描いた理論である。

　なお，その後のゴットフレッドソン（Gottfredson, M. R.）との共著のセルフコントロール理論（seif-control theory）では，自己をコントロールする能力の低下が犯罪・非行の原因とされており，ここではさらに乳幼児期からの社会化の欠如が問題とされ，ミクロ次元での社会心理学的アプローチへと移行している[2]。

②環境犯罪学

　環境犯罪学は，誰もが多かれ少なかれ犯罪をする危険性をもつ者という前提で理論化されている。社会には多数の緊張を抱えた人，犯罪を学習した人，犯罪者・非行少年というレッテルを貼られた人，社会的絆を喪失した人，そして社会化不足者・自己管理能力欠如者がいる，という前提での理論化である。

　それゆえ，犯罪をする側をコントロールすることは非効率的・非現実的であり，環境で防止するほうが有効である，ということになる。つまり，犯罪者・非行少年の環境を変えるという1980年前後以前の非行少年を出さない環境改善対策・生活改善対策とは異質の，犯罪をさせない環境改善対策となる。

③発達犯罪学

　発達犯罪学では研究対象は人である。しかし，成長発達段階での危険因子と保護因子の検出ということに研究関心が移行している。社会学・心理学・精神

医学・生物学・遺伝学・脳科学, 等と学際的研究ではあるものの, 危険因子の犠牲者という観念はほとんどない。危険因子を多くもつ者であるにすぎない。また, 危険因子の社会的形成要因・形成過程の考察もない。

(3) まとめ

　以上, 日本の戦後の犯罪社会学理論の変遷を犯罪(者)観・非行(少年)観という視点からながめたわけであるが, 時代のもつ背後仮説が大きく変容していることが理解できる。

　1980年前後以前の犯罪者・非行少年は社会の犠牲者であるという根底的な背後仮説は時代とともに喪失していき, 1980年前後以降の犯罪(者)観・非行(少年)観では, 犯罪者・非行少年を本人の自己欲望や怠惰の帰結からなる加害者として描いている。構造(社会構造, 文化構造)次元の外部要因・全体社会要因の理論化から関係性要因や個人要因の理論化に移行していることが理解される。犯罪者・非行少年は社会の犠牲者ではなく, 本人自身に問題があり, 本人の責任である, という論調に移行しているのである。犯罪社会学理論の背景に時代の犯罪者観・非行少年観という背後仮説が存在していることが理解されるのである。

　そうであるからこそ, 時代の状況や事象を研究する人は, その状況や事象の時代性に敏感であるだけでなく, それを考察・分析するアプローチや理論の時代性に対しても敏感でなくてはならないのである。理論の検証とは, 科学的検証であるだけでなく, 歴史的検証でもあるのである。

4. 蛇足ながらひと言

　本書のタイトルは『社会病理学の足跡と再構成——学説史を創る・未来を創る』である。各章がそれぞれ独立して, 独自の方法と領域からこのタイトルに挑んでいる。本書の最大の特色はここにある。「はしがき」にて編者が指摘したように, 『社会病理学講座』とも, 『シリーズ社会問題研究の最前線』とも, 『関係性の社会病理』とも異なる, 「社会病理学」そのものの「過去・現在」を

再点検する作業であり，「未来」を展望するための作業である。

　本書の刊行が，日本の社会病理学発展のために，わずかであっても寄与することができれば幸いである。

2019 年 9 月吉日

矢島　正見

【注】
1) Gouldner, A. W.（1970）*The Coming Crisis of Western Sociology*, New York:Basic Book.（岡田直之・田中義久訳, 1974,『社会学の再生を求めて 1　社会学＝その矛盾と下部構造』新曜社）

　　なお，この背後仮説から犯罪学研究を論考した論文として松原の次の論文がある。松原英世（2006）「犯罪観の変遷と刑罰の役割」日本法社会学会『法社会学』第 65 号，67-81.

　　また，本書「第 5 章」にて齊藤知範が取り上げた星野周弘・増田周二（1975）「犯罪現象の社会史的研究――社会関係としての犯罪定義の試み」（青少年更生福祉センター・矯正福祉会『犯罪と非行』第 24 号，111-132）も，犯罪・非行の実態の変化ではなく，犯罪・非行に対しての研究者や実務家や人びとの認識の変容を指摘している。

2) Gottfredson, M. R. and Hirsch, T.（1990）*A General Theory of Crime*, Stanford: Stanford University Press.（大渕憲一訳, 2018,『犯罪の一般理論』丸善出版）

索　引

あ 行

アウトサイダー　194
悪友接触　102,103,105,107
アソシエーション　29
アノミー　74,78-80,122
　——論　78,96,105,121,122,193,208
アブダクション
　229,230,233,234,245,251,252,258
生きづらさ　140-142,144-146,149,164
石川三四郎　58
磯村英一　49,81,85,88
意存的　239
逸脱　3-22,
　——の死　3-21
　——行動
　71,75,80,88,91,140,145,146,150
　——行動論　71,75,78,193,217
　——の社会学　5-20
　——の社会学の死　3,9,12,14,15,17
意味　37-40,82,122,144,145,152,161,174-
177,227,243-247,252
　——論　244-247,258
医療化　15,16,22
ヴィンセント(Vincent, G.E.)　48,63-65
ウェーバー(Weber, M.)　29,35,38,40
エゴイスム　122
エスノメソドロジー　248,259,260
エリクソン(Erikson, K.T.)　124
演繹法　221,229,230
大場實治　51
大橋薫　4,48,65,72,73,75-77,81,83,88,94
　——社会解体アプローチ社会病理学
　72,75
　——生活機能障害アプローチ社会病理学
　72,74-80,83-85
オープンデータ　91
大藪寿一　65,77,78
オントリジカル・ゲリマンダリング(OG)
　16,22,157,204

か 行

階級　27,28,51,52,55,57,157

解釈主義　191-200,204,206-211,223-
224,245-247,248,260
解体　73,75,80,81,85,88,95
外的基準　100
科学的根拠に基づいた(evidence-based)
　86,87,92
科学的実在論　221,222,225
学習理論　92-94,101-103,105,107,108,145
学説史　99,105,245
各論的の内容型　174,175,177,181,183,184
家族システム　153
価値自由　29,35,40,41
価値中立　28,29,38,40,41
関係性の病理　141,142,153
基礎づけ主義　223,224
キツセ(Kitsuse, J.I.)
　11,13,15,16,21,196,200-203
機能主義　13,15,17,18,73,82,121,123,124,
126,129,131,132
　——の知識社会学
　119,120,124,125,131
機能障害(実相)　79,83,84,86
機能不全　79,83,87,88
帰納法　221,229
逆機能　79,80,83,87,88
共軛関係　141,153,155-157
緊張理論　92-94,96,100-103,105,107,108
グード(Goode, E.)　10,11,18,19
組み込みによる消滅　18
クレイム申し立て
　134,196,201,202,204,247
警察活動　102,103,109
警察による住民援助　106,107
警察への通報　106
警察力　103
結果現象(逸脱)　76,80,83,84,87
厳格派　199,204
研究者　15,16,19,22,29-31,34-37,159,170-
176,185,191-200
現象学　245,259
言説分析　86,191,202,206,247,248
現代社会論　122-124,131,181

273

現場の実践　26,29-34,36-38,40
公共社会学　19
構造的なメカニズム　248,250,257
構造的暴力　140,158
構築主義　4-6,11-16,19-22,31,36,38,131,157-164,169,172,182,191-193,196-211,219,223,245,248,250,259
　——批判　161
荒廃した地域における病理　100,103
広汎性発達障害　119,126,127,133,134
国際批判的実在論学会　249
心の闇　119,126-129,208
個人化　27,28,31,127,129-133
　——社会　129,130
　——主義　5,84,122,123,129,130
小関三平　64,65,87
小林照朗　54
ゴフマン（Goffman, E.）　123
コミュニティ　28,95,155,255,256
コンテクスト派　162,204

さ　行

再非行　98,107
佐々木嬉代三　4,87,164,195,205
サザランド（Sutherland, E.H.）　39,40
佐藤哲彦　6-8,13,19,20,238
真田是　82,85,86
サムナー（Sumner, C.）　3,4,6,8,9,14,17
シカゴ学派　13,17,18,27,33,40,61,63,81,85,86,95,99,170,171,174,176
自存的　239
実証研究　86,91,93-95,97-99,101,102,104,105,108-110,119-125,133,207,234
実証主義　81,109,191-193,196-198-200,207-209,260
　——的　110,183,192,194,204,208,211,219,224,246
実践・介入型　174,175,177,181,183,184
実践志向　175,184
実相（逆機能）　80
実用的社会学　31-34
自分病　143
社会解体　26-31,35,73,74,79,81,82,85,87,88,133

——アプローチ　71-73,80-83,85,86,88
——論　13,17,18,26-29,31-33,39,40,71,72,78,81,82,85,88,95-98,102,107,109,110,121,193
——論的統制理論　95,96,98,99,101,107,109,110
社会改良　28,30,31,33
　——運動　28,29,34,35,40
社会環境　93,109,110
社会構造　5,27,28,82,85,140,141,151,152,158,159,161,162,177,247,257
社会構築主義　6,157-159,161,162,164,169,175,183,202,205,219,223,224,261
　——への批判　159
社会的絆の理論（ボンド理論）　53,59,61,62,95,102
社会的世界　218,243,244,259
社会的統制理論　95,101,102,105,108,110
社会的排除　5,140,141,144,232,260
社会病理過程　74,75,83,84
社会病理の結果現象（逸脱）　83,84,86
社会病理の発生条件　74,83,86,88
社会問題の構築主義　31,36,131,134,192,196-211,247
社会問題の自然史モデル　201
社会問題論　13,15,16,18,19,21,40,49,58,217
社会有機体説　54,55,57,58,61,64-66
社会理論・説明型　174,175,179,180,181,183,184
巡回連絡　102
順機能　80,87,88
象徴的相互作用論　259
人格崇拝　132,133
　——論　123,127,134
進歩主義　122,129,130
心理主義化　4-6,119,120,123,124,127,128,169
杉田直樹　58
須藤詩登美　57,61
ズナニエツキ（Znaniecki, F.）　31-33,39,82,85,86
スペクター＆キツセ（Specter&Kituse）　11,13,15,16,21,196,201-203

スペンサー (Spencer, H.)　　54,62-64
スモール (Small, A.W.)　　48,63-65
生活機能障害（実相）　72,74,79,83,84,86-88
　　　──アプローチ（社会病理学）　38,71-75,77-80,82-86
生活障害（実相）　76,88
政策・対策 (evidence-based policy)　87
青少年の健全育成　106-108
制度のエスノグラフィー　248,259
生来性犯罪者説　53,59,61,67
層化システム　250,251
ソーシアル・プロセス　82,85

た 行

第一次集団　28
対象としての社会病理学　79
第二次集団　29
第4の波の少年犯罪　119,120,125,126,130,133
竹内愛二　60,61
多元因子論　96,97
ダナーマーク (Denermark, B.)　210,233,249-252,257,259,261
探索的　173,248
　　　──な調査　246
断種法　60,61
地域解体論　95
地域研究　101
超越論的実在論　225-227,230
地理的分析　96-98
治療的コミュニティ　150
治療的司法　140,144,145
ディコトウ (Decoteau, C.L.)　249,251-254,258,261
鉄の檻　248
デュルケム (Durkheim, É.)　3,5,13,17,18,36,38,53,56,62,64,66,120-124,127,129,132,134,176,192,208,218,219,259
　　　──社会学　119-124,130-133,176
統制理論　92-110
都市社会学　75,76,96-98
トマス (Thomas, W.I.)　31-33,39,82,85,86,88

な 行

那須宗一　35,81,82,86,88
ナラティヴ・アプローチ　21,22,174,175,177-179,181,183,184
認識論的誤謬　225
野田陽子　79,80
のれんとしての社会病理　73

は 行

バスカー (Bhaskar, R.)　210,225-228,236,249-252,257,259,260
発生条件（原因）　74-76,79,80,83,86,88
　　　──（歪曲的な条件）　84
パトス　149-151
バロウォイ (Burawoy, M.)　19
反基礎づけ主義　223
犯罪学　5-8,10,13,15,17,19,21,39,61,91,94,96,105,110,238
犯罪社会学　6-8,13,15,19,91,93,94,102,109,110,123,151,208,237,238
犯罪被害　99,101,106
犯罪・非行という社会病理　109,110
非行少年　60,94-98,100,101,104,108
非行防止地区計画　99-101,106,
非行歴　95,101,108
批判的自然主義　227,230
批判的実在論　38,157,164,209-211,220,223,224,227-231,233,236-238,244,245,248-252,254-261
病理過程　74-76,79,83,84
フーコー (Foucault, M.)　16,162,202,206
ベスト (Best, J.)　7,11,12,14-16,20,22,201,204
ベッカー (Becker, H. S.)　3,8,12-14,194
偏倚　73,74,81,85,96,97
ヘンダーショット (Hendershott, A.)　9,10,20
宝月誠　34,76,82,123,171,193,259
法執行機関　92
方法としての社会病理学　75-79,83,88
方法論的個人主義　224
暴力団　107,108

275

ま　行

マートン(Merton, R. K.)
　12,18,86,121,122,197,208
マッキーヴァー(MacIver, R.M.)　40
まなざしの地獄　146
マルクス主義　9,17,18,41,49,56-
　58,61,162,169
光川晴之　77-79
峯田茂吉　56,57,61
三原悟　55,56,61
ミルズ(Mills, C. W.)　25-41
元田作之進　52,61
モラル・パニック　125,132,133
問題解決志向　175,184

や　行

優生学　55,57,61,66
米川茂信　71,77-80,121,217
　──生活機能障害アプローチ社会病理学
　77,79,80

米田庄太郎　50

ら　行

ライフコース　98
ライフストーリー　60,147,179
ラベリング(理)論　5-8,11-
　21,31,36,104,141,194-196,206,245
リスクファクター論　237,238
リトロダクション　229,230,235,245,251
リリエンフェルト(Lilienfeld, P.V.)
　47,48,61-66
臨床社会学　5,38,86,139-
　148,150,151,153,157-159,164,169-187,248
　──的転回　5,206
リンド(Lynd, R.)　40
歴史のトラウマ　140,148
レマート(Lemert, E.M.)　6,20,39
ロス(Ross,E.)　51,54,62,66
ロンブローゾ(Lombroso, C.)
　53,59,61,66

編者紹介

朝田佳尚(あさだ よしたか)
1978 年生まれ
最終学歴　2009 年，京都大学大学院文学研究科行動文化学専攻社会学専修単位認定退学。博士（文学）
現　　職　京都府立大学准教授
主要業績　『監視カメラと閉鎖する共同体　敵対性と排除の社会学』慶應義塾大学出版会，「自己撞着化する監視社会」『世界』921 号

田中智仁(たなか ともひと)
1982 年生まれ
最終学歴　2011 年，東洋大学大学院社会学研究科社会学専攻博士後期課程修了　博士（社会学）
現　　職　仙台大学准教授
主要業績　『警備業の社会学―「安全神話崩壊」の不安とリスクに対するコントロール』明石書店，『警備業の分析視角―「安全・安心な社会」と社会学』明石書店

社会病理学の足跡と再構成

2019 年 10 月 15 日　第一版第一刷発行

　　　　　　　　　　　　　監修者　日本社会病理学会
　　　　　　　　　　　　　編著者　朝田　佳尚
　　　　　　　　　　　　　　　　　田中　智仁
　　　　　　　　　　　　　発行者　田中　千津子

発行所　〒153-0064　東京都目黒区下目黒3-6-1
　　　　☎ 03(3715)1501　FAX 03(3715)2012
　　　　振替　00130-9-98842
　　　　株式会社　学文社

検印省略　　　　　©2019 Japanese Association of Social Problems
ISBN 978-4-7620-2936-3　印刷／㈱新灯印刷　　　Printed in Japan

社会病理学講座　A5判/上製

第①巻
社会病理学の基礎理論
松下武志・米川茂信・宝月誠 編著
- 本体2500円＋税　ISBN978-4-7620-1269-3　248頁

社会病理の実相を具体的に解明するとともに、日本社会において多様に変化し、また多発し続けている社会病理現象を解明するための理論と方法論とその水準を提示。

第②巻
欲望社会 ―マクロ社会の病理
井上眞理子・佐々木嬉代三・田島博実・時井聰・山本努 編著
- 本体2500円＋税　ISBN978-4-7620-1270-9　246頁

現代日本のさまざまな社会問題をマクロ・アプローチによって分析。権力と支配の病理、歯止めなき欲望の病理、社会的差別と格差の病理という3つの視点から「個人」には還元しきれないさまざまな社会構造的病理現象を考察。

第③巻
病める関係性 ―ミクロ社会の病理
高原正興・矢島正見・森田洋司・井出裕久 編著
- 本体2500円＋税　ISBN978-4-7620-1271-6　244頁

社会病理学の定番ともいえる社会病理諸現象の「ミクロ分析」を扱う。「病める関係性」の視点を設定し、現代社会においてマスメディアや世論の注目の対象となっているトピカルな現象に現代的に切り込む。

第④巻
社会病理学と臨床社会学
―臨床と社会学的研究のブリッジング
畠中宗一・清水新二・広瀬卓爾 編著
- 本体2500円＋税　ISBN978-4-7620-1272-3　256頁

社会病理学が固有に内在させてきた問題意識を、臨床社会学のもとに止揚しようとする試みを13本の論文に描き出した社会病理学講座最終巻。

関係性の社会病理

日本社会病理学会 監修
高原正興・矢島正見 編著

● 本体2500円＋税　ISBN978-4-7620-2633-1　240頁

社会病理学講座の第3巻、『病める関係性』(2004)を改版。10年間に新たにマスメディアや世論の関心を高めたトピカルな現象を追加し、社会病理現象(または問題行動)を10章にわけて展開。

シリーズ 社会問題研究の最前線

森田洋司 監修　　A5判／上製

I　医療化のポリティクス
―近代医療の地平を問う

森田洋司・進藤雄三 編著

● 本体2600円＋税　ISBN978-4-7620-1602-8　272頁

現代社会において見出される「医療化」の諸相を、日本社会の実態に即して明らかにするとともに、とくに逸脱の「医療化」に伴う「責任」配分のポリティクス、という軸から解読する。

II　新たなる排除にどう立ち向かうか
―ソーシャル・インクルージョンの可能性と課題

森田洋司・矢島正見・進藤雄三・神原文子 編著

● 本体3000円＋税　ISBN978-4-7620-1603-5　292頁

私たちは現代日本社会における社会的分断と排除に対して、どのような対抗への道筋を描くことができるだろうか。ソーシャル・インクルージョンの可能性とは。